Jobhopping Down Under

interconnections

Mitreisen

Lieber gemeinsam statt einsam. Ab zu den schönsten Ferienzielen!
Alle Arten des Reisens, alle Fortbewegungsmitte. Von der Städtereise bis zum Sabbatjahr.

Mitreisen.org

Manuskripte gesucht
Sachbuch, Reise, Biographien, Belletristik
Alles, was bewegt
interconnections-verlag.de

Jobhopping Down Under

Jobs, Praktika, Working Holiday Australien

Jörn Schulz

interconnections

Ähnliche Titel bei www.interconnections-verlag.de
Erhältlich ebendort oder im Buchhandel

Impressum
Reihe ReiseTops Bd 34
Jobhopping Down Under
Jobs, Praktika, Working Holiday – Australien
Jörn Schulz

Fotos vom Autor

Copyright
Verlag interconnections, Schillerstr. 44
79102 Freiburg, T. 0761-700 650, F. 700 688
info@interconnections.de
www.interconnections-verlag.de
www.reisetops.com
ISBN: 978-3-86040-245-0, Achte Auflage 2016

Brodelndes Asien

Zwischen Ahnenkult und Apple-Unser

Asien aus ersterr Hand. Der Autor lebt seit Jahren in Vietnam und hat große Teile Südostasiens bereist. Fachkundig nimmt er den Leser mit auf eine kultur- und zeitgeschichtliche Reise

ISBN
978-3-86040-206-1
€ 15,90

China tickt anders

Jahre einer intensiven Begegnung

Atze Schmidt war jahrelang als Lektor bei einem chinesischen Verlag beschäftig. Wie kaum ein anderer weiß er das Leben dort zu beschreiben.

ISBN
978-3-86040-190-3
€ 15,90

www.interconnections-verlag.de

Inhaltsverzeichnis

Vorwort

„Was? Wo willst Du hin?", fragte mich mein Vater sichtlich entsetzt, als ich meinen Eltern verkündete, mit einem Working-Holiday-Visum (WHV) nach Down-Under reisen zu wollen. „Nach Australien? Ans andere Ende der Welt? Aber da kennst Du doch niemanden. Und wie willst Du das denn finanzieren", waren die im Vorfeld verständlichen Sorgen meines Vaters.

Meine Mutter sah mein Vorhaben etwas gelassener: „Wenn es das ist, was Du machen willst, musst Du es tun. Wir können Dich eh nicht davon abhalten."

Ein gutes Jahr später konnte ich meinen Eltern berichten, dass Australier und Neuseeländer den Ausdruck „die andere Seite der Welt" bevorzugen und man sich keine Sorgen zu machen braucht, wenn man vor der Reise niemanden in Down-Under kennt. Als Backpacker schließt man nämlich ständig neue Bekanntschaften. Vor allem aber konnte ich meiner Mutter und meinem Vater erzählen, dass es gar nicht so schwer ist, auch ohne Goldreserven im heimischen Depot ein Working-Holiday-Jahr zu finanzieren, wenn man es von Anfang an überlegt anstellt. Das jedenfalls war mir klar, nachdem ich rund 23.000 Kilometern in meinem babyblauen Ford „Smokie" Falcon zurückgelegt, ganze zwölf erlebnisreiche Monate in Australien verbracht, zehn Jobs in diversen Arbeitsbereichen ausgeübt und vier vollgeschriebene Reisenotizbücher nach Hause geschickt hatte.

Zu Hause zurück und nach einer Wiedereingewöhnungsphase entstand die Idee zum Buch. Grundgedanke: Künftigen Rucksackreisenden schon vor der Reise einen Leitfaden zum Arbeiten und Backpacken an die Hand zu geben.

Dazu flossen Unmengen an allgemeinen Informationen und zahlreiche, in der Praxis gesammelte Erfahrungen in Buch ein. Zusammen bilden sie genau das, was mir damals leider gefehlt hatte: Ein Working-Holiday-Reiseführer für Australien, der eine Anleitung zur Arbeitssuche gibt, günstige Wohn- sowie Reisemöglichkeiten aufzeigt und den Backpacker-Alltag näher beleuchtet. Ein Praktikumsteil erläutert, wie man an eines der begehrten „Internships" kommt.

Von einem geschrieben, der auszog, das Backpacken zu lernen, ist „Jobhopping Down Under" ein Buch, das aus der Praxis heraus entstanden und für den tatsächlichen Einsatz im Land gedacht ist. Deswegen zieht sich eine Backpacker-Prämisse wie ein roter Faden durch das Buch: Lebe möglichst geldsparend, um genau solange in Australien bleiben zu können, wie Du es willst und um all das sehen und erleben zu können, was Du möchtest.

Wie man das anstellt? Genau das ist in diesem Buch nachzulesen. In einem Titel gebündelt, präsentiert „Jobhopping Down Under" über zehn Wege, wie man an einen Job kommt, listet über 200 konkrete, job- und backpackerrelevante Adressen auf und stellt zahlreiche, kreative Möglichkeiten vor, wie sich in den verschiedensten Lebenslagen bares Geld sparen lässt.

Angereichert mit vielen, spannenden Erfahrungsberichten, die den Infoteil auflockern, wird das Buch auf langen Auto-, Bus oder Bahnfahrten zu einer unterhaltsamen Lektüre.
Mit Hilfe dieser Mixtur kann jeder – gleichgültig, ob unabhängiger Backpacker oder „Work & Travel"-Teilnehmer – seinen eigenen Weg in Down-Under finden und wahrscheinlich eines der schönsten Jahre seines Lebens auf dem Fünften Kontinent verbringen.

Gebrauchsanleitung

Hier kurz etwas zum Aufbau:
„Working Holiday" – Hier wird erklärt, was das Working-Holiday-Visum ist, welche Kriterien zu erfüllen sind, um eines zu bekommen, was noch Wissenswertes über das Visum zu sagen ist und ob man besser individuell reist oder bei einer der „Work & Travel"-Organisationen bucht. **Praktisch**: Anhand konkreter Zahlen kann sich jeder selbst ausrechnen, wie viel ein Working-Holiday-Jahr ungefähr kosten wird.

„**Praktikum**" – Dieser Abschnitt zeigt, wozu ein Praktikum sinnvoll sein kann, was man sich zuerst überlegen sollte, mit welchen Visumklassen es möglich ist, wie man sich einen Praktikumsplatz angeln kann und welche Anbieter helfen können, einen Platz zu bekommen. Besonders interessant für **Studenten**: Es werden zwei studentische Organisationen vorgestellt, die bei der Suche nach einem geeigneten Praktikumsplatz behilflich sind.

„**Vor der Reise**" – skizziert, was u.a. beantragt und beachtet werden muss, bevor man sich auf große Reise begibt, welche Versicherungspolicen unbedingt in der Tasche sein sollten und welche optional sind, welche Zahlungsmittel man sich in Deutschland besorgen sollte, um in Australien ans heimische Konto zu gelangen und was alles in einen ordentlich gepackten Rucksack gehört. An alle **Brotbüchsen-Mitnehmer**: Der Teil „Quarantäne" listet Dinge auf, die nicht ins Land eingeführt werden dürfen.

„**In Australien**" – Das Herzstück des Buches bietet umfangreichen Aufschluss darüber, wie man an job- und reiserelevante Informationen gelangt, wie man unterwegs erreichbar ist, wie man ein Bankkonto eröffnet, wo man günstig wohnen kann und wie sich durch „Backpacken" Geld sparen lässt. **Zentrales Thema natürlich**: Welche Jobs sind die backpackertypischen, wie findet man sie und wie viel verdient man durchschnittlich mit bestimmten Jobs?

„**Bundesstaaten**" – Der Adressteil des Buches ist wenig unterhaltsam, dafür aber mit nützlichen Adressen gespickt und befindet sich nun im Internet, siehe Details unter „Zusätzliche Informationen", siehe S. 206. Zu finden sind hier Adressen von Jobagenturen, Backpackerbüros und reiserelevante Informationszentren. Der Adressteil ist übersichtlich nach Bundesstaaten sortiert. Ein Erntekalender zu Beginn eines jeden Bundesstaates hilft bei der Planung der Reise. **Besonderes Schmankerl**: Eine Charakterseite stellt den jeweiligen Bundesstaat kurz vor und listet zudem Einwanderungsbehörden, deutsche Vertretungen, Steuerämter und Bibliotheken auf.

Weitere wichtige und unterhaltsame Informationen sind im hinteren Teil des Buches platziert. Das „Working-Holiday-ABC" rüstet alle mit gängigen Vokabeln aus; der Abschnitt „Bücher und Internetseiten" gibt Anregungen, wo noch mehr Details über Down-Under zu finden sind.

Der Leserlichkeit halber wurde auf eine Doppelnennung der Art „Backpacker und Backpackerinnen" verzichtet.

Alle Neuigkeiten zum Buch versammeln wir unter **www.down-under.org** Kommentare, Beiträge, Reiseberichte sind willkommen.

Au-Pair-Box
Aupair in Australien. Einfach und unkompliziert.

Au-Pair-Box.com

WORKING HOLIDAY

Worum geht's?

Working Holiday? Ein Arbeitsurlaub? Was soll daran bitteschön erholsam sein, wenn man in den Ferien schuften muss?

Leute, die unter Urlaub nur Sommer, Sonne und Strand verstehen, höchstens auf der faulen Haut liegen und einfach nichts tun wollen, halten den Begriff „Working Holiday" vielleicht für einen schlechten Scherz.

Aber das Oxymoron „Arbeitsurlaub" bezeichnet auch nicht die „schönsten Wochen des Jahres" im klassischen Sinn, sondern umschreibt vielmehr eine bis zu vierundzwanzigmonatige Auszeit vom gewohnten Alltagstrott zu Hause.

Ein fremdes Land viel intensiver erleben, da man mit einer Arbeitserlaubnis im Rucksack bis zu zwei Jahre lang selbst Teil der unbekannten Kultur werden kann – so lässt sich der Gedanke hinter den Arbeitsferien erklären.

Möglich macht dies das „Working Holiday Maker Scheme (417)", das seit den siebziger Jahren besteht. Dieses Kulturtourismus-Programm und das dazugehörige beschränkte Arbeitsvisum beschert jungen Menschen die Gelegenheit zu einem Kulturaustausch der "anderen Art". Durch ausgedehntes Reisen auf dem Fünften Kontinent und durch gelegentliches Arbeiten, um die Reisekasse wieder aufzufüllen, lässt sich nicht nur das Land umfassender kennenlernen, sondern man erlebt die australische Kultur durch den Einblick in die Arbeitswelt von einer Seite, die dem Durchschnittstouristen verwehrt bleibt.

So können junge Erwachsene ohne große Ersparnisse auf die andere Seite der Welt fliegen, dort reisen, Abenteuer erleben und lernen, in einer fremden Kultur auf eigenen Füßen zu stehen.

In Ländern wie Großbritannien, Ireland, Kanada oder Japan gehört das Working-Holiday-Visum schon seit etlichen Jahren zum festen Bestandteil der Reisekultur jugendlicher Leute. Deutsche 18- bis 30-Jährige können das Visum seit 2000 bekommen und so auf eine Erlebnisreise gehen, die kaum jemanden unbeeindruckt lässt und schon das Leben vieler Reisenden umgekrempelt hat. Das Working-Holiday-Visum – ein Kulturaustauschticket mit Lebensveränderungsoption also.

Working Holiday bedeutet aber auch vielschichtigen Kulturtourismus, denn der Austausch während eines Arbeitsurlaubes in Down-Under begrenzt sich nicht nur auf die australische Gesellschaft. Durch regen Kontakt mit Reisenden aus aller Herren Länder lassen sich viele internationale Bekanntschaften machen und Kontakte knüpfen, was wiederum die Völkerverständigung fördert. Da das Visum als gegenseitiges Austauschprogramm gedacht ist, können selbstverständlich auch Australier in die Arbeitsferien-Partnerländer fliegen und dort die Welt erkunden sowie ggf. einen Job annehmen. Während des eigenen Australienjahres kann man nicht nur Working-Holiday-Reisenden aus Europa, sondern auch aus Asien und Kanada begegnen.

Visum

Bedingungen

Nicht jeder kann das begehrte Working-Holiday-Visum (WHV) erhalten. Zur erfolgreichen Beantragung sind ein paar Bedingungen zu erfüllen:

- Bewerben können sich nur junge Leute im Alter zwischen 18 und 30 Jahren. Letztmögliches Datum bei einer Bewerbung ist also der Vortag des eigenen 31. Geburtstages. Achtung: Wer sich wirklich in letzter Minute bewerben will, hat die Zeitverschiebung zu beachten; maßgeblich bei der Bewerbung ist die östliche australische Zeitzone (bis zu 10 Stunden vor der mitteleuropäischen Zeit).

- Antragsteller eines Arbeitsurlaubsvisums dürfen nicht von unselbstständigen, auf finanzielle Unterstützung angewiesenen Kindern begleitet werden. Haben WHV-Kandidaten finanziell abhängige Kinder, die aber nicht mitkommen, so ist der Visumantrag in Papierform bei der Botschaft in Berlin einzureichen. Eine Online-Bewerbung ist in diesem Fall nicht möglich.

- Bewerber müssen versichern, weder unter physischen noch unter psychischen Krankheiten zu leiden, andernfalls ist einer der Vertragsärzte in Deutschland zur medizinischen Untersuchung aufzusuchen. Adressen über die Botschaft: **www.australian-embassy.de**

- Deutsche Staatsangehörige können das WHV nur außerhalb Australiens beantragen.

- Grundsätzlich wird das Visum jedem Antragsteller nur ein einziges Mal im Leben gewährt. Wer also schon zuvor als Working-Holiday-Reisender in Australien unterwegs war, kann sich kein zweites Mal bewerben. Einzige Ausnahme: Neuerdings können sich Arbeitsurlauber, die mindestens drei Monate (88 Tage) als Erntehelfer o.ä. auf dem Land tätig waren, um ein zweites WHV bewerben. Näheres im Abschnitt „Zweites WHV beantragen", siehe S. 14. Antragsteller müssen versichern, ausreichend Gespartes auf dem Konto zur Verfügung zu haben, um sich die erste Zeit in Down-Under auch ohne Job leisten zu können.

Zudem sollte entweder ein Rückflugticket oder ggf. hinreichend Geld für eines vorhanden sein.

- Anfänglich waren per Kontoauszug genügend finanzielles Startkapital nachzuweisen gewesen, was heute, bei der elektronischen Beantragung, entfallen ist.

- Eine der wichtigsten Bedingungen nach Erhalt des Visums: Man darf nicht länger als sechs Monate bei einem Arbeitgeber beschäftigt sein. Dies bedeutet, dass z.B. nach einer sechsmonatigen Anstellung beim Sandwich-Restaurant „Subway" in Sydney keine weiteren sechs Monate bei „Subway" in Melbourne gearbeitet werden dürfen, da es sich bei „Subway" um ein und denselben Arbeitgeber handelt. Bei Verstoß gegen diese Regelung droht die Ausweisung.

- Hauptzweck des Aufenthaltes ist das Reisen. Gearbeitet werden darf nur, um die Reisekasse wieder etwas aufzufüllen. Konkrete Vorgaben bezüglich der insgesamt erlaubten Arbeitsmonate existieren zwar nicht, jedoch weist die Einwanderungsbehörde ausdrücklich darauf hin, dass mit dem WHV unter keinen Umständen das gesamte Jahr durchgearbeitet werden darf.

– Inhaber eines WHVs können bis zu vier Monate studieren und sich weiterbilden. Wer einen längeren Kurs z.B. an einer Universität belegen möchte, muss sich ein Studentenvisum besorgen.

- Der eigene Reisepass muss bei der Einreise noch mindestens zwölf Monate gültig sein.

Visumantrag

Die Beantragung eines WHVs erfolgt ausschließlich per Internet bei der australischen Einwanderungsbehörde **DIAC** (**D**epartment of **I**mmigration and **C**itizenship). Dazu steht ein 24-Stunden-Online-Visumservice zur Verfügung.

Auf dem heimischen Computer sollte mindestens der Internet Explorer in der Version 6.0 sein, da sonst die Online-Beantragung nicht richtig funktioniert.

Unter **www.immi.gov.au** führt der Link „Visas" in der Box „Individuals and Travellers" zu einer generellen Übersicht der Visaklassen. Weitere Infos befinden sich unter dem Punkt „Working Holiday visa (subclass 417)", Direkt-Link: http://www.border.gov.au/Trav/Visa-1/417-

Durch Anklicken des Reiters „Visa applicants" gelangt man auf eine Seite mit allgemeinen Angaben zum WHV, wo man sich über den Bewebungsvorgang schlau machen kann. Zur eigentlichen Bewerbung geht's per Mausklick auf die Links „How to apply" und schließlich „Application for a Working Holiday visa" (First Working Holiday visa). Wer sich die umständliche Klickerei sparen will, gibt direkt folgende Adresse im Browser ein: https://online.immi.gov.au/lusc/login

So oder so ist folglich zur Anmeldung die Erstellung eines Kontos nötig. Bei der Bewerbung bereitgehalten werden sollten:

- der Reisepass
- eine Kreditkarte zur Bezahlung der AUS$ 440 (rund 300 EUR)
- die üblichen, personenbezogenen Daten sowie die Wohnanschrift
- Postanschrift
- E-Mail-Adresse

Nach erfolgreich abgeschlossener Bewerbung heißt es, sich ein paar Tage zu gedulden. In der Regel erhält man aber schon nach 2-5 Werktagen den Entscheid von der Einwanderungsbehörde.

Auch wenn die meisten Anträge genehmigt werden, empfiehlt die Visumstelle keine Reisevorbereitungen vor Genehmigung des Visums zu treffen.

Visumaufkleber

Aber wie wird das Visum ausgestellt, wann bekommt man den Aufkleber im Reisepass, fragt man sich. Auch dies erfolgt heute nur noch elektronisch. D.h. konkret: Zur Einreise ist kein Visumaufkleber im Reisepass nötig, da alles im Computersystem gespeichert ist.

Möchte ein Arbeitgeber einen schriftlichen Nachweis, dass man tatsächlich legal mit einem WHV unterwegs ist, kann er diesen durch das „Visa Entitlement Verification Online System" (VEVO) erhalten, das Einverständnis des Arbeitsurlaubers natürlich vorausgesetzt. Auch Working-Holiday-Macher selbst können über VEVO ihre Visumkonditionen nachlesen. Das Online-System ist erreichbar über: www.immi.gov.au/e_visa/vevo.htm

Die Möglichkeit ein Visumsaufkleber für den Reisepass zu bekommen, z.B. als Souvenir, gibt es nicht mehr.

Gültigkeitsdauer

Ist das Visum einmal genehmigt, kann man sich mit der Reiseplanung und der Einreise nach Down-Under bis zu einem Jahr Zeit lassen. Das eigentliche Working-Holiday-Jahr beginnt erst nach der Einreise bzw. den ersten zwölf Monaten nach Visumausstellung abzulaufen.

Unterbrechung

Die zwölf Monate Visumgültigkeit sind nicht teilbar. Selbstverständlich kann man das Land während des Jahres verlassen und wieder einreisen, so oft man will, jedoch wird die außerhalb verbrachte Zeit nicht angerechnet. Verbringt man also zwischendurch zwei Monate in Neuseeland, stehen einem insgesamt nur zehn Monate Reisezeit in Australien zur Verfügung.

Visumkontingent

Im letzten Jahr wurden in allen Working-Holiday-Partnerländern insgesamt über 214.600 Visa ausgestellt (1. und 2. WHV zusammen). Die meisten gingen an Briten (41.712), dicht gefolgt von Korea (32.591) und Irland (25 827). Mehr als 22.400 Arbeitsurlauber stammten aus Deutschland. Im Gegenzug reisten rund 30.000 junge Australier mit einem Arbeitsurlaubsvisum in der Tasche in die Partnerländer.

Visumwechsel

Ein WHV kann nur außerhalb des Landes beantragt werden. Reist man mit einem anderen Visum ein, so ist der Wechsel zu einem WHV nicht möglich.

Ein Arbeitsferienvisum jedoch kann im Land in ein anderes Visum umgeändert werden, wenn der Bewerber die für das jeweilige Visum gestellten Bedingungen erfüllt. So kann z.b. ein Arbeitsurlauber kurz vor Ablauf seines Visums ein Studentenvisum beantragen, wenn er die geforderten Kriterien erfüllt.

Die Ausstellung eines Besuchervisums, um nach Ablauf des Working-Holiday-Jahres noch länger verweilen zu können, erfolgt jedoch nur in Ausnahmefällen. Üblicher ist die kurzzeitige Ausreise und erneute Einreise mit einem Touristenvisum.

Zweites WHV beantragen

Gute Nachricht an alle Australiensüchtigen: Neuerdings Es besteht die Möglichkeit, sich um ein zweites WHV bewerben zu können, das weitere zwölf Monate Down-Under ermöglicht. Einzige Bedingung: Während des ersten Working-Holiday-Aufenthaltes müssen mindestens drei Monate (88 Tage) als z.B. Erntehelfer oder Saisonkraft im ländlichen Australien abgeleistet worden sein. Anerkannte Saisonarbeit ist u.a. das Pflücken und Verpacken von Obst und Gemüse; das Beschneiden und Aufasten von Bäumen sowie allgemeine, mit der Ernte verbundene Arbeiten. Aber auch Arbeiten in der Fischerei, Forstwirtschaft sowie im Bergbau und Baugewerbe werden als Saisonarbeit angesehen und berechtigen zum Erhalt eines zweiten WHVs.

Als „ländliches Australien" gilt praktisch das ganze Land mit Ausnahme folgender Städte und Ballungsgebiete: Sydney, Newcastle, Wollongong, die Central-Coast von NSW, Greater Brisbane, Gold Coast, Perth, Melbourne und das ACT (Australian Capital Territory). Wichtig: Auf der Internetseite der australischen Einwanderungsbehörde steht eine Liste mit Postleitzahlen bereit www.immi.gov.au/visitors/working-holiday/417/postcodes.htm. Befindet sich die Arbeitsstätte im Postleitzahlenbereich auf der Liste, wird die Arbeitsdauer für die benötigten drei Monate anerkannt.

Der Nachweis über die Voraussetzungen ist über das Formular der Einwanderungsbehörde zu führen, Form 1263 „Working Holiday Maker: Employment Verification"), unter www.immi.gov.au/allforms/pdf/1263.pdf.

Vor Arbeitsbeginn sind die vollen Adressdaten des Arbeitgebers sowie der Arbeitszeitraum einzutragen. Wichtig: Der Arbeitgeber hat die Richtigkeit der Angaben mit seiner Unterschrift zu bestätigen. Nur dann wird die Arbeitszeit anerkannt und nur dann kann ein zweites WHV ausgestellt werden.

Wer sich um ein zweites WHV bewerben möchte, kann dies zu Ende seines ersten Working-Holiday-Aufenthaltes in Australien tun. Aber auch ein Rückflug nach Europa und die spätere Bewerbung um ein zweites. Visum ist möglich, sofern die generellen Visumbedingungen erfüllt sind (bis zum 30. Lebensjahr etc).

Die Kosten eines zweiten WHVs entsprechen denen der ersten Antragstellung und betragen derzeit AUS$ 440 (~ 300 EUR).

Wichtig: Im Internet kursieren Werbeanzeigen von dubiosen Farmern, die gegen eine Gebühr von ~AUS$ 500 (~ 330 EUR) die benötigten Unterlagen blanko unterschreiben und so zahlungswilligen Backpackern ein zweites WHV ohne dreimonatigen Arbeitseinsatz auf dem Land ermöglichen. Diese Vorgehensweise ist Betrug und wird bei Aufdeckung von der Einwanderungsbehörde strafrechtlich verfolgt. Wer also tatsächlich ein zweites Jahr im Land bleiben und nicht vorzeitig abgeschoben werden will, sollte sich dringend an die Spielregeln halten.

Wissenswertes

Studieren

Das WHV erlaubt eine Studien- oder Ausbildungszeit von bis zu vier Monaten. Somit können eine Sprachschule besucht oder ein Praktikum absolviert werden, wenn dies nicht länger als vier Monate dauert.

Versicherungen

Es besteht keine Pflichtversicherung beim Aufenthalt im Land. Die Einwanderungsbehörde weist jedoch darauf hin, dass ärztliche Behandlungen verdammt teuer werden können, so dass sie dringend zu einer privaten Auslandskranken- sowie einer Unfallversicherung (s. auch „Versicherung" ab S. 61) rät, die man sich günstig über den Versicherer besorgen kann.

Arbeitszeitverlängerung

Die wichtigste Beschränkung beim WHV ist die, dass man höchstens sechs Monate bei einem Arbeitgeber tätig sein darf. Unter bestimmten Umständen ist eine Verlängerung der Arbeitszeit bei einem Arbeitgeber genehmigungsfähig. Zur Ausweitung der Arbeitszeit ist eine schriftliche Erlaubnis bei der Einwanderungsbehörde einzuholen.

Sozialversicherungsabkommen

Zwischen Australien und Deutschland besteht ein gegenseitiges Sozialversicherungsabkommen zu Altersrenten, Unterstützung für Schwerbehinderte, Zahlungen an Pflegepersonen sowie Witwen- und Vollwaisenrenten.

Das Abkommen ermöglicht, Ansprüche aus der Arbeitszeit im jeweils anderen Land bei Bedarf in beiden Ländern geltend zu machen.

Wirtschaft

Working-Holiday-Reisende haben sich zu einem relevanten Wirtschaftsfaktor entwickelt. Die jährlich über 214.600 Arbeitsurlauber aus den Abkommensländern geben schätzungsweise pro Jahr rund AUS$ 2,2 Milliarden aus, umgerechnet rund 1,5 Milliarden EUR.

Individuell oder Work & Travel

Die Entscheidung ist gefallen: Es soll mit dem Working-Holiday-Visum nach Australien gehen – bis zu vierundzwanzig Monate reisen, jobben, Abenteuer erleben, Menschen verschiedener Nationalitäten kennenlernen und backpacken. Abenteuerlustigen fällt es nicht schwer, sich für diese spannende Art des Auslandsaufenthaltes zu entscheiden. Auf den Boden der Realität zurückgeholt werden aber die meisten, wenn folgende Fragen auftauchen:

- Wie organisiert man das eigentlich?
- Was ist bei einer Reise alles zu bedenken?
- Flugticket? Was muss man beim Buchen beachten?
- Versicherungen? Welche sind unbedingt nötig, welche eher Ermessenssache?
- Wohnen? Wo kommt man unter?
- Geld? Wie bezahlt man dort? Wie eröffnet man ein Bankkonto?
- Arbeiten? Wie finde ich einen Job?

Um Antworten zu finden, ist entweder Eigeninitiative angesagt – wobei dieser-Ratgeber helfen soll – oder man bucht bei einer der vielen „Work & Travel"-Organisationen ein Reisepaket mit vielem Drum und Dran.

Um die verwirrenden Begrifflichkeiten noch mal ganz genau zu definieren: „**Working Holiday**" bezeichnet das Visum, mit dem jeder legale Arbeitsurlauber unterwegs sein sollte, egal ob unabhängiger Reisender oder „Work & Travel"-Teilnehmer. Beantragt wird das Visum per Internet bei der australischen Einwanderungsbehörde.

„**Work & Travel**" hingegen nennen mehrere Organisationen ihre Dienstleistungspakete, die meist Flug, Versicherungen und Planungshilfe vor und während der Reise enthalten. In diesem Abschnitt werden die „Work & Travel"-Programminhalte näher vorgestellt, Alternativen dazu aufgezeigt sowie Für und Wider gegeneinander abgewogen.

„Work & Travel"-Anbieter

Bevor man zu einem längeren Auslandsaufenthalt aufbrechen kann, ist einiges zu regeln. Sei es die Reiseplanung, die Flugbuchung oder die erste Unterkunft. Wo aber fängt man am besten an? Was ist überhaupt wichtig bei der Planung, was nebensächlich? Wer keine Bekannten zu Rate ziehen kann, die schon in Australien waren, für den türmt sich ein Berg Fragen auf.

Aus diesem Grund bieten in Deutschland mehrere Organisationen den Service an, bei der Bewältigung aller abzuarbeitenden Punkte behilflich zu sein bzw. diese gänzlich zu übernehmen. Eine Art Dienstleistungsanbieter im Kulturaustauschsektor. Einige dieser Anbieter sind:

AIFS (American Institute for Foreign Study), *GLS Sprachreisen, Juststudies!, Pan Pazifik, Southern Cross Sprachreisen, STEP IN, TravelWorks* und *World of XChange.*
Kontaktdaten aller Büros zu Ende dieses Abschnittes.

Die Leistungen der Veranstalter unterscheiden sich natürlich, aber im Wesentlichen sind ihnen folgende Punkte gemein:

Vor der Reise

Vorbereitungsseminar

Jeder Veranstalter hält vor der Ausreise diverse Infoveranstaltungen und Lehrgänge ab. Bei denen bekommen „Work & Travel"-Teilnehmer eine erste Vorstellung vom Leben als Backpacker und können schon mal von großen Abenteuern träumen. Zudem erhält man praktische Tipps zur Reiseplanung, Jobsuche u.a. Themen.

Flüge

Im „Work & Travel"-Paket einiger Organisationen ist der Flug nach Sydney inbegriffen, andere Veranstaltern bieten die Möglichkeit, einen Flug zu buchen oder sich selbst im Reisebüro nach einer günstigen Lösung umzuschauen.

Versicherungen

Ebenfalls unterschiedlich gehandhabt wird der Punkt Versicherungen. Beim einen Dienstleister sind Kranken-, Unfall-, Haftpflicht- und Reisegepäckversicherung im Paketpreis eingeschlossen, der andere bietet ein Kombipaket wahlweise im „Work & Travel"-Paket.

Visumbeantragung

Grundsätzlich hat jeder Arbeitsurlauber – gleich ob Programmreisender oder unabhängiger Backpacker – sein WHV selbst bei der australischen Einwanderungsbehörde zu beantragen, was sich unkompliziert per Internet abwickeln lässt. Teilnehmer der „Work & Travel"-Programme erhalten Hilfestellung beim Ausfüllen der Online-Formulare, falls nötig.
Nicht im Reisepreis enthalten ist bei den Veranstaltern der Preis für das Visum von ca. 300 EUR.

Handbuch und Reiseführer

Jeder Anbieter stellt seinen Teilnehmern ein Handbuch zur Verfügung mit Tipps zur Reiseplanung, interessanten Daten über das Land und vielen anderen Dingen. Einige Organisationen legen noch einen Reiseführer wie z.B. den „Lonely Planet" oben drauf.

Sprachkurse und Lehrgänge

Da die erwähnten Organisationen in Kontakt mit Sprachschulen und Anbietern diverser Arbeitslehrgänge stehen (z.B. Jackaroo- und Jillaroo-Schulen, die Kurse in Farmarbeit geben), können diese schon aus Deutschland über den jeweiligen Veranstalter gebucht werden.

Gruppenreise

Wer nicht alleine fliegen möchte, bekommt über die Organisationen die Möglichkeit per Gruppenreise mit anderen deutschen Backpackern nach Down-Under zu reisen und so schon auf dem Flug andere Backpacker kennenzulernen.

Vor Ort

Partnerorganisationen

Programmreisende starten ihren Aufenthalt meist in Sydney. Hier befinden sich die Partnerbüros der „Work & Travel"-Reiseveranstalter, die vor Ort informieren, betreuen und unterstützen.

Abholservice und Übernachtungen

Die Partner stellen die Abholung vom Flughafen sicher und bringen „Work & Travel"-Reisende in ein Hostel. Dort ist die Unterkunft für meist zwei Nächte durch den Programmpreis im Voraus bezahlt.

Workshop

Um direkt vor Ort über die australische Gesellschaft und Kultur zu informieren, halten alle Partnerbüros Workshops ab. Hier bekommt man nützliche Tipps, die bei der Suche nach einer Unterkunft und einem Job helfen. Ebenfalls unterstützt wird man bei organisatorischen Angelegenheiten wie der Beantragung einer Steuernummer und der Eröffnung eines Bankkontos.

Mitgliedschaften

Im Paketpreis enthalten ist ebenfalls bei den meisten Reiseveranstaltern die Mitgliedschaft bei WWOOF (Willing Workers on Organic Farms) und in einer der Hostelketten wie VIP Backpackers oder Youth Hostelling Australia (YHA).

Postfach

Um Post erhalten zu können, benötigt man ein Postfach. „Work & Travel"-Teilnehmer haben eines bei den Partnern sicher. Diese leiten einfache Briefe oft kostenlos, schwere Päckchen oder Pakete gegen Bezahlung weiter.

Internetzugang

Zum wichtigsten Backpacker-Kommunikationsmedium, dem Internet, stellen die Partnerbüros oft einen kostenlosen, aber zeitlich begrenzten Zugang zur Verfügung. Einige Veranstalter bieten pro Tag auch ein bestimmtes Kontingent an Freiminuten in bestimmten Internetcafés an.

Rufnummer für Notfälle

Ein Notfall – was ist zu tun? Wer sich nicht sicher ist, kann unter der Notfall-Hotline, die von den meisten „Work & Travel"-Organisationen angeboten wird, Hilfe und Ratschlag finden.

Dies sind die bedeutsamsten Punkte, von denen „Work & Travel"-Teilnehmer profitieren können. Daneben bietet jede Organisation noch weitere Dienstleistungen an (z.b. Hafenrundfahrt oder Gutscheine), je nach Sichtweise mehr oder minder nützlich.

Alles in allem stellen sich die „Work & Travel"-Programme also als umfassende Service- und Dienstleistungspakete dar, die den Teilnehmern Arbeit abnehmen oder sie bei der Erledigung der Aufgaben unterstützen.

Für diesen Service ist natürlich eine Kleinigkeit zu berappen, so dass die „Work & Travel"-Programme auch ihre Preise haben. Die Spanne ist breit und bewegt sich zwischen:

- ca. 260 EUR für ein Jahr Betreuung ohne Versicherungen und Flug
- rund 1500 EUR für ein Jahr Betreuung inklusive Flug ohne Versicherungen
- und circa 2100 EUR für ein Jahr Betreuung inklusive All-around-the-World-Flugticket ohne Versicherungen.

Aktuelle Preise sind auf den Internetseiten der Anbieter zu erfahren.

Wer nach einer Alternative zu „Work & Travel" sucht, kann natürlich seine gesamte Reise selbst in die Hand nehmen. Neben der prägenden Erfahrung, gänzlich auf eigenen Füßen zu stehen, kann man durch organisationsungebundenes Reisen zudem viel lernen.

Selbst ist der Backpacker

Nach einer gewissen Zeit leuchtet es vielen ein: Anfangs bietet eine unterstützende Hand einen gewissen Grad an Sicherheit in einem völlig fremden Land, in dem man vielleicht niemanden kennt. Früher oder später aber ist man auf sich alleine gestellt und beginnt zu verstehen, dass das fremde Land gar nicht so viel anders ist. Zudem gibt es nichts, was nicht auch selbst organisiert werden könnte. Ganz im Gegenteil: Durch Eigeninitiative lässt sich manches sogar besser lernen, verstehen und durchschauen.

Abenteurern, Individualisten und Backpackern mit Erfahrung im Reisen kommt sowieso nichts anderes in den Rucksack: Unabhängiges Planen und Durchführen der Reise abseits von Organisationen, vorgegebenen Routen und festen Programmen steht für sie außer Frage. Wie das zu bewerkstelligen ist, wo Australien doch auf der anderen Seite der Welt liegt und alles so weit, fern und unerreichbar zu sein scheint?

Zum einen, indem man darauf vertraut, dass die Kultur sehr an die europäische erinnert, dass auch in Australien mit Messer, Gabel und Löffel gegessen wird und zu fragen, meist nichts kostet. Zum anderen durch das Lesen von Erfahrungsberichten und ggf. Tipps von Freunden und Bekannten, die schon mal da waren. Auch trifft man auf zahlreiche Backpacker, die einen gerne am gesammelten Erfahrungsschatz teilhaben lassen. So kann man vieles in Erfahrung bringen, wofür andere Workshops und Seminare besuchen.

Und natürlich stehen auch in diesem Buch jede Menge nützliche Hinweise, wie man individuell reist und sich im australischen Alltag zurechtfindet.

Ob man mit einer individuellen Reiseplanung Kosten spart und damit letztlich günstiger fliegt, ist von Fall zu Fall unterschiedlich und lässt sich schwer verallgemeinern. Sicher aber ist, dass z.B. selbst gebuchte Flüge nicht teurer zu sein brauchen als die in einigen „Work & Travel"-Reisepaketen enthaltenen Flugtickets. Auch wenn die Programmveranstalter der „Work & Travel"-Kombireisebündel oft günstigere Tarife bei Reiseunternehmen wie z.B. Fluggesellschaften oder Reiseagenturen erhalten, kann man durch rechtzeitiges Buchen sogar billigere Flüge ergattern.

Ein Nachteil der Pakete ist außerdem, dass sie sich selten aufschnüren lassen. So bezahlt man mitunter für Dienstleistungen, die vielleicht sonst nicht gekauft worden wären oder für die es eine billigere Alternative gibt. Deswegen kann ein unabhängiger Backpacker u.U. günstiger reisen. Drei Beispiele, über die nachgedacht werden sollte:

Beispiel Versicherungen

Die meisten „Work & Travel"-Organisationen bieten entweder im Paketpreis inbegriffen oder wahlweise ein speziell auf die Bedürfnisse von Reisenden zugeschnittenes Auslandsreise-Versicherungspaket an. Die Pakete beinhalten meist eine Auslandsreisekranken- und eine Unfallversicherung. Einige Anbieter offerieren zudem noch eine Haftpflicht-, eine Reisegepäck-, eine Rechtschutz- und eine Sportversicherung, um alle Eventualitäten abzusichern. Wer sich einen Rundumschutz zulegen möchte, wird mit den Paketen gut bedient.

Besteht aber die eine oder andere Versicherung ohnehin schon, z.B. eine Unfallversicherung, lässt sich diese bei der eigenen Versicherungsgesellschaft oft erweitern.

Näheres zum Thema Versicherungen im Abschnitt „Versicherung" ab S. 61.

Beispiel Startpunkt

Wer den ganzen Kontinent umrunden und durchqueren möchte, ohne dabei längere Strecken doppelt zurückzulegen, muss von Darwin oder Adelaide aus aufbrechen. Nur so kann man Down-Under wie eine „8" abfahren. Aus jeder anderen Stadt wäre sonst wenigstens ein Weg doppelt zu fahren oder zu fliegen, was höhere Kosten bedeutet. Sollte jemand wert darauf legen, eine Umrundung und Durchquerung so effizient wie möglich zu gestalten, ist Eigeninitiative gefragt. „Work & Travel"-Reisende landen meist in Sydney, Melbourne oder Perth.

Beispiel Harvest-Hotline

Der ehemalige „Work & Travel"-Anbieter CIEE – Programmfortführung nunmehr über Travelworks – warb mit dem Leistungspunkt „Harvest Hotline" für sein Programm: *„Über unsere kostenlose Harvest Hotline werden Sie aktuell über freie Stellen bei Erntejobs informiert"*.
Nicht erwähnt wurde allerdings, dass jedem Backpacker – gleichgültig, ob nun „Work & Travel"-Teilnehmer oder unabhängig Reisendem – sogar zwei landesweite Ernte-Hotlines zur Verfügung stehen (s. auch „National Harvest Guide" auf Seite 99), von der eine generell kostenlos ist. Die CIEE-Harvest-Hotline – ein Leistungspunkt also, der nicht ausschlaggebend zur Entscheidung für „Work & Travel" sein sollte.

Leider werden Backpackern einige Steine in den Weg gelegt. So bleibt ihnen z.B. bei der Jobsuche wenigstens eine Möglichkeit verwehrt.
Beispiel „Worldwide Workers": Durch eine Absprache zwischen der „Work & Travel Company International" und der kostenpflichtigen Backpacker-Jobagentur „Worldwide Workers" können eigenständig reisende Deutsche den Arbeitsvermittlungsservice der Agentur nicht in Anspruch nehmen.
Ein Argument für die „Work & Travel Company International"? Dass derartige Verträge eine Maßnahme darstellen, möglichst viele, potentielle Arbeitsurlauber an das angebotene Produkt („Work & Travel"-Programm) zu binden und freies Working-Holiday-Reisen ein klein wenig einzuschränken, darf vermutet werden.
Anscheinend bestehen Befürchtungen seitens des Anbieters, mit der Zeit könnten immer mehr Backpacker erfahren, wie einfach ein Working-Holiday-Jahr zu organisieren ist und dass sich mit viel Eigenengagement jede Menge bewegen lässt, wodurch wiederum weniger „Work & Travel"-Programme gebucht werden würden.
Wie derartige Praktiken zu bewerten sind und ob sie einen Grund darstellen, mit „Work & Travel" zu reisen oder wegen solcher Arrangements erst recht allein zu fliegen, hat jeder mit sich selbst abzumachen.
Offenkundig ist: Solche marktsichernden Regelungen beeinträchtigen das freie Working-Holiday-Reisen nicht wesentlich. Es existieren noch weitere auf Backpackerjobs spezialisierte Arbeitsagenturen, die allen offen stehen.
Wie diese heißen und welche anderen Wege noch bestehen, direkt im Land eine Beschäftigung zu finden, zeigt der Abschnitt „Jobsuche" ab S. 135. Unabhängigen Backpackern oder „Work & Travel"-Teilnehmer, die sich schon vor der Abreise schlau machen wollen, stehen weitere Wege offen.

Informationsbeschaffung

Reisebine, *Sabine Hopf, Brandenburgische Str. 30, 10707 Berlin, Tel.: 030 – 88 91 77 10, Fax: 030 – 88 91 77 11, info@reisebine.de, www.reisebine.de*
Angeboten wird eine zweitägige Schulung („Fit für Australien Workshop") für Working-Holiday-Reisende. In dem Kurs können in einer kleinen Gruppe ganz individuell die eigene Reiseroute geplant und alle anderen, brennenden Fragen durchgesprochen werden.

Für 89 EUR erfährt man in dem Workshop viel Wissenswertes über einen Working-Holiday-Aufenthalt und Down-Under.
Themen sind u.a.:

- günstige Flugbuchungsmöglichkeiten
- Beantragung einer Steuernummer
- Eröffnung eines Bankkontos
- Wohnmöglichkeiten
- Tipps zur Jobsuche
- Bewerbungsunterlagen
- Hinweise zu Land und Leuten

Internet
Das Internet bietet nahezu unüberschaubar viele Seiten zu Australien. Zu finden ist von Urlaubseindrücken privater Personen über lose zusammengesetze Info-Seiten bis hin zu professionell betriebenen Kommerzpräsentationen fast alles, was man über den roten Kontinent wissen muss.

Australia, com, www.australia.com
Wer urlaubsrelevante Informationen aus Erster Hand bevorzugt, findet auf den Internetseiten der Australischen Tourismus-Kommission eine vertrauenswürdige Quelle. Die Seiten ermöglichen Zugriff auf allgemeine Daten zum Land, bieten attraktive Reiseangebote und zeigen eine detaillierte Auflistung der beliebtesten Touristenregionen und Sehenswürdigkeiten des Landes.
Weitere Details aus allererster Hand lassen sich zudem auf den Seiten der Australischen Botschaft recherchieren, **www.germany.embassy.gov.au/**. Unter dem Punkt „Über Australien" findet man Verweise auf zahlreiche Seiten. So lässt sich u.a. viel Wissenswertes über das Land selbst, das kulturelle Leben und Einreisebestimmungen nachlesen.

Ferner gibt´s natürlich **www.down-under.org,** wo wir letzte Neuigkeiten bekanntgeben und mitgemacht werden kann.

Letztlich ...

... können keine allgemeinen Empfehlungen gegeben werden, da jeder für sich über seine geeignete Reiseform zu entscheiden hat. Nach Abwägung aller Wünsche, Bedürfnisse und Erwartungen wird man bewusster aus den unterschiedlichen Möglichkeiten wählen, sich ruhigen Gewissens auf den Weg machen und zu Ende zufriedener mit seiner Entscheidung ankommen. Letzlich steht das Reisen an erster Stelle. Das soll vor allem viele Erfahrungen, haufenweise Abenteuer und einen ganzen Rucksack voll Spaß ermöglichen. Mindestens! Egal, ob die Wahl auf „Work & Travel" oder auf unabhängiges Reisen fällt – am Ende bewahrheitet sich stets ein Spruch: Hinterher ist man immer klüger.

Vorteile auf einen Blick

Vorteile Individualreise	Vorteile „Work & Travel"
größtmögliche Individualität bei d. Reiseplanung (z.B. Aufenthalt in Darwin beginnen)	Vorbereitung mit Seminaren u. Informationsveranstaltungen durch die d. Organisationen
höherer Lerneffekt durch Eigeninitiative und Engagement	ein Rundum-Service wird geboten
keine Bindung an eine bestimmte Organisation	Hilfe bei der Reiseplanung
u.U. kostengünstiger	Gruppenreise ist möglich, um schon auf dem Flug Backpacker kennenzulernen
Gefühl in der Fremde auf eigenen Füßen stehen zu können	das Gefühl, in einem fremden Land ganz alleine und auf sich gestellt zu sein, wird durch die Partnerorganisationen beruhigt
sich als „unabhängiger" Backpacker betiteln zu können	die Eltern schlafen ruhiger …

Working Holiday – Einmal raus aus dem Alltag, bitte!
Erfahrungsbericht von Julia Schramm

An manchen Tagen im Leben geht es einem einfach schlecht. Nicht, dass man krank wäre, es ist mehr Lustlosigkeit, Frust über etwas Undefinierbares, Unbestimmtes, Unbekanntes. Man ist ganz einfach unzufrieden mit seinem Leben. Aber warum? Was fehlt? Diese Frage schien sich mir immer öfter zu stellen.
Ich hatte meine Schule abgeschlossen, gleich darauf meine Ausbildung begonnen und nach einer unglaublichen Abschlussparty am nächsten Tag mit meinem Job angefangen, den ich wirklich mag. Nun arbeitete ich seit zwei Jahren. Jeden Morgen früh aufstehen, zur Arbeit hetzen und nach einem langen,

schweren Tag abends tot müde ins Bett fallen. Hey, ich bin 22 Jahre und schon jetzt hatte mich der Alltag eingeholt!? So soll es nun für den Rest meines Lebens weiter gehen? Diese Aussicht machte mir Angst.

Manchmal im Leben erscheinen einem kleine Engel, meiner war eine neue Kollegin. Sie war gerade von einem dreimonatigem Australientrip zurück und schwärmte mir von einem Land vor, von dem ich gerade mal wusste, dass es auf der anderen Seite der Welt lag, zum größten Teil aus roterdiger Wüstensteppe besteht mit einem riesigen Fels in der Mitte. Was soll daran so faszinierend sein? Doch es ist anscheinend so viel mehr und ich ließ mich in den Bann ziehen von ihren Geschichten von einem wunderschönen wilden Land, liebenswürdigen, eigensinnigen Einwohnern, erlebten Abenteuern, Freiheit, Selbstständigkeit. Das ist es! Das will ich auch! Ein Entschluss, der sich mir von einer Minute in die nächste tief in meinen Kopf gesetzt hatte. Niemand hätte es mir je wieder ausreden können. Ich wollte all das: Abenteuer, Freiheit, Selbstständigkeit. Ich teilte mein Vorhaben, ein Jahr durchs Land zu reisen, meiner Freundin mit. Sie war begeistert und schloss sich mir an. Da waren wir beide nun mit unserem Plan.

Nun hieß es, unser Vorhaben auch in die Tat um zu setzten. Als erstes beichtete ich es meinen Eltern und war mehr als überrascht, als sie nach einem kurzen ungläubigen Blick, von dieser Idee angetan waren. Am nächsten Morgen lag ein Stapel Bücher in meinem Zimmer: „Das Buch der Überlebenstechniken" und Abenteuergeschichten von Globetrottern wie Rüdiger Nehberg und Christina Haverkamp. Somit war die erste Hürde, die Akzeptanz des Unternehmens, genommen. Und ich bin meinen Eltern sehr dankbar, mich bei meinem Entschluss so unterstützt zu haben.

Als nächstes hieß es zu recherchieren, was man eigentlich alles für einen Jahresaufenthalt benötigen würde. Und gelobt sei das Internet, fand ich doch dort alle Antworten auf meine Fragen: Antragsformulare für das Visum, verschiedenste Flugangebote, Versicherung (auch die Lektüre der genannten Bücher garantiert keine Unversehrtheit in einem Jahr Pfadfinderleben) und Klimainformationen für den Einkauf der geeigneten Klamotten. Jetzt noch eine Landkarte vom Fünften Kontinent und ich hatte alles, was ich brauchte. Das war nicht schwer!

Auch wenn ein Jahr reisen fast alle Zeit dieser Welt bedeutet, wollte ich wenigstens eine grobe Planung einer Route durch dieses riesige Land machen. Und eines stand fest, zuerst wollten wir ins rote Herz, dem Outback, den Gegensatz zum heimatlichen Großstadtleben. Nun saßen meine Freundin und ich vor der Landkarte und suchten nach einem geeigneten Start- und Zeitpunkt. Und je mehr wir über dieses Land lasen, desto weniger konnten wir warten, umso ungeduldiger wurden wir. Das Einzige, was uns noch hielt, waren unsere Jobs. Das alltägliche Leben, so normal geworden für uns, jetzt einfach aufzugeben, ohne die Gewissheit auf eine neue Anstellung nach der Rückkehr, ließ uns zögern, aber nur einen Moment. So wählten wir den australischen Frühling; der

Beginn eines Jahres sollte auch für uns der Beginn eines neuen Lebens sein. Mit der Kündigung ging ich zu meiner Chefin und zu meiner freudigen Überraschung gab sie mir die Aussicht auf eine Wiedereinstellung nach diesem Jahr, was meine Pläne vervollkommnete. Nun war alles perfekt und wir sehnten uns dem Abenteuerbeginn entgegen. Und dann war es soweit.

Nach einem ewig langen Flug fanden wir uns also in dem Land wieder, in dem wir für ein Jahr leben wollten, jetzt war es Wirklichkeit. Wir, die vorher als weitestes Reiseziel Deutschlands Nachbarländer hatten, waren jetzt allein. Wir erinnerten uns, Englisch in der Schule gehabt zu haben, tasteten noch mal nach der Kreditkarte, lasen das Willkommensschild am Flughafen und fühlten uns großartig.

„Work & Travel"-Reiseveranstalter

AIFS Deutschland, Zentrale Bonn, *Friedensplatz 1, 53111 Bonn, Tel.: 0800 – 777 22 99, Tel.: 02 28 – 95 73 00, Fax: 02 28 – 957 30 10, info@aifs.de, www.aifs.de*
Niederlassungen in Berlin, Chemnitz, Erfurt und anderen Städten

GLS Sprachenzentrum Berlin, *Kastanienallee 82, 10435 Berlin, Tel.: 030 – 78 00 89 30, Fax: 030 – 78 00 89 894, info@gls-berlin.com, www.gls-berlin.com*
Auch in Bremen, Frankfurt, Kiel, München, Rostock, Leipzig

Southern Cross Sprachreisen GmbH, *Dettenhauserstraße 53, 72141 Walddorfhäslach, Tel.: 0800 – 380 34 16, Tel.: 07127 – 92 56 80, Fax: 07127 – 92 56 815, info@southerncross.eu, www.working-holiday.info*

STEP IN, *Beethovenallee 21, 53173 Bonn, Tel.: 02 28 – 95 69 50, Fax: 02 28 – 956 95 99, info@step-in.de, www.stepin.de*

TravelWorks, *Münsterstraße 111, 48155 Münster, Tel.: 0 25 06 – 83 03 400, Fax: 0 25 06 – 83 03 231, australien@travelworks.de, www.travelworks.de*

World of XChange, *Langenfelder Straße 45, 22769 Hamburg, Telefon: 040 – 27 88 08 31, info@world-of-xchange.com, www.world-of-xchange.com*

Working-Holiday-Kosten

Über Geld spricht man nicht. Eigentlich! An dieser Stelle aber wird natürlich eine Ausnahme gemacht, denn statistisch errechnete Durchschnittszahlen sind ein guter Anhaltspunkt für die individuelle Reiseplanung. Die Werte lassen die eigenen Schätzungen nicht nur realistischer werden, sondern helfen obendrein wesentliche Fehlkalkulationen zu vermeiden und somit ein Optimum mit den eigenen, zur Verfügung stehenden Mitteln zu erreichen.

Die Frage nach dem „Wie viel?" ist schwierig, schließlich hat jeder seinen besonderen Lebensstil und somit ganz eigene Bedürfnisse und Gewohnheiten. Der eine raucht wie ein Schlot, der andere trinkt regelmäßig und massenhaft – beides übrigens sehr teuer – und ein Dritter lebt gern auf großem Fuße und möchte auf ein Einzelzimmer im Backpacker-Hostel nicht verzichten. All das wird sich als ziemlich kostenintensiv erweisen und hat mit den Durchschnittszahlen wenig zu tun. Wer z.B. jeden Tag ein Restaurant besuchen möchte, sollte selbstverständlich mehr Geld einplanen, als jemand, der sich an fünf Tagen in der Woche von „Two-Minute-Noodles" ernährt. Ganz nebenbei: Der kleine Nudelsnack ist eine der billigsten Möglichkeiten, etwas Warmes in den Magen zu bekommen.

Was die durchschnittlichen Lebenshaltungskosten angeht, so sind diese mit denen in Deutschland vergleichbar. Wer also in Deutschland mit rund 500 EUR zum Leben auskommt, kann das auch in etwa für Australien einrechnen. Gesetzt den Fall, dass sich Aufenthalte auf dem Land und in der Stadt abwechseln. Gewiss lebt derjenige billiger, der die meiste Zeit WWOOFt (**W**illing **W**orkers on **O**rganic **F**arms) und sich in ländlichen Regionen aufhält, wo die Chancen Geld auszugeben, viel geringer sind. Teurer dagegen ist die Stadt, in der an jeder Ecke leckeres Essen lockt, Internetcafés zu allen Zeiten ihre Dienste anbieten und das Wohnen kostspieliger ist.

Die harten Fakten: Laut dem Melbourner Institut für angewandte Wirtschafts- und Sozialforschung bringt ein Backpacker für die Dauer von zwölf Monaten durchschnittlich AUS$ 6.398 (~ 4.200 EUR) mit. Der Verdienst durch Jobs innerhalb eines ganzen Jahres beträgt im Schnitt gerechnet AUS$ 9.916 (~ 6.500 EUR). Zusammengerechnet ergibt das einen Gesamtbetrag von AUS$ 16.314 (~ 10.700 EUR) inklusive des Flugtickets.

Zahlen, die auf den ersten Blick utopisch klingen. Bedenkt man jedoch, dass es sich um die durchschnittlichen Lebenshaltungskosten eines gesamten Jahres handelt inklusive verschiedener Ausflüge, Freizeitbetätigungen und Eintrittsgelder für touristische Attraktionen, so werden diese Zahlen leider etwas weniger fantastisch, sondern überaus realistisch.

Allerdings ist der angegebene Durchschnittsverdienst ein Wert, den die wenigstens deutschsprachigen Backpacker erreichen werden. Zustande kommt die Zahl durch die vielen englischsprachigen Arbeitsurlauber, die seit jeher den größten Teil der Working-Holiday-Reisenden stellen. Durch den muttersprachlichen Vorteil und die oft höheren Qualifikationen ist es für sie natürlich viel wahrscheinlicher Top-Jobs abzugreifen als für deutschsprachige Rucksack-Touristen. Eine gewisse Bereinigung in Bezug auf die Verdienstzahlen ist also für deutsche Backpacker angebracht.

Aus eigener Erfahrung zu urteilen, ist ein Gesamtlohn von rund AUS$ 4.000 bis 7.000 (~ 2.600 bis 4.600 EUR) bei einem ganzen Jahr Aufenthalt und zwei gut bezahlten Arbeitsplätzen sowie ein paar kleineren Jobs durchaus denkbar. Natürlich ändert sich dadurch auch der Gesamtbetrag, der über ein Jahr hinweg ausgegeben wird. Wer weniger Geld in der Tasche hat, kann auch weniger verprassen. Nach der Bereinigung einen durchschnittlichen Gesamtbetrag zu beziffern, ist dennoch schwer, da statistische Daten fehlen. Wiederum aus eigener Erfahrung: Ein Gesamtjahresbetrag einschließlich Kaufs eines Autos zwischen AUS$ 10.000 und 14.000 (~ 6.600 und 9.500 EUR) ist keineswegs wirklichkeitsfremd. Die einst von der Einwanderungsbehörde geforderten AUS$ 5.000 (ca. 3.300 EUR) also wirklich auf dem Konto zu haben, ist ein guter Start.

Wie unterschiedlich Statistiken ausfallen können, beweisen die Zahlen einer anderen Umfrage des TNT-Magazins. Das fragte 720 Backpacker nach ihren geplanten Ausgaben. Heraus kam dabei ein Mittelwert von AUS$ 7.170 (~ 4.700 EUR) ohne Flugticket.

Noch mal zur Erinnerung: Die individuellen Reisekosten hängen von so vielen Faktoren wie z.B. der Reisedauer, den benutzten Transportmitteln, den bevorzugten Unterkünften sowie den geplanten Vorhaben ab, dass nur jeder für sich abschätzen kann, wie viel Geld ungefähr einzuplanen ist. Die tatsächlichen, eigenen Ausgaben liegen bei einem Aufenthalt von zwölf Monaten aber mit hoher Wahrscheinlichkeit irgendwo zwischen den oben genannten Werten.

Arbeitsurlaub ist nicht nur ein ereignisreiches Abenteuer, sondern auch ein finanzielles. Geld wird auf fast der gesamten Reise das Sorgenkind Nr. 1 sein. Wenn man keine Knete mehr hat, muss ein Job gesucht und gefunden werden. Klappt dies nicht sofort, besteht hoffentlich die Chance sich von den Eltern, Freunden oder Bekannten Bares zu leihen. Allerdings müssen die Schulden irgendwann auch wieder zurückbezahlt werden. Wenn gar nichts mehr geht, droht im schlimmsten Fall die verfrühte Rückreise.

Um das möglichst zu vermeiden, wird im Abschnitt „Backpacken" (s. S. 172) ein Weg erläutert, wie man etwas kostensparender durch Land reisen kann. Aber die Sorge um das leidige Geld gehört zum Backpacken dazu. Andauernd auf dem schmalen Grad zwischen Soll und Haben auf dem Bankkonto zu wandern, immer nach den günstigsten Angeboten Ausschau zu halten und stets nach lukrativen Verdienstmöglichkeiten zu suchen, macht Rucksacktourismus u.a. aus.

Wofür wird Geld ausgegeben?

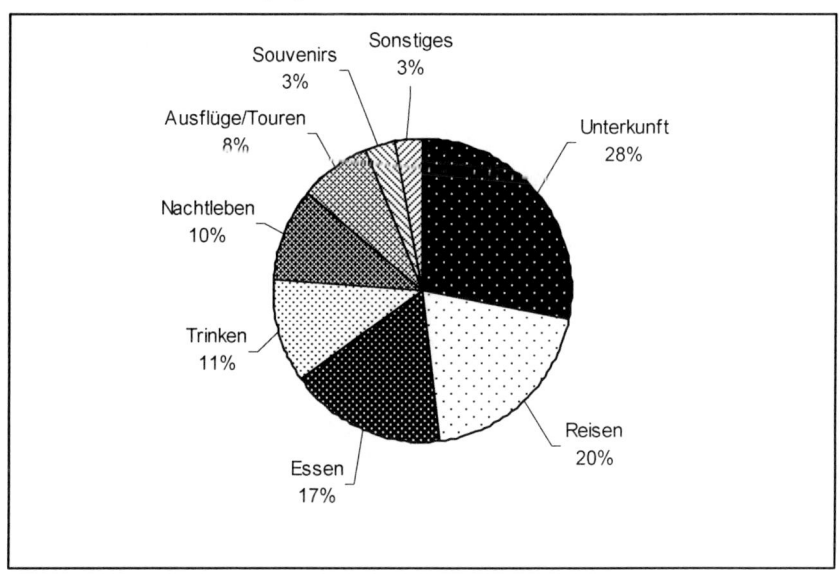

Art der Ausgabe, Prozent, Durchschnittliche Ausgaben in A$

Unterkunft	28	4.567
Reisen	20	3.262
Essen	17	2.773
Trinken	11	1.794
Nachtleben	10	1.631
Ausflüge/Touren	8	1.141
Souvenirs	3	489
Sonstiges	3	489
Gesamt	100	16146

Quelle: www.tntmagazine.com.au; "Backpackers Uncovered Australia"

Botschafter mit Backpacks

Wie Australien vom Working-Holiday-Programm profitiert

Arbeitsurlaub in Australien! Jedem Backpacker, der mit einem Working-Holiday-Visum in Australien unterwegs war und dort mehrere Monate verbracht hat, ist hinterher klar: Neben jeder Menge Spaß, vielen Abenteuern und unzähligen Fotos lassen sich in einem solchen Jahr auch unschätzbar viele Erfahrungen sammeln. Von einigen wird man vielleicht sogar sein Leben lang zehren. Somit zieht jeder Working-Holiday-Reisende einen Nutzen aus einem solchen Jahr – sei es durch das aufpolierte Englisch, was im späteren Berufsleben hilfreich ist, sei es durch die vielen internationalen Bekanntschaften, die während eines solches Jahres geschlossen werden oder sei es durch die Erfahrung, einen längeren Zeitraum über in einem fremden Land zu reisen und dort auf eigenen Füßen stehen zu müssen. Ein Arbeitsurlaub in fördert die Lebenserfahrung und Reife.

Aber was hat das Land eigentlich davon? Warum hat Down-Under das Working-Holiday-Programm in den letzten Jahren so massiv ausgedehnt? Welche Auswirkungen haben Arbeitsurlauber auf die Einwohner?

In diesem Essay wird die weniger bekannte Seite, nämlich wie das Land vom Working-Holiday-Programm Nutzen zieht, beleuchtet. Besonderes Augenmerk gilt dabei den kulturellen und sozioökonomischen Folgen.

Als am 1. Januar 1975 das Working-Holiday-Programm als bilaterales Abkommen zwischen Australien und Großbritannien ins Leben gerufen wurde, vermutete wahrscheinlich keiner der Initiatoren, wie erfolgreich es einmal werden würde. Von einst 1.855 "working holiday makers" (WHM, Arbeitsurlauber) aus einem Land im Jahre 1975, stieg die Zahl der Teilnehmer auf über 175.700 aus neunzehn Ländern im letzten Jahr. Derzeit hat Australien gegenseitige Working-Holiday-Abkommen mit Belgien, Dänemark, Estland, Finnland, Frankreich, Großbritannien, Hongkong, Irland, Italien, Japan, Kanada, Korea, Malta, Niederlande, Norwegen, Schweden, Taiwan, Zypern und natürlich mit Deutschland. Über die Hälfe aller Working-Holiday-Reisenden (rund 56 Prozent) stammt aus den drei Ländern Großbritannien, Korea und Deutschland. Da Arbeitsurlauber bis zu zwölf Monate – und unter gewissen Voraussetzungen sogar bis zu vierundzwanzig Monate – im Land leben können und da sie über eine Arbeitsgenehmigung verfügen, die es ihnen erlaubt, bis zu sechs Monate bei einem Arbeitgeber tätig zu sein, ist es selbstverständlich, dass diese Temporär-Australier gewisse Auswirkungen auf die australischen Wirtschaft, den Arbeitsmarkt und die Gesellschaft haben.

Die offensichtlichste wäre wohl der monetäre Wert der Arbeitsurlauber für die Wirtschaft. Die Einwanderungsbehörde (Department of Immigration and Citizenship – DIAC) schätzt, dass Rucksacktouristen mit einem WH-Visum jährlich rund AUS$ 2,2 Milliarden (ca. 1,5 Milliarden EUR) im Land lassen, was rund 12 Prozent des Jahresumsatzes der gesamten Tourismusindustrie bedeutet. Ein nicht zu verachtendes Stück vom Kuchen also, der das Wohl der Tourismusbranche symbolisiert. Es ist also logisch, dass die australische Regierung bestrebt ist, das WH-Programm auszuweiten, um die heimische Wirtschaft weiterhin zu fördern. Sich mit diesen bloßen Zahlen und Fakten zu begnügen, würde jedoch bedeuten, das Einwirken Working-Holiday-Reisender auf Australien maßlos zu unterschätzen, denn es gibt zahlreiche weitere Faktoren zu berücksichtigen.

Sozioökonomischer Nutzen: Laut einer Studie des Joint Standing Committee on Migration (JSCM), eines von der Regierung beauftragten Komitees zur Untersuchung der Einflüsse von WHM auf Australien, stellen Arbeitsurlauber einen Großteil der zusätzlichen Arbeitskräfte in Branchen, die über einen kurzen Zeitraum viele Gelegenheitsarbeiter benötigen. Die Landwirtschaft zur Erntezeit und die Gastronomie zur Hochsaison sind Paradebeispiele. Das JSCM geht sogar soweit zu sagen: „In vielen Gegenden Australiens ist die Präsenz von Arbeitsurlaubern zur Erntezeit entscheidend". Diese Meinung wird von diversen Gemeinden, Verbänden und Gesellschaften geteilt. Die Industrie- und Handelskammer kommentiert: „Arbeitsurlauber sind eine effiziente Lösung zum Problem des Arbeitskräftemangels in Branchen wie dem Gartenanbau und der Gastronomie. Sie sind weniger abgeneigt unter physisch schwierigen Bedingungen zu arbeiten (z.B. Obst- und Gemüseernte) als es viele australische Arbeiter sind. Daher spielen Arbeitsurlauber seit jeher eine wichtige und positive Rolle bei Arbeiten wie der Ernte und sind somit unerlässlich für die australische Wirtschaft".

Ähnliche Töne sind vom Verband der Obstbauern Nord-Victorias zu hören, der die Wichtigkeit der Arbeitsurlauber fürs Geschäft unterstreicht. Ein Sprecher erwähnt: „Während der Erntehochsaison gibt es zu keiner Zeit genügend Australier, um die freien Arbeitsstellen zu besetzen. Arbeitsurlauber spielen eine entscheidende Rolle in unserer Branche, da sie helfen, die Ernten zum richtigen Zeitpunkt durchzuführen, um letztlich ein Höchstmaß an Obst- und Gemüsequalität zu sichern". Ohne die Hilfe tausender Arbeitsurlauber würde die australische Landwirtschaft also nicht so reibungslos funktionieren wie mit der Unterstützung aus Übersee.

Auch an anderen Stellen füllen Backpacker mit einem Working-Holiday-Visum Löcher im Arbeitsmarkt, wie das JSCM in seinem Report Working Holiday Makers "More than Tourists" belegt: „Einige Arbeitsurlauber können auch Sprachkenntnisse vorweisen, die in gewissen Bereichen der Tourismusindustrie gefragt sind. So finden Working-Holiday-Reisende immer wieder Arbeitgeber bei z.B. mehrsprachigen Tourunternehmen und Duty-Free-Shops, die zwei- oder mehrsprachige Angestellte brauchen". Anscheinend gelingt es dem australischen Bildungssystem nicht, die Nachfrage nach zwei- oder mehrsprachigen Arbeitskräften zu bedienen. Ein weiterer Grund also, warum Arbeitsurlauber einen wichtigen Faktor auf dem australischen Arbeitsmarkt darstellen und so zum Wohl der Wirtschaft beitragen.

Des weiteren wird angenommen, dass eine Ausweitung des Working-Holiday-Programmes auf andere Länder, neue Stellen in Australien schaffen würde. Elizabeth Webster und Glenys Harding von der Fakultät für Angewandte Wirtschaftswissenschaften der University of Melbourne prognostizieren in ihrer Studie "The Working Holiday Maker Scheme and the Australian Labour Market" die Schaffung von 5300 neuen Arbeitsplätzen pro Jahr in Australien, würde das WH-Programm auf Ländern wie Israel, Singapur, die Schweiz und die USA ausgeweitet werden. Dies wird ebenfalls vom JSCM bestätigt, in dessen Report es heißt: „Wenn das Working-Holiday-Programm effektiv eingesetzt wird, kann es anstelle Stellen zu vernichten, neue schaffen". "Effektiv eingesetzt" bedeutet nichts anderes als der zweckgebundene Einsatz von Arbeitsurlaubern als zusätzliche Arbeitskräfte zu Stoßzeiten ohne dabei einheimische Arbeiter zu verdrängen, denn natürlich gibt es auch besorgte Stimme, die vor einer solchen Entwicklung warnen.

In einem Artikel, der im Magazin People and Place veröffentlicht wurde, schreibt der Arbeitsmarktberater Bob Kinnaird: „Die Bezahlung untertariflicher Löhnen an Arbeitsurlauber und die damit einhergehenden niedrigeren Arbeitnehmerkonditionen setzen australische Arbeitskräfte unter Druck. Letztlich müssen auch sie den geringeren Einkünften zustimmen, um wenigstens ihre Stelle zu behalten". Richten Arbeitsurlauber also mehr Schaden als Nutzen an? Fakt ist: Viele Obst- und Gemüsebauern wären ohne die jungen und motivierten, weil oft abgebrannten Hilfskräfte aufgeschmissen. Der Gemeindevorstand der Ernteregion Swan Hill drückt den Umstand wie folgt aus: „Als ein Mittel, um zur Erntezeit genügend Arbeitskräfte zu finden, verlassen sich immer mehr Bauern auf Arbeiter mit einem Working-Holdiay-Visum. Ohne sie würden viele Plantagen gar nicht betrieben werden können".

Kultureller Gewinn: Die kulturellen Einflüsse, welche Arbeitsurlauber auf Australien haben, können zwar weniger in harten Zahlen ausgedrückt werden, sind aber unleugbar vorhanden und ebenso wichtig. Webster und Harding von der University of Melbourne schreiben in ihrem Text: „Nach Ansicht vieler erlaubt ein Arbeitsurlaub jungen Menschen ein tieferes Verständnis der australischen Kultur, Gesellschaft und der Menschen zu erlangen, als es ein bloßer Besuch als Tourist ermöglichen würde. Doch auch Australier profitieren vom Einwirken ausländischer Arbeitsurlauber".

Hauptnutzen Australiens ist der kulturelle Austausch, den Backpacker mit Working-Holiday-Visum ins Land und in die Gemeinden bringen. Das Regierungskomitee JSCM fasst zusammen: „Ein weiterer positiver Aspekt des Programms: Es hilft, Menschen aus anderen Ländern mit unterschiedlichen Kulturen und anderen Sprachen in die australische Gemeinden zu bringen. Auch wenn Australien bereits eine sehr kulturell breite Gesellschaft ist, so trägt die Interaktion mit jungen Leuten aus Übersee-Ländern doch dazu bei, die Würdigung anderer Kulturen und Menschen in australischen Gemeinden zu pflegen. Das Working-Holiday-Programm bietet vielen Australiern die Möglichkeit, ihre Ansichten mit jungen Menschen aus anderen Kulturen auszutauschen, was ihnen sonst wahrscheinlich verwehrt bliebe". Um genau zu sein, sind es vornehmlich junge Australier, die von diesem Kulturaustausch profitieren, da Australiens Isoliertheit es vielen Jugendlichen schwierig macht, einen regen Austausch mit Gleichaltrigen aus anderen Ländern zu entwickeln. In dieser Beziehung ist Australien verglichen mit Europa klar im Nachteil. Deshalb agieren Arbeitsurlauber auch als kulturelle Botschafter mit Backpacks, da sie ihre Perspektiven, ihre Sprache und ihre eingebetteten Weltanschauungen mit Ortsansässigen austauschen können.

In ländlichen Gegenden tritt dies besonders deutlich zutage, wie das JSCM schreibt: „Es ist allgemein bekannt, dass Kurzzeitbesucher aus Übersee nur selten ins regionale Australien reisen bzw. dort länger bleiben und dass sich neue Einwanderer vorrangig in Großstädten niederlassen, weshalb Australier in ländlichen Gegenden weniger Chancen haben, auf Menschen aus anderen Ländern zu treffen und mit ihnen in Kontakt zu treten. Da Arbeitsurlauber in der Regel längere Zeit im Land verweilen und ausgiebiger reisen, d.h. auch vermehrt ins regionale Australien, bringen sie so andere kulturelle Einflüsse in ländliche Gegenden, was ohne das Working-Holiday-Programm nicht geschehen würde".

Abgesehen von diesem Kulturaustausch birgt das Working-Holiday-Programm noch weitere, subtilere Konsequenzen für Australien. Backpacker und Arbeitsurlauber können als Vorreiter politisch-korrekten Verhaltens in Australien gesehen werden, da sie in den meisten Fällen ein hohes kulturelles Bewusstsein sowie eine gewisse kulturelle Feinfühligkeit besitzen. Was damit gemeint ist, zeigt die Sozialwissenschaftlerin Tamara Young anhand einer Feldstudie unter Backpackern im Northern Territory und im nördlichen Queensland. Young wollte herausfinden, ob Backpacker sich für oder gegen die Besteigung des Uluru (Ayers Rock), das bedeutungsvollste Heiligtum der Aborigines in Zentralaustralien, entscheiden, wenn sie Australiens größte Visitenkarte bereisen.

Kurz zur Erklärung: Über viele Jahre hinweg wurde die Besteigung des Uluru als der Höhepunkt einer jeden Reise ins rote Herz Australiens angesehen. Seit der offiziellen Landrückgabe an die Ureinwohner 1985 jedoch, bitten diese von der schändlichen Besteigung Abstand zu nehmen, da sie selbst nie auf den Gedanken kämen, ihr Heiligtum zu erklimmen. Ganz im Gegenteil zeugt eine Besteigung von kulturellem Frevel gegenüber den Aborigines.

Young konnte anhand einer nicht-repräsentativen Studie zeigen, dass die Mehrheit aller befragten Backpacker (10 von 13), die bereits am Uluru waren, sich entschieden hatte, den Monolithen nicht zu besteigen, weil sie es als kulturell unangemessenes Verhalten erachteten. Auch gaben viele Backpacker, die noch nicht in Zentralaustralien und am Uluru waren zu Protokoll, die Besteigung aus kultureller Pietät unterlassen zu wollen.

Laut Young hat die politisch korrekte Entscheidung, den Uluru nicht zu besteigen, viele Ursachen. Eine davon ist z.b. das Interesse und die Würdigung indigener Kulturen und Traditionen seitens der Backpacker. Deshalb entscheiden sich die meisten Backpacker und Arbeitsurlauber dazu, das Richtige zu tun, den Glauben der Ureinwohner zu respektieren und somit die Besteigung zu unterlassen. Dies wiederum zeugt von angemessenem und erstrebenswertem Verhalten innerhalb des politischen Diskurses in Australien, was durch die weiterreisenden Backpacker auch zurück ins Heimatland und somit in andere Kulturen getragen wird. Auch aus diesem Grund können Arbeitsurlauber als Botschafter mit Backpacks bezeichnet werden.

Wägt man also alle Vor- und Nachteile des WH-Programms ab, so lässt sich ziemlich deutlich von einem vollen Erfolg für Down-Under sprechen. Neben der Bereitstellung von zusätzlichen und dringend benötigten Arbeitskräften im Gartenbau und der Tourismusbranche, sichern Arbeitsurlauber auch den Sprach- und Kulturaustausch in weniger frequentierten Gegenden des Landes. Arbeitsurlaub in Australien – eine Win-Win-Situation für Backpacker und Australien.

Warum ausgerechnet Work&Travel in Down Under?

Einblicke in die Reisemotive deutscher Working-Holiday-Maker von Julian Hübner

Die nachfolgende Untersuchung zu Motivation junger Deutsche bei Work&Travel Aufenthalten entstand im Rahmen einer Examensarbeit im Fach Geographie an der Universität Koblenz-Landau.

Zu dem Zweck war ich selbst als Backpacker unterwegs. So schwamm ich fast täglich im Strom der anderen Backpacker mit, lernte dadurch ständig neue Rucksackreisende kennen, die auch im Besitz eines Working-Holiday-Visum waren und befragte sie bei Gelegenheit zu ihrer Motivation. Ich stand somit auf dergleichen Stufe, wie die befragten Reisenden.

Es entwickelten sich Freundschaften und damit wuchs auch das Vertrauen zwischen den zu Reisenden und mir. Diese Gegebenheit, gepaart mit langen Gesprächen zur Thematik, ermöglichte mir einen authentischen Einblick. Diese Authentizität erhöhte sich mit Länge der Reise und meiner Anpassung an das Backpackerdasein. Im Laufe meiner Reise befragte ich 150 deutsche Arbeitsurlauber. Alle bisherigen Untersuchungen zu Work&Travel in Australien berührten das Thema Reisemotivation nur am Rande und bezogen sich immer auf WHM aus aller Herren Länder. Eine Untersuchung, die sich konkret mit den Motiven deutscher WHM befasst, wurde bis dato noch nicht veröffentlicht.

WAS SIND NUN DIE ERGEBNISSE?

Ganz allgemein möchten etwa 58% der Deutschen im Urlaub einfach mal abschalten, ausspannen und keine Sekunde mit Arbeit verschwenden. Im Gegensatz dazu reisen jedes Jahr Tausende von jungen Deutschen mit einem Working-Holiday-Visum im Gepäck nach Australien, um in ihren Ferien zu arbeiten. Bei bis zu 45 Grad Celsius im Schatten kämpfen sich angehende Akademiker durch die zahlreichen Spinnennetze der Bananenplantage, um die zentnerschweren Bananenstauden von ihren Schultern in den Wagen zu hieven. In stickigen Lagerhallen sitzen reihenweise Studenten, die damit beschäftigt sind, Mangos nach Größe zu sortieren. Welche Motivation treibt diese deutschen Frauen und Männer an, um auf dem trockensten bewohnten Kontinent der Erde, bei widrigen Bedingungen, als Obstpflücker zu arbeiten?

Wer verstehen will, was diese ehemalige Sträflingskolonie so unwiderstehlich für Backpacker macht und warum deshalb Jahr für Jahr Rucksacktouristen aus aller Welt zwecks Auslandserfahrung nach Down Under reisen, muss zuerst einen Blick auf die Entstehung des Rucksacktourismus werfen.

Backpacking entstand Ende der 60er Jahre während der revolutionären Studentenbewegung. Viele Menschen protestierten damals gegen Wertmaßstäbe und herrschende, kulturelle Leitbilder. Außerdem wurden schwere Vorwürfe gegen die Industrie erhoben, da sie durch ihren Aufschwung maßgeblichen Anteil an der Zerstörung der Umwelt hatte. Daraufhin suchten viele der 68er-Generation ihr Glück in fernen Ländern, um ihre Utopie von einer besseren Lebensform zu verwirklichen.

Vor allem in Nepal und Indien suchten die häufig aus Familien mit intellektuellem Hintergrund stammenden Studenten nach ihrer besseren Welt. Die Sehnsucht nach einem ökologisch intakten Leben ohne Zwang, fern vom luxuriösen Alltag im Westen, war der Antrieb zu solch einer Reise. Dieses Sehnen nach unberührter Natur und der Ursprünglichkeit eines Landes ist seit der Existenz des Tourismus eine seiner elementarsten Reisemotivationen. Diese Sehnsucht äußert sich bei Backpackern als Suche nach intakten Lebensformen in ökologisch unzerstörten Milieus, nach der Wildnis abseits von Touristenpfaden. In einer von Industrie und Zivilisation unberührten Umwelt hoffen sie, das echte Leben kennenzulernen.

Darin liegt auch das Hauptreisemotiv der unter 25-Jährigen WHM in meiner Befragung. Sie geben an, dass für sie die australischen Naturlandschaften und der Wunsch, sie zu erleben und sich in ihr aufzuhalten, die wesentlichen Gesichtspunkte ihrer Reisemotivation sind. Ob Great Barrier Reef, Outback oder Rainforest – Australien besitzt jede Menge einzigartiger Naturlandschaften, die unberührt erscheinen.

Für die älteren Working-Holiday-Maker ab 25 Jahren ist der "Easy-Life-Style" das wichtigste Motiv, warum sie sich für einen Work&Travel Aufenthalt entscheiden.

Jeder der bereits für längere Zeit in die australische Kultur eintauchen durfte, weiß was gemeint ist, wenn von "Easy-Life-Style" die Rede ist bzw. einem an jeder Ecke ein "no worries" nachgerufen wird. Damit ist die unbekümmerte Art und Weise der Australier gemeint, relaxt in den Tag hinein zu leben und allem mit einem gewissen Optimismus entgegenzutreten. Diese Lockerheit hängt natürlich eng mit den vielen Sonnenstunden zusammen, deren Anzahl mitteleuropäische Herzen höherschlagen lässt. Deshalb ist, neben den Naturlandschaften und dem "Easy-Life-Style", das australische Klima eines der meistgenannten Motive der deutschen Reisenden. Viele wollen vor allem in den Wintermonaten der kalten Heimat entfliehen und machen sich auf die Reise ins wärmere, manchmal auch zu warme, Australien.

Eine weitere bedeutende Reisemotivation ist das Motiv einer persönlichen Entwicklung. Die Mehrheit der befragten Rucksacktouristen sieht ihre Reise daher als wichtige Station der Weiterentwicklung vom spaßgetriebenen und unabhängigen Jugendlichen hin zur verantwortungsvollen Rolle eines Erwachsenen. Meine Studie verdeutlicht, dass sich beide Altersgruppen erhoffen, während des Aufenthalts wichtige Erfahrungen zu sammeln, die sie persönlich weiterbringen. Die Altersgruppe der Jüngeren (18 bis 24 Jahre) möchte sich zudem auf der Reise selbst besser kennenlernen und an Selbstbewusstsein gewinnen. Die Älteren hingegen können sich vorstellen, zu Ende ihrer Tour ein weltoffeneres Denken zu erlangen und toleranter gegenüber Fremden zu sein. Viele WHM aus der Gruppe der 25 bis unter 31-Jährigen spielen ferner mit dem Gedanken, einmal auszuwandern. Einige erhoffen durch das WHM-Programm eine feste Arbeitsstelle zu ergattern, und somit langfristig bleiben zu können. Ein Reisemotiv, das mehrheitlich von allen befragten deutschen WHM genannt wird, ist die Motivation, dem Alltag zu entfliehen. Bereits Anfang der 60er Jahre sprach der deutsche Schriftsteller Hans Magnus Enzensberger von "der Flucht aus dem Alltag" bei Rucksackreisenden, was Working-Holiday-Maker zweifelsfrei sind. Sie wollen sich während ihrer arbeitsfreien Zeit von den Zwängen der Gesellschaft lösen, um den täglichen Pflichten zu entgehen und ein Leben in Freiheit zu genießen. Ein Blick auf die Verteilung von Arbeit und Reise während des Aufenthalts zeigt deutlich, dass der durchschnittliche WHM (dieser ist übrigens weiblich, ledig, 22,6 Jahre alt und Student) das Reisen in den Vordergrund stellt und die Arbeit nur als Mittel zum Zweck ansieht. Die deutschen WHM arbeiten hauptsächlich, um sich die nächste Etappe ihrer Reise durch Down Under zu finanzieren. Beim Vergleich der Reisemotive von weiblichen und männlichen Working-Holiday-Maker, unter besonderer Berücksichtigung des Sicherheitsaspektes, war kein Unterschied bemerkbar.

Die Untersuchung hat überraschenderweise ergeben, dass die befragten Frauen bei der Reiseplanung nicht mehr Wert auf Sicherheit legen als Männer. Ganz im Gegenteil! Mehr weibliche WHM geben in der Befragung an, während des Aufenthalts Abenteuer erleben zu wollen, sich Herausforderungen zu stellen und nach Neuem und Unbekannten zu streben. Keine unterschiedliche Meinung haben die Geschlechter in Sachen Extremsport. Sowohl weibliche als auch männliche WHM aus Deutschland wollen während ihres Aufenthaltes mehrheitlich Extremsportarten wie Bungeejumping, Fallschirmspringen oder Surfen ausprobieren. Party zu machen und viel zu feiern, kann ganz schön teuer werden, ist aber trotzdem für den Großteil der deutschen WHM genauso ein Reisemotiv, wie die Motivation ihre Englischsprachkenntnisse auszubauen und jede Menge über die Australier und ihre Kultur zu erfahren. Dieses Motiv der Wissenserweiterung bezieht sich allerdings nicht auf akademische Aktivitäten. Meine Untersuchung zeigt, dass nur wenige der Befragten WHM Hochschul- bzw. Sprachkurse belegen, und auch das Sammeln von Berufserfahrung spielt für die deutschen WHM nur eine untergeordnete Rolle.

Ein ebenso häufig genanntes Reisemotiv der deutschen WHM ist das Teil einer internationalen Gemeinschaft zu sein. Trotzdem suchen die meisten Rucksackreisenden zu Beginn ihres Aufenthalts erst einmal Kontakt zu den eigenen Landsleuten. Vor allem in den unzähligen Hostels, die auch in noch so kleinen Dörfern mitten im Nirgendwo stehen, findet man die typischen Gruppierungen (z.B. the German group) nach Nationen vor. Erst im Laufe einer Reise, wenn die ein oder andere englische Vokabel wieder leichter auf der Zunge sitzt und man eine gewisse Routine im Fremde-Leute-Ansprechen entwickelt hat, scheuen sich viele auch nicht mehr, Kontakt zu WHM aus anderen Nationen zu suchen. Dabei entstehen nicht selten Freundschaften, die auch noch über die Australienzeit hinweg anhalten.

Meine Untersuchung bestätigt die These, dass Rucksackreisen bzw. Work&Travel mit einer überdurchschnittlich langen Dauer in den meisten Fällen ein einmaliges Erlebnis ist. Dem Großteil der befragten WHM erwartet nach der Reise ein Studien-, Ausbildungs- oder Arbeitsplatz, der eine weitere Reise über mehrere Monate hinweg nur schwer wiederholbar erscheinen lässt. Dreiviertel der Studienteilnehmer wollen mit der Reise gleichzeitig einen gewissen Zeitraum bis zum nächsten Lebensabschnitt (Studium, Arbeit, etc.) überbrücken und sich einen ganz besonderen und langersehnten Wunsch erfüllen, von dessen Erfahrungsreichtum sie noch lange zehren wollen. Zurück im Alltagsleben der unbequemen Klappstühle eines Hörsaals ertappen sich dann viele immer wieder, wie sie vor allem an tristen Tagen in ihren Gedanken am Whiteheaven Beach Muscheln sammeln oder in das türkisfarbene Wasser des Lake McKenzie eintauchen.

Die Studie zeigt, dass es nicht das eine Reisemotiv gibt, welches einen deutschen WHM zur Reise bewegt. Die Motive der Working-Holiday-Maker sind vielschichtig und abhängig von einigen Faktoren. So kommt es zum einen aufs Alter des Backpackers an und zum anderen auf die Dauer der Rucksackreise.

Eine Reisemotivation, die bei fast allen befragten WHM auftaucht, ist die der persönlichen Weiterentwicklung. Viele der jungen Reisenden erhoffen sich, im Laufe ihrer Reise zahlreichen Herausforderungen gegenüberzustehen, an denen sie Erfahrungen sammeln können, die sie positiv für das weitere Leben beeinflussen. Außerdem scheint es so zu sein, dass ein Work&Travel-Aufenthalt auch immer eine Flucht aus dem Alltag daheim ist.

Die vollständige Examensarbeit "Work&Travel in Australien: Welche Motivation bewegt junge Deutsche zu einem Work&Travel-Aufenthalt in Australien?", ISBN: 978-3-640-81916-4, von Julian Hübner erschien im GRIN-Verlag.

Bathing-Boxes in Brighton, Melbourne (Victoria)

Mitreisen

Lieber gemeinsam statt einsam. Ab zu den schönsten Ferienzielen!
Alle Arten des Reisens, alle Fortbewegungsmitte. Von der Städtereise bis zum Sabbatjahr.

Mitreisen.org

PRAKTIKUM

Visum

(Internship / Work Experience)

Zu Schulzeiten bedeutet es eine willkommene Abwechslung zum Unterricht im Klassenzimmer, später ebnet es – zumindest für Akademiker – oft den Einstieg ins Berufsleben – das Praktikum.

Wenigstens einmal den unterbezahlten Praktikanten zu mimen, der nach einer gewissen Einarbeitungszeit oft ähnlich wichtige und verantwortungsvolle Aufgaben erfüllt wie vollbezahlte Kollegen, gehört heutzutage für viele Studenten dazu und ist kaum mehr aus dem Lebenslauf wegzudenken. In zahlreichen Studiengängen ist ein Pflichtpraktikum sogar fester Bestandteil des Studiums. Unmittelbare Arbeitserfahrungen sammeln, wichtige Kontakte in der Branche knüpfen und vielleicht ein besonders interessantes Betätigungsfeld im eigenen Studienbereich finden – das lässt sich eben nur durch praktisches Arbeiten unter realen Bedingungen bewerkstelligen.

Sind gute Englischkenntnisse im späteren Arbeitsalltag vorteilhaft oder sogar Pflicht, liegt die Überlegung nahe, die notwendigen Arbeitserfahrungen im anglophonen Ausland zu sammeln. Wo sonst kann man die Sprache sowie die Fachtermini besser lernen, als in einem Land, in dem sie jeden Tag benutzt werden?

In Australien wird Englisch gesprochen, das Wetter ist oft besser als bei uns, und alle größeren Städte sind unmittelbar am Meer oder am Ozean gelegen – klar, dass Down-Under von vielen Arbeitserfahrungssammlern als das ideale Praktikumsland betrachtet wird.

Aber aus genau diesem Grund ist es alles andere als einfach, eine Stelle in einem australischen Unternehmen zu bekommen. Die Konkurrenz ist heftig und die Anzahl der Plätze begrenzt. Eine rege Praktikumskultur, wie sie hierzulande vorherrscht, ist nicht zuletzt wegen der großen Nachfrage aus deutschsprachigen Ländern, gerade erst im Entstehen begriffen.

Auch das breitgefächerte Visumangebot erleichtert die Durchführung eines Auslandspraktikums nicht wirklich. Welche Arbeitsvisa für ein Praktikum geeignet sind, wie man an Adressen von Unternehmen kommt und welche Stellen einem bei der Vermittlung eines Praktikums helfen können, wird in diesem Abschnitt erläutert.

Visaklassen

Beim Blick auf die Internetseiten der australischen Einwanderungsbehörde *(http://www.border.gov.au/Trav/Visa-1)*, entsteht leichte bis mittelgroße Verwirrung. Anwählbar sind verschiedene Besucher-, Studenten- und Arbeitsvisa sowie über 20 weitere Visaklassen (inkl. eines Superyacht-Crew-visums (subclass 488)), die einen zeitlich begrenzten Aufenthalt ermöglichen – von der Vielfalt der permanenten Aufenthaltsgenehmigungen bis zur Staatsbürgerschaft ganz zu schweigen.

Viele Wege führen also nach Down-Under, weshalb einen Praktikumsplatz zu suchen auch gleichzeitig heißt, sich darüber im Klaren zu sein, welche Visa in Frage kommen, mit denen ein Praktikum absolviert werden kann und welche Einreisegenehmigung die geeignete für den eigenen Aufenthalt darstellt.

Wichtiges Entscheidungskriterium dabei ist die Dauer des angestrebten Praktikums. Sind drei Monate bei einem Arbeitgeber genug für ein Praktikum, kann ein anderes Visum gewählt werden, als wenn ein sechs- oder sogar zwölfmonatiger Arbeitsaufenthalt absolviert werden muss oder soll.

Im Folgenden eine Vorstellung der drei bekanntesten Visaklassen, welche die Aufnahme einer Tätigkeit bei einem Unternehmen gestatten.

Special Programs (416)

Wer in Australien Urlaub macht, lernt das Land von einer Seite kennen, die meist eng mit dem Tourismusgeschäft verbunden ist. Wer darüber hinaus noch arbeitet, hat zudem die Möglichkeit, hinter die touristische Fassade zu blicken und das Land von einer Seite zu erleben, die einen tieferen Einblick in die australische Kultur offenbart. Damit junge Leute sich einen umfassenderen Eindruck vom Lebens- und Arbeitsstil der Australier machen, die andere Kultur hautnah miterleben und dabei ihre Fähig- und Fertigkeiten auf ihrem Fachgebiet ausbauen können, wurde das Visum „Special Program" (416) eingerichtet.

Mit Hilfe dieser Aufenthalts- und Arbeitsgenehmigung steht es Jugendlichen im Alter zwischen 18-30 Jahren offen, ein bis zu zwölfmonatiges, bezahltes Praktikum zu absolvieren. Jedoch darf der Arbeitgeber nicht frei gewählt werden. Ein Praktikum ist nur bei Unternehmen oder Organisationen möglich, die von der Einwanderungsbehörde geprüft wurden. Als Privatperson hat man daher schlechte Chancen, dieses Visum zu ergattern, denn die Vermittlung des „Special Program (416)" läuft vorrangig über kommerzielle Anbieter ab, näher vorgestellt auf S. 55.

PractiGo
Neidenburger Str. 9, 28207 Bremen
Tel: 0421/408977-0, Fax: 0421/408977-60
info@practigo.com, www.practigo.com
Bürozeiten: Mo – Fr. 09:00 – 18:00 Uhr
Gründungsjahr: 2001
Ansprechpartner: Das gesamte Team hilft jedem Interessenten gern weiter.

Praktika in Australien

Altersbegrenzung: Mindestens 18 Jahre.

Voraussetzungen: Einsatzfreude, Engagement, Weltoffenheit, Neugierde, Lust, den eigenen Horizont zu erweitern. Sprachkenntnisse können in einem Sprachkurs vor Ort erworben werden.

Dauer des Aufenthalts: Mindestens 4 Wochen, bis zu 26 Wochen.
Sprachkurse und Praktika können das gesamte Jahr über zu einem beliebigen Termin jeweils an einem Montag beginnen. (Ausnahme: Dezember)

Anmeldefrist: Zur Organisation eines Praktikums ist eine Vorlaufzeit von ca. 5 Monaten nötig. In dringenden Fällen bitten einfach anrufen.

Kosten: Praktikumsvermittlung 2015 ab 1.190,– € (bis 26 Wochen Praktikum). Andere Länder schon ab 545,– €. Den genauen Preis kann man sich mit Hilfe des Preiskalkulators errechnen lassen: www.practigo.com/preiskalkulator.

Die Praktika sind nicht vergütet. Es kann jedoch ein Work and Travel Aufenthalt im Anschluss an das Praktikum organisiert werden.

PractiGo ist zertifiziertes Mitglied der international anerkannten Qualitätsverbände WYSETC, ALTO und WYSE work abroad und gehört zu Deutschlands großen Anbietern für Sprach- und Bildungsreisen.

Staatsangehörigkeit: Offen für alle, die das Working Holiday Visum (417) oder das Special Program Visum (416) bekommen können.

Praktikumsstellen gibt es in den Städten Adelaide, Brisbane, Melbourne, Perth und Sydney.

Sonstiges: PractiGo arbeitet nach den strengen Richtlinien des deutschen Reiserechts.
Vor Ort gibt es einen direkten Ansprechpartner, der immer gern weiterhilft und Fragen beantwortet.
Über ein 24 Stunden Notfalltelefon sind deutschsprachige Mitarbeiter rund um die Uhr erreichbar.

**iSt – Internationale Sprach-
und Studienreisen**
Bertolt-Brecht-Allee 24, 01309 Dresden
Tel. 0351-219430 00, Fax -219430 30
info@ist-workandtravel.de
www.sprachreisen.de
Öffnungszeiten: 08:30 bis 17:30 Uhr
Ansprechpartner: Manuela Wehner

**iSt Internationale Sprach-
und Studienreisen GmbH**

Work & Travel Aufenthalte in Australien, Farmaufenthalte in Down Under

Ab 18 Jahren
Voraussetzungen Work & Travel: ausreichende Englischkenntnisse, guter Gesundheitszustand, einwandfreies Führungszeugnis, deutsche Staatsbürgerschaft
Voraussetzungen Farmaufenthalt: ausreichende Englischkenntnisse, Interesse an der Landwirtschaft

Aufenthaltsdauer Work & Travel: 3 bis 12 Monate (Beginn ganzjährig möglich), spätester Bewerbungstermin: 4 Wochen vor Abreise
Aufenthaltsdauer Farmaufenthalt: 4 bis 8 Wochen (Beginn ganzjährig möglich), spätester Bewerbungstermin: 8 Wochen vor Abreise

Kosten / Leistungen:
Work & Travel: € 590,-
Vorbereitung auf den Aufenthalt, Transfer
vom Flughafen zum Hostel, 3 Nächte im
Hostel, persönlicher Ansprechpartner in
Australien, Bewerbungstraining, Zugang zur
Jobbörse, 24-Stunden-Notfallnummer und
vieles mehr.

Farmaufenthalt: € 680,-
Vorbereitung auf den Aufenthalt, Platzierung
auf einer Farm, Kost und Logis auf der
Farm, Transfer vom Flughafen zum Hostel,
3 Nächte im Hostel, persönlicher Ansprechpartner in Australien, 24-Stunden-Notfall-
nummer und vieles mehr.

Entgelt: tätigkeitsabhängig bei Work & Travel, kein Entgelt bei Farmaufenthalten.

Sonstiges: Näheres auf der Webseite unter www.sprachreisen.de/workandtravel.

Working Holiday (417)

Wie der Name verrät, ist dieses Visum nicht speziell für Praktikanten ins Leben gerufen worden. Eigentlich soll es einen bis zu vierundzwanzigmonatigen Arbeitsurlaub für junge Leute zwischen 18 – 30 Jahren auf dem Fünften Kontinent ermöglichen, um so den Kulturaustausch zu fördern. Wem aber eine Praktikumsdauer von sechs Monaten ausreicht, kann mit diesem einfach zu bekommenden Visum einreisen, dort sein Praktikum aufnehmen und anschließend ausgiebig das Land erkunden. Das WHV (417) erlaubt nämlich, eine bezahlte Anstellung bei einem Arbeitgeber von bis zu sechs Monaten. Egal ist dabei, ob der Fachbereich und das Arbeitsumfeld miteinander verwandt sind, denn der Arbeitgeber ist frei wählbar.
Unbedingt beachtet werden sollte aber folgendes: Ein Working-Holiday-Visum wird jedem Antragsteller nur ein einziges Mal gewährt, sofern er nicht mindestens drei Monate als Erntehelfer auf dem Land gearbeitet hat (s. auch „Zweites WHV beantragen", siehe S. 14.). Reist man also mit diesem Visum in der Tasche, um „nur" ein sechsmonatiges Praktikum abzuleisten und dann wieder nach Hause zu fliegen, darf man sich später über die verschwendeten Monate nicht ärgern. Ein Working-Holiday-Visum gilt nur zwölf volle Monate am Stück. Aufbewahren und später einsetzen kann man die kostbare Arbeitsurlaubszeit nicht. Um das Visum ausgiebiger zu nutzen, bietet sich ein längerer Aufenthalt aus der Kombination Praktikum plus ausgedehntes Reisen an.
Näheres zum Work-Holiday-Visum, welche Bedingungen erfüllt werden müssen und wo bzw. wie man sich um eines bewirbt, wird im Kap. „Working Holiday" ab S. 10 beschrieben.

Training and Research (402)

Nicht nur Studenten, sondern auch Berufstätige, die sich in ihrem Arbeitsumfeld weiterbilden möchten, können auf das Training-and-Research-Visum (402) zurückgreifen, das keiner Höchstalterbeschränkung unterliegt. Mit dem speziell für praktische Trainingsprogramme im realen Arbeitsumfeld gedachten Visum lässt sich ein längeres Fachpraktikum von bis zu zwei Jahren bei einem Arbeitgeber ableisten.
Eine bezahlte Tätigkeit beim Arbeitgeber ist möglich, allerdings darf kein Nebenjob in einem fachfremden Arbeitsbereich aufgenommen werden. Die Aufenthaltsdauer ist auf den Praktikumszeitraum begrenzt.
Ein Occupational-Trainee-Visum zu erhalten ist jedoch mit deutlich höherem bürokratischem Aufwand, sowohl für den Praktikanten als auch für den Arbeitgeber, verbunden.

Hier das Prozedere:

1. Zunächst einmal ist ein passender Arbeitgeber zu finden, der einen Prakti-kumsplatz anbietet. Ganz wichtig: Das Arbeitsumfeld muss unbedingt mit dem Studium bzw. der beruflich ausgeübten Tätigkeit in naher Verwandtschaft stehen. Ausdrücklich weist die Einwanderungsbehörde darauf hin, dass ein Occupa-tional-Trainee-Visum nur gewährt werden kann, wenn die praktische Arbeit dem eigentlichen Beruf oder dem Studium zugute kommt. Fachfremde Bewerbungen sind fast chancenlos. Wo Adressen von Arbeitgebern gesucht werden können, zeigt der Abschnitt „Suche nach Praktikumsplätzen" auf S. 45.

2. Ist man sich mit dem Arbeitgeber einig, so hat dieser etwas Papierkram auf sich zu nehmen, denn ein Praktikant, der mit einem Occupational-Trainee-Visum ins Land kommen will, muss nominiert werden. Eine Nominierung kann der Arbeitgeber mit Hilfe des Formulars 913 (Nomination for occupational training) beantragen, zu beziehen von der Einwanderungsbehörde (DIAC). Vom Arbeit-geber ausgefüllt und an die DIAC zurückgeschickt, heißt es nun auf die Aner-kennung der Nominierung zu warten.

3. Nach einigen Wochen fällt die Entscheidung, ob dem Antrag stattgegeben wird oder nicht. Fällt der Bescheid positiv aus, wird der Arbeitgeber per Brief von der Einwanderungsbehörde benachrichtigt.

4. Diesen Bescheid muss der Arbeitgeber nun an den Bewerber schicken, da-mit dieser ein Occupational-Trainee-Visum beantragen kann. Der Praktikant besorgt sich das Bewerbungsformular 147 (Application for a temporary residen-ce visa (non-business) von der DIAC).
www.immi.gov.au/allforms/pdf/1402.pdf
und schickt dieses – vollständig ausgefüllt und mit den weiteren notwendigen Unterlagen – an die Australische Botschaft in Berlin. Visumgebühr rund AUS\$ 380 (~ 250 EUR).
Australian Embassy, Visa Section, Wallstraße 76-79, 10179 Berlin

5. Nach einer Bearbeitungszeit von etwa vier bis sechs Wochen kann man mit einer Benachrichtigung rechnen. Da trotz erfolgreicher Nominierung die Gewäh-rung eines Occupational-Trainee-Visums nicht garantiert werden kann, sollten Reisevorbereitungen erst nach einer Zusage in die Wege geleitet werden.

Touristenvisum (676)

Die Einwanderungsbehörde weist darauf hin, dass die Annahme einer bezahlten Tätigkeit mit einem Touristenvisum strikt untersagt ist. Bei Verstoß droht die Ausweisung aus dem Land sowie eine Geldstrafe von bis zu AUS\$ 10.000 (~ 6.600 EUR).

Ein Arbeitsbereich steht jedoch auch Australienbesuchern mit einem Touris-tenvisum offen – die gemeinnützigen, nichtkommerziellen und nichtstaatlichen

Organisationen. Wer bei sogenannten NGOs ein Praktikum ableisten möchte, kann dies auch mit einem Besuchervisum ohne Arbeitserlaubnis machen. Allerdings darf diese Arbeit weder bezahlt sein, noch einen australischen Arbeitnehmer verdrängen. Die bequeme Beantragung erfolgt über das ETA-System (Electronic Travel Authority), welches im Reisebüro oder bei der gebuchten Fluggesellschaft zur Verfügung steht.

Praktikumsvisa auf einen Blick

	Working Holiday (417)	Training and Research (402)	Special Program (416)	Touristenvisum (676)
Mindest- u. Höchstalter	18 – 30 Jahre	keine Beschränkung	18 – 30 Jahre	keine Beschränkung
max. Visumdauer	24 Monate	24 Monate	12 Monate	3 Monate
max. Praktikumsdauer	bis zu sechs Monate bei einem Arbeitgeber	24 Monate	12 Monate	3 Monate
Bezahlung möglich	ja	ja	ja	nein
Nebenjob möglich	ja	nein	nein	nein
Visumgebühr	AUS$ 440 (rd. 300 EUR)	AUS$ 380 (rd. 250 EUR)	AUS$ 380 (rd. 250 EUR)	AUS$ 135 (rd. 90 EUR)

Suche nach Praktikumsplätzen

Wer seinen Praktikumsaufenthalt selbst in die Hand nimmt, muss zwar mitunter viel Eigeninitiative an den Tag legen, kann dadurch aber einiges lernen und Geld sparen, da die bei kommerziellen Organisationen fälligen Vermittlungsgebühren entfallen.

Internet und E-Mail haben die Kontaktaufnahme mit Arbeitgebern freilich erheblich vereinfacht, jedoch geht eine Absage oder gar das Ignorieren von Initiativbewerbungen seitens des Arbeitgebers dadurch ebenfalls leichter von der

Hand. Oberste Prämisse bei der Selbstorganisation ist also: Nicht den Mut verlieren, sondern hartnäckig bleiben! Im Folgenden werden gängige Wege aufgezeigt, wie sich von zu Hause aus ein passender Arbeitgeber finden lässt.

Internet

www.yellowpages.com.au
Die Gelben Seiten sind eine der unfangreichsten Quellen, wenn es um die Adresssuche geht. Systematisch sortiert nach Branchen, Bundesstaaten und Städten bzw. Regionen lassen sich mit dem umfassenden Register nahezu alle australischen Unternehmen ausfindig machen. Ob diese auch immer einen Praktikumsplatz anbieten, ist natürlich nicht ersichtlich. Dadurch, dass E-Mail-Adressen und Internetseiten – falls vorhanden – ebenfalls mit aufgeführt sind, lässt sich jedoch recht schnell Kontakt zu einer Firma aufnehmen. **Achtung:** Die Versuchung, wahllos irgendwelche Firmen in der passenden Branche mit unpersönlichen Bewerbungen anzuschreiben, liegt nahe. Wer aber nach dieser Methode vorgeht, muss mit einer fast schon deprimierend geringen Resonanz rechnen. Vorteilhafter ist eine genauere Recherche nach dem jeweils zuständigen Ansprechpartner, was die Wahrscheinlichkeit eine Antwort zu bekommen, wesentlich steigert.

www.nationwide.com.au
Alternativ zu den Gelben Seiten verschafft das „Nationwide Business Directory of Australia" eine bunte Übersicht über viele im Lande ansässige Unternehmen. Nach Branche und Bundesstaaten geordnet, präsentieren Firmen ihre Adresse teils mit Fotos oder Logo, was mitunter lange Ladezeiten zur Folge hat.

Australische Jobsuchseiten

Mit Hilfe der zahlreichen Jobsuchseiten im Internet lassen sich Adressen und Ansprechpartner von australischen Unternehmen herausfinden, die auf der Suche nach Angestellten sind. Zwar handelt es sich in den wenigstens Fällen um direkte Praktikumsplätze, sondern vielmehr um konkrete Stellenangebote, da aber die Unternehmen mit Sicherheit Ausschau nach Angestellten halten, sind sie u.U. auch empfänglicher für Praktikantenanfragen.
Eine detaillierte Auflistung großer Jobsuchseiten ist unter dem Kap. „Jobsuche" ab S. 135 zu finden.

Praktikumsbörsen

Direkte Praktikumsplätze in Australien sind auf den deutschen Online-Praktikumsbörsen im Internet zwar äußerst rar gesät, vereinzelt lassen sich je-

doch auf den unten gelisteten Internetadressen neben Links zu Vermittlungsor-
ganisationen auch konkrete Stellen ausfindig machen.

www.myinternship.de
www.prabo.de
www.praktika.de
www.praktikum-service.de
www.praktikums-boerse.de

Hochschulpraktikum: Leben und Arbeiten in Sydney

Erfahrungsbericht von Sandra Nolte

Nach zwei Jahren Theorie im Tourismusmanagement an einer niederländischen
Hochschule galt es, Praxiserfahrung durch ein Praktikum im Tourismusbereich
zu sammeln. Meine Freunde an den deutschen Unis absolvierten ihre Praktika
eher in den Semesterferien und meistens innerhalb Deutschlands. Da an unserer
Hochschule viel Wert auf die Verbindung von Praxis und Theorie gelegt wurde
und es sich um einen internationalen Studiengang handelte, war ein Semester
planmäßig für ein Auslandspraktikum vorgesehen. Nachdem ich bereits nach der
Schulzeit mit dem Gedanken spielte, ein Work-and-Travel- oder Au-Pair-Jahr in
Australien zu verbringen, war für mich die Wahl des Praktikumslandes schnell
klar: Australien sollte es sein.
Informationsmaterialien, diverse Reiseberichte und vor allem Erfahrungsberichte
von Freunden bestärkten mich in der Entscheidung, das Praktikum in Australien
zu absolvieren. Also trug ich mich an der Hochschule in die Liste der
Interessenten für eine entsprechende Beratung ein.
An meiner Hochschule war es vorgesehen, dass Studenten aus vielen
Studiengängen ein Praktikum absolvieren sollten, teilweise im Ausland. Daher
war bereits eine Datenbank mit Unternehmen vorhanden, die Praktikumsplätze
anboten und im Kontakt mit der Hochschule standen. Somit konnte man sich
nicht nur über ein Unternehmen informieren, sondern direkt von den
Erfahrungen der Dozenten, Betreuern und teilweise sogar der vorigen
Praktikanten profitieren.
Nach dem Gespräch mit der entsprechenden Betreuungsdozentin bewarb ich
mich um ein Praktikum im Head Office einer australischen Hostel-Kette. Ich
führte ein unkompliziertes und freundliches Vorstellungsgespräch über Skype
und bekam bald eine Zusage. Da die Praktikumsstelle bereits in der Datenbank
der Hochschule erfasst war, akzeptierte die Hochschule die Praktikumsstelle und
-tätigkeit problemlos.
Sobald der Praktikumsvertrag abgeschlossen war, konnten weitere
organisatorische Notwendigkeiten in Angriff genommen werden. Für die
Beantragung des Visums gaben die Praktikumsstelle sowie die Beratungsstelle
der Hochschule Empfehlungen, damit das Visum rechtzeitig zum

Praktikumsbeginn vorlag. Neben einer kleinen Praktikumsvergütung, die zumindest die Grundversorgung sicherstellen sollte, bot die Hostelkette Praktikanten eine kostenfreie Unterbringung im Hostel an.

Der „Ernst der Lage", dass es nun tatsächlich nach Australien geht, wurde mir bewusst, als ich den Flug buchte. Obgleich das Internet zig Möglichkeiten der Flugbuchung bietet, ging ich auf Anraten einer Freundin ganz altmodisch in ein Reisebüro und ließ mich dort beraten. Bei STA wurde mir ein Flugangebot nach Sydney, mit kurzem Zwischenstopp und Übernachtung in Melbourne, herausgesucht, das preislich sogar unter den Angeboten im Internet lag.

Nach kurzem Zögern, ob ein Praktikum wirklich die richtige Entscheidung war, überwog bei der Vorbereitung schnell die Vorfreude. Spätestens beim Packen konnte ich es kaum noch erwarten, endlich in den Flieger zu steigen – schließlich flog ich aus dem winterlichen Deutschland in den australischen Sommer und konnte daher meine Wintersachen getrost zuhause lassen.

Auf dem Flug von Melbourne nach Sydney fiel mir direkt die Offenheit und Freundlichkeit der Australier auf. Vermutete ich zunächst, dass es zwischen mir und meinen Sitznachbarn, einem älteren Ehepaar, kaum Gesprächsstoff geben würde, so entpuppten sich diese doch als sehr interessiert daran, wo ich herkam, wohin ich wollte und was ich dort machte. Nachdem sie mir in typischem Aussie-Slang mit „Well, that's a good choice" zustimmten und Empfehlungen gaben, was mir auf jeden Fall anschauen und machen sollte, fühlte ich mich gleich ein wenig willkommener im großen Land in der Ferne.

In Sydney angekommen, ging es direkt in das Hostel, in dem ich die nächsten fünf Monate leben und arbeiten sollte. Im obersten Stock befand sich das Büro, in dem ich das Praktikum machen wollte. Sofort nach meiner Ankunft lernte ich auch schon die anderen beiden Praktikantinnen kennen, eine dritte sollte zwei Wochen später folgen. Da wir noch ein paar Tage bis zum Praktikumsbeginn frei hatten, erkundeten wir in den ersten Tagen gemeinsam ein wenig die Stadt – und das Nachtleben Sydneys. Die vielen neuen Eindrücke, die vielen neuen Leute und zu guter Letzt auch ein wenig das Jet-Lag trugen dazu bei, dass die ersten Tage wie im Flug vergingen.

Obgleich ich zunächst vorhatte, die Unterkunft im Hostel nur für den Anfang in Anspruch zu nehmen – wir Praktikantinnen teilten uns ein Zimmer zu viert – und mir dann ein Zimmer in einer WG zu suchen, entschied ich mich nach kurzer Zeit, doch im Hostel zu bleiben. Einerseits war ich ein wenig erschrocken über die horrenden Preise für WG-Zimmer in Sydney, für die mein kleiner Praktikumsobolus bei weitem nicht ausreichte. Zudem stellte sich in dem Hostel heraus, dass sehr viele der Backpacker so genannte long termers waren – manche sprachen auch von der Sydney trap: Sehr viele der Backpacker blieben einfach unerwartet länger als geplant, fingen eine Aushilfsarbeit in Sydney an, und fanden dort zu einer Gemeinschaft zusammen. Diese stellte für viele fern ab von zu Hause eine kleine multikulturelle Ersatzfamilie dar, sodass auch ich mich nach kurzer Zeit dort wie zu Hause fühlte.

Mein Praktikum absolvierte ich im Head Office bei Nomads World, einem inländischen Reiseveranstalter sowie Spezialisten für Unterkunfts-Marketing, im Bereich Nomads Travel. Zu dem Unternehmen gehören die im ganzen Land verteilten Nomads Hostels, davon auch zwei in Sydney. Obwohl ich mein Studium auf Englisch absolvierte, war es doch am Anfang ungewohnt, auf beruflicher Ebene mit Kunden auf Englisch zu sprechen, insbesondere am Telefon. Nach kurzer Einarbeitungszeit in die Systeme stand aber auch dies bald wie selbstverständlich auf dem Tagesplan, sodass ich mit der Zeit auch im telefonischen Kontakt immer sicherer wurde. Neben der Korrespondenz mit Kunden und Geschäftspartnern wie beispielsweise anderen Hostels gehörten die Bearbeitung von Buchungsanfragen und das Erstellen von Angeboten per Telefon und E-Mail zu meinen Aufgaben. Des Weiteren mussten die Ankunftsreporte und Rechnungen aus der Zusammenarbeit mit den einzelnen Hostels überprüft werden.

Die Büroräumlichkeiten waren eher klein gehalten. Zwei der vier Praktikantinnen absolvierten ihr Praktikum direkt unten an der Rezeption im Hostel, die andere Praktikantin saß im Nachbarbüro und war dort im Marketingbereich tätig.

Ich teilte mir ein Büro mit zwei Kolleginnen, einer Australierin und einer Kanadierin, die schon seit einiger Zeit dort im Bereich Nomads Travel arbeiteten.

Nach einer kurzen Kennenlernphase und der Erkenntnis, dass auch Australier sich manchmal vor Kakerlaken im Büro ekeln, gewöhnten wir uns schnell aneinander. So entstand nach kurzer Zeit ein bestimmter Rhythmus – man wusste beim Kaffeeholen wer seinen Latte Macchiato mit und ohne „soy milk", „extra sugar" oder den Moccha mit „extra chocolate" wollte.

Bei der Einarbeitung erwiesen sich die Kollegen als geduldig und nett. Auch hatten sie für weitere Fragen, die beispielsweise bei der Erstellung von Hausarbeiten für die Hochschule aufkamen, stets ein offenes Ohr und standen mit Rat zur Seite. Die Atmosphäre im Unternehmen war meist freundlich und offen und die "Wege" im Unternehmen trotz der räumlichen Distanz zu den einzelnen Hostels recht kurz. Daher kannten sich zumindest die leitenden und bereits länger dort arbeitenden Mitarbeiter häufig und halfen sich auch gegenseitig. So kam es einmal vor, dass eine Kollegin mich bat, mit deutschen Gästen aus einem unserer Hostels zu telefonieren, da diese leider kaum Englisch verstanden und daher einen Übersetzer benötigten.

Da mir als Praktikantin einige Urlaubstage zustanden, erkundete ich bereits während des Praktikums hin und wieder mit Freunden ein winziges Stück des riesigen australischen Kontinents. Es tat gut, zwischendurch, nach einigen Monaten in der lebendigen Metropole Sydney, am vergleichsweise einsamen Strand von Mooloolaba, Queensland, entlang zu laufen, im Greyhound-Bus ein bisschen Reiseatmosphäre zu schnuppern und sich am Strand in Byron Bay im Surfen zu versuchen.

So vergingen die fünf Praktikumsmonate wie im Flug. Da ich bereits beim Buchen ein wenig Zeit fürs Reisen eingeplant hatte, blieben noch ein paar Wochen, um ein wenig mehr des roten Kontinents zu sehen und zu erleben, bevor es zurück nach Deutschland ging. Neben der beruflichen Erfahrung wurde meine Praktikumszeit vor allem durch persönliche Aspekte positiv geprägt. Die Erfahrung, alleine in ein unbekanntes Land zu reisen, um dort für eine bestimmte Zeit zu arbeiten und zu leben und sich mit der Kultur auseinander zu setzen, möchte ich heute nicht mehr missen. Eine starke Bereicherung gab es durch die vielen Leute, die ich dort treffen durfte und mit denen ich teilweise auch heute noch in Kontakt stehe, sowie das Kennenlernen der australischen Gelassenheit und Offenheit, die hoffentlich noch heute ein wenig nachhängt.

Weitere Quellen

Deutsch-Australische Handelskammer

Unterhält Büros in Sydney und Melbourne und bietet eine begrenzte Anzahl an Stellen für Wirtschaftswissenschaftler mit Vordiplom, sowie einige Wahlstationen für Rechtsreferendare an.

Über das eigene Angebot hinaus werden von der Handelskammer zwar keine Praktikumsplätze vermittelt, jedoch wird ein Anzeigen-Service in der zweimonatig erscheinenden Mitgliederzeitung „German-Australian Business News" offeriert. Unter der Rubrik „Stellenbörse" wird gegen eine Gebühr – 100 Wörter kosten rund 70 EUR – ein Praktikumsgesuch abgedruckt, in dem die eigene Person mit kurzem Werdegang sowie die angestrebte Position und eine Kontaktadresse vorgestellt werden können.

The German-Australian Chamber of Industry and Commerce
Level 10, 39-41 York Street, Sydney NSW 2000
Tel.: 02-82 96 04 00, Fax: 02-82 96 04 11
info@germany.org.au, www.germany.org.au

Studentenverbände

AIESEC – www.aiesec.de
Allen Studenten, die im Rahmen ihres Studiums ein Auslandspraktikum absolvieren wollen, steht die weltweit größte Studentenorganisation AIESEC helfend

zur Seite. Um ein Praktikumsplatz (AIESEC Global Exchange) kann sich in folgenden Bereichen beworben werden:

Management Traineeship
Finanzen, Marketing, Projektmanagement, Rechnungswesen, Controlling
Technical Traineeships
Informationstechnologie, Wirtschaftsinformatik
Development Traineeships
Sozialwissenschaften, Psychologie, Volkswirtschaftslehre, Geografie
Education Traineeships
Pädagogik

Rund 50 Lokalkomitees an deutschen Universitäten und 15 Vertretungen in Australien stellen die Vorbereitung, die Vorortbetreuung und das Wiedereinleben zu Hause sicher.

Mindestdauer eines Praktikums 8 Wochen, Höchstdauer 18 Monate.

Kosten für eine Vermittlung inklusive Bearbeitungs- und Seminargebühren rund 250 EUR.

Da AIESEC überwiegend von Studenten betrieben wird, sind ehrenamtliche Mitarbeiter stets willkommen. Wer dort mitarbeitet, kann engere Kontakte zu anderen Studenten und Unternehmen in der ganzen Welt aufbauen, seine Organisationsfähigkeiten ausbauen und sich persönlich weiterentwickeln.

Hochschulen mit Lokalkomitees auf der Internetseite.

IAESTE – www.iaeste.de

Auch IAESTE (International Association for the Exchange of Student for Technical Experience) ist eine weltweit operierende Praktikantenaustauschorganisation, welche sich die Betreuung Studierender der Ingenieur- und Naturwissenschaften sowie der Land- und Forstwirtschaften zur Aufgabe gemacht hat.

Die jeweiligen Lokalkomitees vor Ort betreuen ausländische Studenten und sind bei der Zimmersuche, bei Behördengängen und bei der Freizeitgestaltung behilflich.

IAESTE-Praktika dauern in der Regel 8 bis 12 Wochen. Bis auf eine geringe Programmgebühr von rund 100 EUR erfolgt die Vermittlung unentgeltlich. Standorte der Lokalkomitees in Deutschland sowie in Australien können über die Internetseite recherchiert werden.

DAAD – www.daad.de

Tipp: Sowohl bei einem Praktikum mit AIESEC als auch mit IAESTE kann beim DAAD (**D**eutscher **A**kademischer **A**ustauschdienst) ein Fahrtkostenzuschuss beantragt werden. Die Kosten für ein Flugticket muss man nicht allein tragen, sofern es sich um ein mindestens zweimonatiges Fachpraktikum handelt und nachgewiesen werden kann, dass das Auslandspraktikum in einem sinnvollen Zusammenhang mit dem Studiengang steht und es vorgeschrieben ist oder empfohlen wurde. Ein Antrag sollte mindestens zwei Monate vor Prakikumsbeginn gestellt werden.

Selbstorganisiertes Praktikum

Erfahrungsbericht von Jenny Kehrbusch

Es stand schon lange für mich fest: Mein dreimonatiges Fachpraktikum im Rahmen des Elektrotechnikstudiums wollte ich in Australien absolvieren. Vier Monate vor meinem geplanten Starttermin dämmerte mir allmählich, dass ich langsam anfangen sollte, dieses Vorhaben umzusetzen.

Zunächst einmal brauchte ich einen geeigneten, fachbezogenen Praktikantenplatz, schließlich sollte meine Uni das Praktikum hinterher auch anerkennen. Über die "Yellow Pages" im Internet erwies sich die Suche als möglich, aber zäh – zumal solche Praktika in Down-Under nicht üblich sind, und schon gar nicht bezahlt. Also überlegte ich mir, dass an deutschen Unis etliche Studentenjobs an den schwarzen Brettern angeboten werden und die Professoren meist gute Firmenkontakte haben. Warum sollte sich in Australien nicht ein hilfsbereiter Professor finden, der mich an eine Firma vermittelt oder zumindest Bewerbungstipps gibt?

Im Internet suchte ich E-Mail-Adressen solcher möglicher Helfer heraus, schrieb ihnen mein Anliegen und bekam noch mitten in der Nacht (in Down-Under war's ja schon Morgen) und in den darauf folgenden Wochen eine Wahnsinnsresonanz. Meine E-Mails wurden an alle möglichen und unmöglichen Stellen weitergeleitet und in Jobbörsen gestellt. Aus etlichen Angeboten (leider alle unbezahlt) wählte ich ein viel versprechendes von einem Professor aus Brisbane, der selbst auch immer wieder Austauschprof in Deutschland ist und recht gut deutsch spricht. Er hatte schon mal einer deutschen Studentin an die University of Queensland (UQ), Brisbane, verholfen und kooperiert mit einer dort ansässigen Firma, die im Bereich Verkehrsmanagement und -automatisierung tätig ist.

Neben der Jobsuche fiel mir auf, dass ich noch dringendst einen Reisepass, ein WHV (da ich noch Reisen und irgendwie Geld verdienen wollte), Impfungen für einen Stopover in Singapur (mit Ausflugsmöglichkeiten nach Malaysia, Indonesien) und natürlich ein Flugticket brauchte. Leider musste ich feststellen, dass Flugtickets umso teurer werden, je später man bucht. Zum Glück gibt es Fluggesellschaften mit Studentenpreisen. Als größte bürokratische Hürde erwies sich die Beurlaubung an der eigenen Uni, der Fahrtkostenzuschuss vom DAAD (Deutscher Akademischer Austauschdienst) ist eher unkompliziert zu erhalten. Hektisch und mit Unterstützung besorgter Freunde und Verwandter deckte ich mich mit Tonnen überflüssiger Reiseutensilien ein und erhöhte erst mal mein Fluggepäcklimit von 20kg auf 30kg. Geschickter wäre es gewesen, vor Ort das, was ich wirklich brauchte, billiger zu kaufen.

Auf meine besorgte E-Mail-Nachfrage, wo ich denn die ersten Nächte verbringen könne, bot mir der Professor an, mich in der UQ-eigenen Nobelstudentenunterkunft mit Vollverpflegung einzuquartieren, was allerdings Unsummen gekostet hätte. Insofern war ich froh, ihm das ganz schnell wieder ausreden zu können. Stattdessen organisierte er mir eine kostenlose Unterkunft in der WG eines seiner Doktoranden, Chris.

Plötzlich war alles erschreckend real und nah, die Erfüllung meines Traums rückte immer näher, und ich wurde immer nervöser. Somit fand ich es sehr beruhigend, dass der Prof mich in Brisbane am Flughafen abholte und zu Chris brachte. Dieser räumte sogar sein Zimmer und verzog sich aufs Sofa.

Bei den ersten Gesprächen stellte sich heraus, dass ich, wie erwartet, kaum noch Englisch sprechen konnte, überrascht war ich allerdings, dass ich sogar beim Verstehen meine Probleme hatte. Daraus entwickelte sich ein lustiges Wörterraten mit Händen und Füßen und nach und nach gewöhnte ich mich an den Aussi-Jargon. Etwa eine Woche wohnte ich in Chris' WG, dann hatte ich nach etwas Suchen in der Lokalzeitung, an den schwarzen Brettern in der UQ sowie auf der UQ-Homepage mein Zuhause für die nächsten drei Monate gefunden: eine 3er-WG in einem alten Queenslander (geräumiges Holzhaus auf Pfählen), direkt gegenüber einem Park, bewohnt von der australischen, 50-jährigen Vermieterin mitsamt Hund und Katze, einem 30-jährigen Peruaner und mir.

Währenddessen bekam ich an der UQ einen PC-Arbeitsplatz im Großraumlabor der hilfsbereiten E-Technik-Doktoranden. Dort arbeitete ich mich zunächst theoretisch in mein Praktikumsprojekt ein. Mein Ziel war es Fahrzeuge mit Ultraschall zu detektieren, z.B. Busse an Haltestellen. Also entstaubte und erweiterte ich mit Hilfe des Internets erst mal meine physikalischen Kenntnisse bzgl. Ultraschall, verschaffte mir einen Überblick über gängige Sensorrealisierungen und startete Anfragen an Produzenten und Verkäufer über technische Details, um möglichst schnell und billig das Zubehör für einen Prototyp zu erhalten.

An der UQ schloss ich mich begeistert dem UQ-Kung-Fu-Club an. Das hieß: dreimal wöchentlich mit netten Leuten zu trainieren und außerdem mit ihnen die häufigen scheinheilig "Soziale Events" genannten Veranstaltungen außerhalb des Trainings genießen. Hinter dieser friedlichen Bezeichnung verbarg sich z.B. Paintball spielen oder mutwilliges Abfüllen wehrloser Clubmitglieder mit schmackhaften Drinks auf der Cocktailparty mit Abendgarderobe im Haus des Trainers. Natürlich haben wir uns auch aus harmloseren Gründen getroffen wie Kinoabende, Stadtbummel, Jahresessen beim Inder mit Urkundenverleihung, einfach mal etwas Trinken gehen. Oder wir haben samstags im Park trainiert und den Tag bei Barbecue und Spielen ausklingen lassen. Immer konnte ich mich darauf verlassen, dass mich jemand abholt oder heimfährt oder sogar für meinen

Rückflug zum Flughafen bringt.

Nach einigen Wochen hatte ich mich soweit mit der Praktikumsaufgabe vertraut gemacht, dass mich der Prof dem Firmenchef Paul vorstellte, ohne länger Bedenken haben zu müssen, sich zu blamieren. Schließlich hatte er ihm eine Sensor- und Ultraschallexpertin versprochen (Wer schon mal einen australischen Lebenslauf gelesen hat, weiß, dass „etwas" Übertreibung durchaus gebräuchlich ist). Pauls einzige Bedingung, um in seiner ca. 15-Mann Firma als „Junior-Ingenieurin" anfangen zu dürfen, war es, dass ich im Wesentlichen selbstständig arbeiten und mir die erforderlichen Kenntnisse und Fähigkeiten weitgehend selbst beibringen würde. Infos gab's im Internet und in der Firmenbibliothek, so lernte ich, wie man einen Mikrocontroller programmiert, um den Sensor anzusteuern und die Messdaten auszuwerten und auszugeben. Paul erwartete natürlich keine Wunder von mir, sondern unterstützte mich mit hilfreichen Gesprächen und Ratschlägen und hatte, wie auch die Kollegen, jederzeit ein offenes Ohr bei Fragen und Vorschlägen. Ihm war sehr daran gelegen, mir als potentieller Ingenieurin zu zeigen, was richtige ingenieurmäßige Planung und Entwicklung ausmacht.

Die Arbeitsatmosphäre war stets prima; es wurde häufig gescherzt und gelacht, trotzdem arbeitete jeder konzentriert, obwohl sogar die Hardware-Techniker mit den Ingenieuren in einem großen Raum saßen.

Ein Kollege nahm mich von Anfang an mit zur Arbeit und zurück, da er in meiner Nähe wohnte. Außerdem bot Paul mir sogar von sich aus Bezahlung an, obwohl ich bereits von Deutschland aus dem Prof zugesagt hatte, darauf zu verzichten. Insofern empfand ich die AUS$ 10 (ca. 7 EUR) pro Stunde schon als angenehmes, unerwartetes Geschenk und Anerkennung meiner Arbeit. Und bei acht Stunden am Tag sprangen dabei locker ein Tauchkurs und dickes Taschengeld für die anschließende Reise heraus.

Sehr zu schätzen wusste ich auch den Luxus eines beheizten Firmengebäudes. Im australischen Winter bereitete es keinen Spaß bei 7°C aufzustehen und zu duschen; die wenigsten Wohnhäuser in Brisbane haben eine Heizung oder Isolation. Schön, sich wenigstens auf einen warmen Arbeitsplatz mit gratis Instandkaffee freuen zu können. Die halbstündige Mittagspause verbrachten wir jedoch meist im Garten der Firma (oder im nahe gelegenen Fast-Food-Komplex); die Sonne erzeugte im Laufe des Vormittags bald 20°C.

Überraschend schnell kam mein letzter Arbeitstag, an dem mich die Mitarbeiter auf Pauls Einladung mit einem Good-Bye-Barbecue vom firmeneigenen Gasgrill verabschiedeten. Nach dem äußerst angenehmen "Pflichtteil" meines Australienaufenthalts konnte ich mich danach Vollzeit dem spannenden Erleben dieses Riesenlandes und seiner Bewohner widmen.

Weitere Praktikavermittler

Ähnlich wie bei einem Arbeitsurlaub kann man seinen Prakikumsaufenthalt entweder selbst in die Hand nehmen und dabei seinen Organisations- und Erfahrungshorizont erweitern oder auf die Dienstleistung diverser Organisationen zurückgreifen.

Um den ganzen Vermittlungsservice haben sich Dienstleister formiert, die ihren Service und ihre Kontakte zu australischen Firmen gegen eine Vermittlungsgebühr anbieten. Das erspart Zeit, Arbeit und Aufwand, verlangt aber einen Griff ins Konto, da sich die Preise für mehrmonatige Praktika teils in Dimensionen gebrauchter Kleinwagen bewegen.

Die Preisspanne der Vermittler ist groß, da teils das Flugticket oder mal eine Reiseversicherung inbegriffen ist oder eben auch nicht. Wer dazu tendiert, den Service eines Praktiumsvermittlers in Anspruch zu nehmen, kann durch Vergleichen von Preisen und den angebotenen Leistungen ein individuell passendes Angebot heraussuchen und so u.U. trotzdem etwas Geld sparen.

Die folgenden Seiten geben einen ersten Überblick über derzeit tätige Dienstleistern und ihre Programme. Die Auflistung ist eine Auswahl und erhebt keinen Anspruch auf Vollständigkeit. Eine individuelle Recherche, um aktuelle Preise und Angebote zu erfahren, wird empfohlen.

Vermittler

Abkürzungen im diesem Abschnitt: AB = *Arbeitsbereiche, PD = Praktikumsdauer, PV = Praktikumsvisum, KO = Kosten*

Australian Internships, *Suite 1, Savoir Fair, 20Park Road, Milton, Brisbane, Australia 4064, Tel.: +61 7 – 33 05 84 08, Fax: +61 7 – 33 05 84 04, info@internships.com.au, www.internships.com.au*

AB: Accounting, Aged Care and Child Care, Agriculture, Architecture, Arts, Banking and Finance, Education, Engineering, Environmental Science, Forestry, Government, Graphic / Design, Health, Hospitality and Tourism, Human Resources, Information Technology, Law and Politics, Linguistics, Marine Science, Media and Journalism, Photography, Political Studies, Retail, Sales and Marketing, Sociology, Sport, Telecommunications, u.a.

Orte: zahlreiche Orte in Australien möglich
PD: 1-12 Monate
PV: Special Program (416), Working Holiday (417)
KO: AUS$ 1.390 (~1.000 EUR) für 6 Wochen

Diplomcampus, Beusselstraße 27, 10553 Berlin, Tel.: Tel.: 030 – 60 98 89 780, Fax: 030 – 60 98 89 789, info@diplomcampus.de, www.diplomcampus.de
AB: Buchhaltung, Management, Lebensmittelbranche, Sozialarbeit, individuelle Anfrage in anderen ABn möglich
Ort: Perth (WA)
PD: ab 3 Monate
PV: Training and Research (402), Working Holiday (417)
KO: ab 490 EUR

ELG (Europäisch-Lateinamerikanische Gesellschaft e.V.),
Golfparkallee 7 A, 24576 Bad Bramstedt, Tel.: 040 – 32 50 970, Fax: 040 – 32 50 97 10, info@elg-online.de, www.australienpraktikum.de
AB: Banken & Finanzen, Computerbranche, Freizeit & Sport, Import / Export, Ingenieurwesen, Marketing & PR, Medien, Medizin & Soziales, NGOs, Rechtswissenschaften, Staatliche Institutionen, Telekommunikation, Tourismus, Wirtschaft, u.a.
Orte: Brisbane (QLD), Gosford (NSW), Melbourne (VIC), Sydney (NSW)
PD: Kurzeit (2 – 6 Wochen), Standard (7 – 26 Wochen)
PV: Working Holiday (417), Special Program (416), Touristenvisum (676)
KO: ab 780 EUR für Kurzzeitpraktikum (2 – 6 Wochen)

GLS Sprachenzentrum Berlin, *Kastanienallee 82, 10435 Berlin,*
Tel.: 030 – Tel.: 030 – 78 00 89 30, Fax: 030 – 78 00 89 894, info@gls-berlin.com, www.gls-berlin.com
AB: Accounting, Altenpflege, Architektur, Betriebswirtschaftslehre, Design, Export, Forstwirtschaft, Gastronomie, Grafik, Handwerk, Hotellerie, Import, IT, Jura, Kunst, Landwirtschaft, Marketing, Medien, Sport und Freizeitbereich, Stadtentwicklung, (Öko)Tourismus, Umweltschutz, Versicherungswesen, Verwaltung, Werbung, u.a.
Orte: Adelaide (SA), Cairns (QLD), Hobart (TAS), Sydney (NSW)
PD: 1 – 3 Monate (in Sydney bis zu 6 Monate)
PV: Working Holiday (417)
KO: ab 960 EUR für 4 Wochen (inkl. 4 Wochen Sprachkurs)

Goaustralia+, *Carmen Tokarski, Am Kolvermaar 15a, 50170 Kerpen,*
Tel.: 02273 – 59 47 878, Fax: 02273 – 59 98 96, info@goaustraliaplus.com, www.goaustraliaplus.com
AB: Kinderbetreuung, Tourismus, Gastgewerbe, Einzelhandel, Sport, Pferde
Orte: Australienweit
PD: ab 3 Monate – 12 Monate
Visum: Working Holiday; in Verbindung mit Sprachkurs auch Studentenvisum (für Interessenten aus Österreich/Schweiz)
KO: ab Euro 229,-

InterSwop e.V., *Osterstraße 42, 20259 Hamburg, Tel.: 040 – 410 80 28, Fax: 040 – 410 80 29, info@interswop.com, www.interswop.de*

AB: viele Studien- und Fachbereiche möglich
Orte: Adelaide (SA), Cairns (QLD), Melbourne (VIC), Perth (WA)
PD: 2 – 6 Monate (in Ausnahmefällen auch länger)
PV: Training and Research (402), Working Holiday (417)
KO: ab 4.500 EUR für 3 Monate (inkl. Flug und Unterbringung)

Professional Pathways Australia, *Level 6, 460 Bourke Street, Melbourne VIC 3000, Tel.: + 61 3 – 86 22 89 56, enquiry@professionalpathwaysaustralia.com.au, www.professionalpathwaysaustralia.com.au*

AB: Architecture, Business Administration, Engineering, Event Management, Fashion, Finance, Food Service, Graphic Design, Human Resources, Interior Design, I.T., Law, Marketing, Media, Arts, Entertainment, Pharmaceutical, Public Relations, Trade, Transport and Shipping, Travel and Tourism
Ort: Melbourne, Sydney
PD: bis zu 12 Monate
PV: Working Holiday (417), Special Program (416), Studentenvisum (573)

iSt – Internationale Sprach- und Studienreisen, *Stiftsmühle, 69080 Heidelberg, Tel.: 062 21 – 890 00, Fax: 062 21 – 890 02 00, iSt@sprachreisen.de, www.sprachreisen.de*

AB: viele Studien- und Fachbereiche möglich
Orte: Adelaide (SA)
PD: bis zu 3 Monate
PV: Working Holiday (417)
KO: ab 1.695 EUR für 6 Wochen (inkl. Unterkunft)

Juststudies!, *Korbweidenweg 11m 48531 Nordhorn, Tel.: 05921 – 72 65 638, Fax: 05921 – 72 65 639, 52078 Aachen, Tel.: 0241- 463 56 95, Fax: 0241-463 56 96, info@juststudies.de, www.juststudies.de*

AB: Accounting, Banken, Consulting, Gastronomie, Export / Import, Freizeit / Sport, IT, Journalismus, Landwirtschaft, Marketing, Medien, Medizin, Rechtswissenschaft, Staatliche Institutionen, Telekommunikation, Tourismus, Versicherungen, u.a.
Orte: Adelaide (SA), Brisbane (QLD), Gold Coast (QLD), Melbourne (VIC), Newcastle (NSW), Perth (WA), Sydney (NSW)
PD: bis zu 12 Monate
PV: Special Program (416)
KO: ab AUS$ 1.390 (~ 830 EUR) für 6 Wochen

LanguageCourse S.L., *Ronda Sant Pere 16, 3, 08010 Barcelona, Spain,*
Tel.: +34 – 93 26 88 774, Fax: +34 – 93 26 88 772,
info@languagecourse.de, www.languagecourse.net
AB: Altenpflege, Fotografie, Journalismus, Kinderpflege, Tourismus
Ort: Cairns (QLD)
PD: 1 – 4 Wochen
PV: Training and Research (402)
KO: ab AUS$ 1.246 (~ 740 EUR) für 5 Wochen (inkl. 1 Woche Sprachkurs)

One to One (International Skill Development), *Ferdinandstraße 31,*
12209 Berlin, Tel.: 030 – 76 89 09 03, Fax: 03222 – 37 93 203,
info@one-to-one-international.de, www.one-to-one-international.de
AB: viele Studien- und Fachbereiche möglich
Orte: Adelaide (SA), Cairns (QLD), Melbourne (VIC), Perth (WA), Sydney
(NSW)
PD: von 6 Wochen bis zu 6 Monate
PV: Training and Research (402), Working Holiday (417)
KO: ab 4.370 EUR für 3 Monate (inkl. Unterbringung)

Pan Pazifik, *Stephan Kolle, Saarstraße 82, 54290 Trier, Tel.: 0651 – 14 60 860,*
Fax: 0651 – 14 60 983, info@panpazifik.de, www.panpazifik.de
AB: viele Studien- und Fachbereichen möglich
Orte: australienweit
PD: 1 – 12 Monate
PV: Occupational Trainee (442), Working Holiday (417)
KO: ab 1.230 EUR für 3 Monate

PractiGo GmbH, *Neidenburger Straße 9, 28207 Bremen,*
Tel.: 0421-40 89 77-0, Fax: -60, info@practigo.com, http://www.practigo.com/
AB: in fast allen Arbeitsbereichen sind Praktika möglich
Orte: Perth, Adelaide, Melbourne,
Sydney, Brisbane, Cairns
PD: ab 6 Wochen und
bis zu 6 Monaten
PV: Working Holiday
Visum
KO: ab 1.040 (6 Wochen Praktikum)

STEP IN, *Beethovenallee 21, 53173 Bonn, Tel.: 0228 – 95 69 50,*
Fax: 0228 – 956 95 99, info@step-in.de, www.stepin.de
AB: Altenpflege und Kinderbetreuung, Bank- und Finanzwesen, Bauwesen,
Computertechnologie, Einzelhandel, Forstwirtschaft (Tier- und Nationalpark),

Gastgewerbe und Tourismus, Gesundheitswesen, Jura / Recht / Politik, Kunst, Landwirtschaft, Marketing / Sales / Public Relations, Medien und Journalismus, Sport, Umwelt und Naturwissenschaften
Orte: Brisbane (QLD), Melbourne (VIC), Sydney (NSW), andere Städte möglich
PD: 10 Wochen bis zu 12 Monate
PV: Training and Research (402), Special Program (416), Working Holiday (417)
KO: ab 3.545 EUR für 6 Wochen Praktikum (inkl. Flug und 4 Wochen Sprachkurs)

World of XChange, *HRMI – Büro Hamburg, Langenfelder Straße 45, 22769 Hamburg, Tel.: 040 – 27 88 08 31, Fax: 040 – 27 88 08 32, info@world-of-xchange.com, www.world-of-xchange.com*
AB: zahlreiche Studien- und Fachbereiche möglich
Orte: Brisbane (QLD), Perth (WA), Melbourne (VIC), Sydney (NSW)
PD: 2 Wochen bis zu 12 Monate
PV: Special Program (416)
KO: ab 940 EUR

Wohnen gegen Hilfe

Einander unterstützen bei Tätigkeiten rund um Haus, Hof und Garten …
Abgesenkte Miete gegen Mitanpacken im Haushalt ist das Prinzip.
Vermieter sind Familien, Senioren u.a., Mieter meist junge Leute, Azubis, Studierende, Leute in der Ausbildung, Sprachschüler u.a.

http://www.mitwohnen.org

http://www.interconnections.org (Ausland)

VOR DER REISE

Flugbuchung

Um einen Flug sollte man sich möglichst früh kümmern. Immerhin gilt in den meisten Reisebüros: Je früher, desto günstiger. Jedoch ist auch Folgendes zu bedenken:

Erstens: Zur Nebensaison sind die Flüge etwas billiger als zur Hauptsaison. Ein günstigeres Flugticket lässt sich also eher im Frühling abgreifen. Teurer hingegen wird es zur Sommerferienzeit und um Weihnachten herum.

Zweitens: Je länger der Aufenthalt, desto teurer das Ticket. Plant man also, nur ein oder zwei Monate im Land zu verweilen, so lassen sich bei rechtzeitiger Flugbuchung ein paar Euro gegenüber einem Sechs-Monatsticket einsparen. Ein Halbjahresticket wiederum ist meist etwas günstiger als ein Jahresticket. Auf ein Jahresticket sollten aber all diejenigen zurückgreifen, die einen Aufenthalt von bis zu einem Jahr planen und noch nicht genau wissen, wie viele Monate die Reise letzlich in Anspruch nehmen wird, denn ein Halbjahresticket ist nicht verlängerbar.

Wie auch immer: Durch unvorhersehbare Situationen oder aufgrund des kurzfristigen Änderns der Reiseplanung kann eine Umbuchung der Flugdaten nötig werden. Gegen Gebühr kann meist bei der jeweiligen Fluggesellschaft umgebucht werden. Kauft man sein Ticket bei einer weltweit vertretenen Reisebürokette (z.b. *STA Travel*), lassen sich die Flugdaten in den australischen Filialen ändern.

Zu überlegen ist zudem, ob es außer nach Down-Under noch in weitere Länder gehen soll. Will man z.b. seinen Australienaufenthalt mit einem Abstecher nach Neuseeland oder nach Südostasien verbinden, so lässt sich durch rechtzeitige Planung der ungefähren Route einiges einsparen. Auch kostenlose Zwischenstops in auf dem Weg liegenden Ländern sind möglich.

Wer zusätzlich noch in den USA, Afrika und auf den Fiji-Inseln vorbeischauen möchte, sollte sich gleich nach einem Round-the-World-Ticket erkundigen. Dafür müssen zwar die Flugroute sowie die –daten schon recht genau festgelegt werden; allerdings bekommt man im Gegenzug meist einen guten Paketpreis für die einzelnen Flüge.

An dieser Stelle über genaue Flugpreise zu schreiben, ist unmöglich. Zwei ungefähre Richtwerte sollen aber trotzdem genannt werden. Ein Hin- und Rückflug-Jahresticket schlägt mit rund 1.000 EUR zu Buche. Für ein Round-the-World-Ticket sind mindestens 1.500 EUR einzurechnen. Wer seinen Flug viel billiger buchen kann, hat allen Grund zur Freude. Die Frage nach dem „Wo buchen?" sollte von den aktuellen Preisen abhängig gemacht werden. Zum Preisevergleich hier vier Reisebüros:

Internetreisebüros

* Boomerang Reisen GmbH, www.australien.com
* Flugbuchung.com, Tel.: 01803 – 82 88 28, www.flugbuchung.com
* Flugbörse, www.flugboerse.de,
* STA Travel, Tel.: 01805 – 45 64 22, www.statravel.de
* Travel Overland, Tel.: 01805 – 27 63 70, www.travel-overland.de

Versicherung

Wie sagte schon der Politiker und Autor Manfred Rommel: „Für Versicherungen ist es wichtig, dass die Furcht vor dem Versicherungsfall größer ist als die Wahrscheinlichkeit, dass er eintritt."

Das trifft den Kern hinter allen möglichen Versicherungen. Man schließt sie ab, um im Ernstfall die entstehenden Kosten nicht allein tragen zu müssen; wie hoch die Wahrscheinlichkeit ist, dass die versicherten Eventualitäten wirklich eintreffen, ist nicht abzusehen.

Versichern kann man sich heutzutage gegen jede Kleinigkeit. Um bei der Vielzahl an erhältlichen Versicherungen den Überblick zu behalten, ist dieser Abschnitt gedacht. Vorgestellt werden wichtige und übliche Versicherungen wie Kranken-, Unfall-, Reiserücktrittskosten-, Reisegepäck- und Haftpflichtversicherung.

Wo sind die Rechtsschutz-, die Extremsport- und die Soforthilfe-Versicherung, wird man Versicherungsvertreter vielleicht rufen hören.

Bevor man eine Versicherung gegen jede kleinstmögliche Eventualität abschließt, sollte exakt überlegt werden, welche Absicherungen tatsächlich benötigt werden. Wer sich nicht am Bungee-Seil in die Tiefe stürzen will, braucht auch keine Bungeejump-Versicherung.

Man sollte darauf achten, Doppelversicherungen zu vermeiden. Zwar muss man bei doppeltem Versicherungsschutz zweimal bezahlen, im Schadensfall darf aber nicht von beiden Versicherungen kassiert werden.

Auslandsreiseversicherung

Ein Jahr lang überhaupt nicht krank zu werden – das wäre schön. Ist man aber in einem fremden Land unterwegs, wo andere klimatische Bedingungen herrschen, indem der eigene Speiseplan vielleicht ein wenig umgebaut werden muss und in welchem man aktiv reist, ist nicht auszuschließen, dass das Immunsystem irgendwann einmal schlapp macht. Wegen kleineren Erkältungen muss man freilich nicht unbedingt zum Arzt rennen; doch bei einer Lungenentzündung, Zahnschmerzen oder einer schweren Grippe ist ärztliche Hilfe empfehlenswert.

Da Australien und Deutschland kein Abkommen bezüglich der gesetzlichen Krankenkassen vereinbart haben, übernimmt die heimische Gesetzliche keinen Cent. Möchte man also in Down-Under nicht jeden notwendigen Arztbesuch aus eigener Tasche zahlen, wird während des Jahres eine private Auslandsreise-Krankenversicherung benötigt, die länger als die üblichen sechs Wochen gültig ist.

Zu bedenken ist allerdings: Tritt in Australien ein Versicherungsfall ein (z.B. Zahnschmerzen), so sind die Kosten vor einer Behandlung beim Arzt erst mal vorzustrecken. Erst nach der Rückkehr ins Heimatland werden sie sowie etwaig verschriebene Medikamente ggf. erstattet (*s. auch „Krankheit" auf S. 192*). Wie nun bei der Suche nach einem passenden Versicherer vorgehen?

Der Verband der privaten Krankenversicherung (PKV) stellt auf seiner Internetseite eine Liste mit vielen möglichen Anbietern bereit. Das PDF-Dokument ist auf **www.pkv.de** unter dem Menüpunkt „Publikationen" und dann „Info-Broschüren" zu finden. Direkt-Link:
www.pkv.de/publikationen/info_broschueren/auslandsreisekrankenversicherung.pdf.

Wer sich Angebote verschiedener Versicherer zuschicken lässt, kann aktuelle Preise vergleichen und das Kleingedruckte studieren.

Auch auf der Webseite zum Buch unter **www.down-under.org**, > Rund um Down Under, > Versicherung. Die Versicherung ist genau zugeschnitten auf die Bedürfnisse von Langzeitreisenden (Animateure, Aupairs, Sprachschüler u.a.). Zeiträume bis zu zwei Jahren Auslandsaufenthalt, also auch für ausgesprochene Weltenbummler, können abgedeckt werden. Sinnvoll ist eine Auslandsreiseversicherung durchaus auch bei Kurzaufenthalten.

Übrigens: Sich während des Auslandsaufenthaltes von der gesetztlichen Krankenversicherung abzumelden, wird zwar von den Krankenkassen nicht gern gesehen, ist aber möglich und spart Geld. Für alle, die noch familienversichert sind, ist das ohnehin nur eine Formalie. Wer schon im Berufsleben steht, kann sich per Anwartschaft die Option offen halten, nach der Rückkehr wieder der gesetztlichen Krankenkasse beizutreten. Mit einem Anruf bei der eigenen Krankenkasse kann geklärt werden, ob eine Abmeldung möglich ist.

Unfall

Auch wenn man sie nicht einmal seinem schlimmsten Erzfeind wünscht: Unfälle kommen vor. Glücklich, wer mit dem Schock davon kommt; schwere Unglücke jedoch können ernsthafte, physische Schäden verursachen.

Wird man in der Freizeit, beim Sport oder im Urlaub in einen Unfall verwickelt, und ist ein Krankenhausaufenthalt sowie u.U. ein Rücktransport ins Heimatland von Nöten, kommt die Unfallversicherung zum Einsatz.

Besteht noch gar kein Unfallversicherungsschutz, fertigt der Versicherungsvertreter des Vertrauens gern ein Angebot an. Preise und Leistungen mehrerer Versicherungen zu vergleichen, kann geldsparend sein.

Besteht schon eine Unfallversicherung, sollte man sich bei seinem Versicherer nach der Auslandstauglichkeit erkunden. Meist können Inlandsunfallversicherungen durch eine Prämie aufgewertet und auf den Rest der Welt ausgeweitet werden.

Arbeitsunfälle sind durch den jeweiligen Arbeitgeber abgesichert. Dieser ist verpflichtet eine „compulsory workers compensation insurance" abzuschließen, die auch Nicht-Australier im Falle eines Falles in Anspruch nehmen können. Näheres unter der australienweiten Vereinigung „Work Cover Corperation", **www.workcover.com.au**.

Tipp: Bei einem Notfall können unter der australienweit gültigen **Notrufnummer 000** sowohl Ambulanz, Feuerwehr und auch Polizei benachrichtigt werden.

Reiserücktrittskosten

Es soll tatsächlich Leute geben, die vor Reiselampenfieber krank werden und die Reise nicht antreten können. Ein Grund, die geplante Reise zu stornieren, muss aber nicht immer die Aufregung sein. Auch ein gebrochenes Bein oder ein krankes Familiemitglied können es unmöglich machen, in den Flieger zu steigen und ins Arbeitsurlaubsland zu fliegen.

Diese Fälle werden meist durch eine Reiserücktrittskostenversicherung abgedeckt. Je nach Vertragslage und Schwere des Hinderungsgrundes kommt die Versicherung für die fälligen Stornogebühren des Reiseveranstalters auf.

Reisegepäck

Kommt das Reisegepäck abhanden oder wird dies beschädigt, springt die Reisegepäckversicherung bis zur vereinbarten Versicherungssumme ein. Je nach Versicherung sind auch Diebstahl, Beschädigungen durch Unfälle des Transportmittels sowie Brandschäden im Versicherungsumfang enthalten.

Haftpflicht

... ist nicht unbedingt Pflicht, wie der Name suggeriert, sondern eine Wahlversicherung. Richtet man allerdings irgendwo Sach- oder Personenschaden an, ist man in der Pflicht dafür zu haften und mit dieser Versicherung gut beraten. Abhängig von den vereinbarten Versicherungsfällen werden Beeinträchtigungen an Leib und Seele anderer Leute sowie Schäden an Hab und Gut dritter Personen abgedeckt. Achtung: In der Grundausstattung sind meist mehr „Nicht-Leistungen" als konkrete Versicherungsfälle enthalten. Ein genauer Vergleich ist also angebracht.

„Work & Travel"-Teilnehmer

Zum Leistungsumfang einiger „Work & Travel"-Anbieter zählen die wichtige Kranken- sowie weitere Reiseversicherungen. Andere Anbieter bieten ihren Teilnehmern umfangreiche Versicherungskomplettpakete mit Kranken-, Unfall-, Reisegepäck- sowie Haftpflichtversicherung und anderen Policen.
Genaueres zum Thema „Work & Travel"-Versicherungen unter „Individuell oder Work & Travel" ab S. 16.

Nötige Dokumente

Internationaler Führerschein

Australien mit einem Auto zu bereisen, ist einer der freiesten und unabhängigsten Wege das Land zu entdecken.
Möchte man den Fünften Kontinent per PKW durchqueren, wird allerdings ein Internationaler Führerschein dringend empfohlen. Mit dem EU-FS allein kann man unter Umständen bei einer Verkehrskontrolle durch die Polizei in Schwierigkeiten geraten. Mitgeführt werden sollten immer beide Dokumente, denn der Internationale Führerschein ist nur in Verbindung mit dem EU-Kartenführerschein gültig.
Das fürs Autofahren wichtige Dokument lässt sich bei jeder Führerscheinstelle (Bürgeramt) beantragen. Sofort mitnehmen kann man den IF, wenn dem Amt folgende Papiere vorgelegt werden können:

- Personalausweis oder Reisepass
- EU-Führerschein im Scheckkartenformat
- aktuelles Passfoto
- ca. 15 Euro Bearbeitungsgebühr

Wer noch keinen EU-Führerschein besitzt, muss bei der Beantragung gleichzeitig die Umstellung des alten in eine neue Plastikkarte in Auftrag geben. Die Ausstellung des Internationalen Führerscheins verzögert sich dadurch um diese Bearbeitungsdauer.
Gültig ist ein IF drei Jahre lang und kann nach Ablauf nicht verlängert werden. Bei einer späteren Reise ist wieder ein Neuantrag vonnöten.

Studentenausweis

Der Internationale Studentenausweis (ISIC) beschert Vergünstigungen von 5 bis zu 50 Prozent auf Übernachtungen, Eintrittskarten und Reisetickets.
Um diesen Ausweis bewerben können sich sowohl Vollzeitstudenten als auch Schüler einer allgemeinbildenden oder einer weiterführenden Schule. Auch Berufschüler, die eine Ausbildung absolvieren, haben Anrecht auf die Rabattkarte.
Jugendliche unter 26, die weder Schüler- noch Studentenstatus genießen, können trotzdem sparen: Von derselben Organisation wird die International Youth Travel Card (IYTC) angeboten, mit der junge Leute einen Rabattausweis in die Hand bekommen, der ähnliche Vergünstigungen anbietet, allerdings an weniger Stellen akzeptiert wird. Näheres unter **www.isic.org**.
Für 12 EUR können die Ausweise entweder über die STA-Internetseite, **www.statravel.de,** beantragt oder in einer STA-Reiseagentur in Auftrag gegeben werden. Benötigt wird hierzu der Personalausweis und ein Passbild. Der Internationale Studentenausweis erfordert zudem eine Immatrikulationsbescheinigung bzw. einen Schülerausweis.

Zahlungsmittel

Um nach der Ankunft eine eventuelle Wartezeit auf eine Stelle überbrücken zu können, sollte ein finanzielles Polster auf dem heimischen Konto vorhanden sein. (s. auch „Working-Holiday-Kosten" ab S. 27.
Gut diese Sicherheit zu haben, noch besser in Down-Under darauf auch zugreifen zu können. Im Folgenden also einige Wege, wie man vor Ort ans Ersparte daheim gelangt.

EC-Karte

Zu Hause mit der EC-Karte Bares vom Geldautomaten abzuholen und damit unabhängig von Schalteröffnungszeiten zu sein, ist praktisch. Noch nützlicher aber ist es, dass die Karte der Hausbank auch in Australien Zugang zum heimischen Konto und zum Gesparten verschafft. Einzige Bedingung: Die Geldkarte muss mit dem blau-roten Maestro-Logo versehen sein. Dieses weist auf weltweite Akzeptanz an dementsprechend ausgerüsteten Geldautomaten hin. In Australien sind das über 13.000, also fast alle.

Die Gebühren fallen, je nach abgehobenem Geldbetrag und je nach Hausbank, unterschiedlich aus. Sich vorher Gewißheit über die Gebühren zu verschaffen, macht die Sache kalkulierbar.

Einen Überblick über den aktuellen Kontostand behält man am besten durch Online-Banking, womit sogar noch eventuell offenstehende Rechnungen zu Hause unmittelbar aus Australien beglichen werden können.

Kreditkarte

Anders als in Deutschland ist die Kreditkarte ein alltägliches Zahlungsmittel. Auch in den entlegensten Outback-Tankstellen benötigt man meist kein Bargeld, da fast überall die gängigsten Kreditkarten angenommen werden. Entweder per elektronischer Datenverbindungen oder per Lastschriftverfahren lassen sich so die Tankfüllung und ein paar Erfrischungen bezahlen.

Eine Kreditkarte ermöglicht auch den australienweiten Zugriff auf das heimische Konto sowie den vereinbarten Kreditrahmen, wodurch Bargeld an allen australischen Geldautomaten abgehoben werden kann. Die anfallenden Gebühren richten sich nach dem abgehobenen Geldbetrag, liegen aber in der Regel zwischen mindestens 5 EUR und einem Prozent vom abgehobenen Betrag.

Wichtig bei der Beantragung einer Kreditkarte: Kann man kein eigenes Einkommen vorweisen, hat die Bank das Recht, eine Bürgschaft zu verlangen, die z.B. die Eltern bereitstellen können.

Bei Verlust kann die Karte sofort gesperrt und innerhalb weniger Tage gegen Gebühr ersetzt werden (*s. auch* „Verlust von Kreditkarte & Reiseschecks" auf S. 193).

Reiseschecks

Ein sicheres Zahlungsmittel, da nur in Verbindung mit der Unterschrift gültig, sind Reiseschecks. Werden sie geklaut oder gehen sie verloren, ist das Geld nicht dahin, sondern nur vorerst nicht zugänglich. Nach der Verlustmeldung beim jeweiligen Reisescheckanbieter ist in der Regel lediglich ein Tag abzuwarten, bis Ersatz eintrifft.

Mit Reiseschecks können nicht nur Rechnungen bezahlt werden, sofern diese akzeptiert sind; sie lassen sich auch in Bargeld umtauschen. Bei den Reisescheckvertragspartnern kann dies oft kostenlos erfolgen, Banken erheben meist eine Gebühr.

Bargeld

Um anfangs die Bus- oder Taxifahrt vom Flughafen bezahlen, die erste Nacht im Hostel begleichen und sich etwas Essbares kaufen zu können, sind ein paar Dollar in bar zu Beginn der Reise nicht verkehrt. Da der Umtauschkurs in Australien meist besser ist, als der daheim, sollte man aber nicht zu viel Geld bei der Hausbank wechseln. Ungefähr AUS$ 100-200 sind angebracht (~ 66-130 EUR).

Sprachkurse

Möglichst schon daheim ist zu überlegen, ob zu Beginn des Australienaufenthaltes ein Sprachkurs besucht werden soll. Bei den meisten Kursen wird nur eine begrenzte Teilnehmeranzahl zugelassen, um die Gruppen möglichst klein zu halten und dadurch eine intensive Beteilung am Unterricht zu ermöglichen. Es kann also leicht vorkommen – will man den Kurs erst in Australien buchen –, dass schon alle Plätze belegt sind und man unnötig lange warten muss.

Bucht man sein Working-Holiday-Jahr mit einer „Work & Travel"-Organisation, kann man sich beim jeweiligen Anbieter nach Sprachkursen erkundigen. Meist arbeiten die Organisationen mit australischen Sprachschulen zusammen und sind in der Lage, Kurse zu vermitteln.

Ähnlich verhält es sich bei kommerziellen Anbietern von Praktikumsplätzen. Auch sie stehen in engem Kontakt mit in Australien beheimateten Sprachschulen und schnüren oft Praktikum mit einem vorher geschalteten Sprachkurs zusammen.

Wer nach Alternativen sucht oder die individuelle Organisation bevorzugt, findet im Netz diverse Anbieter. Nachstehender Anbieter hat auf seiner Webseite eine Übersicht über viele in Deutschland ansässige Sprachreiseagenturen mit mehrwöchigen oder mehrmonatigen Kursen. Wer sich lieber direkt an eine australische Sprachschule wenden möchte, wird ebenfalls auf dieser Seite fündig.

language-programs.net, *Hammer Straße 39, 48151 Münster,*
Tel.: 0251 – 14 98 93 92, Fax: 0251 – 53 95 95 25,
info@language-programs.net, www.language-programs.net

Sprachkursvermittler sind ferner der Auflistung „Work & Travel-Reiseveranstalter" ab S. 26 und der Aufzählung „Weitere Praktikavermittler" ab S. 55 zu entnehmen.

Packen

Reiseneulinge können es sich anfangs schwer vorstellen, dass alle Klamotten für ein ganzes Jahr in einen Rucksack passen sollten. Genau das aber macht Backpacking aus. Zudem ist ein geeigneter Rucksack unerlässlich, will man vor Ort beweglich sein und sich nicht an drei Koffern totschleppen.

Um den Rücken nicht übermäßig zu belasten, empfiehlt sich vor der Reise genau zu überlegen, was alles mit muss und was eingepackt werden soll. Der unverzichtbare Inhalt, sowie die optionalen Utensilien werden in diesem Teil des Buches vorgestellt.

Rucksack

Einige Leute gehen zwar mit überdimensionalen Hartschalen-Koffern auf große Fahrt, praktischer aber ist mit Sicherheit ein gut sitzender Rucksack.

Besitzt man noch keinen, sollte beim Neukauf vor allem auf Tragekomfort geachtet werden. Gut passen und bequem sitzen sollte er deshalb, weil man mit dem Backpack voraussichtlich eine lange Zeit unterwegs sein wird. Da jeder Mensch anders geschaffen ist, kann der persönlich bequemste Rucksack nur durch Ausprobieren gefunden werden. Freundliche Outdoor-Händler bieten oft den Service an, einen Rucksack zu Hause mit vollem Inhalt auszuprobieren und sich erst dann zu entscheiden.

Der Rucksack sollte ein Volumen von wenigstens 60 Litern haben, zudem sind verstellbare Tragegurte äußerst praktisch.

Ob man zusätzlich noch einen kleinen Rucksack aufschnallt, bleibt jedem selbst überlassen. Auf Tagesausflügen jedenfalls ist er nützlich.

Ganz wichtig: Bloß nicht zu viel mitschleppen. Das Höchstgewicht des Reisegepäcks sollte 20 kg nicht überschreiten, da sonst beim Einchecken am Flughafen eventuell kräftig nachgezahlt werden muss. Jedes Kilogramm über dem Maximalgewicht ist ohnehin verdammt rückenunfreundlich und über eine längere Strecke eine Qual. Immer daran denken: Die Temperaturen liegen ein wenig höher als gewohnt.

Tipp: Um den Rucksack vor leichten Beschädigungen beim Transport (z.B. im Flugzeug oder im Bus) zu schützen, ist ein Transportsack (transporter bag) sinnvoll. Dieser wird über das Gepäckstück gestülpt und bewahrt es so vor Schmutz und Beschädigungen.

Kleidung

Modische Tipps werden hier zwar nicht gegeben – die neuesten Backpacker-trends schaut man sich besser unterwegs an –, dafür soll an dieser Stelle aber ein kleiner Überblick über die gängigsten Kleidungskategorien gegeben werden, die für ein Working-Holiday-Jahr interessant sind.

Die angenehm warmen bis unerträglich heißen, klimatischen Bedingungen setzen vorrangig lockere, leichte und besonders luftige Kleidung voraus, was sich positiv auf den zu tragenden Rucksack auswirkt.

Ein dicker, wärmender Fließpullover sollte im Backpack jedoch nicht fehlen, da es nachts im Outback bitterkalt werden und je nach Jahreszeit in einigen Hochlagen sogar schneien kann. Normale Alltagsklamotten für wenigstens ein bis zwei Wochen sollten in den Rucksack gestopft werden.

Bei Bewerbungsgesprächen wird hoher Wert auf Etikette gelegt, weshalb ein Bewerbungsoutfit ratsam ist. Für Angehörige der holden Weiblichkeit bedeutet das einen knielangen Rock und eine neutrale Bluse; für die Herren der Schöpfung eine schwarze Hose, ein weißes Hemd und möglichst einen Schlips.

Derart gewandet in strumpflosen Sandalen zu erscheinen wirkt lächerlich und unprofessionell. Angemessener ist festes Schuhwerk, aber keine ausgelatschten Turntreter.

Jobs auf dem Land (z.B. Ernte- oder Farmarbeit) benötigen eher robuste Arbeitskleidung. Aktueller Stil und die neusten Modetrends sind hier weniger gefragt, nur funktionell und bequem müssen die Klamotten sein. Das bedeutet einen Hut als Sonnenschutz, ein dünnes, aber langärmliges Hemd sowie eine dünne lange Hose. So schützt man sich nicht nur besser vor kleineren Kratzwunden an Gebüsch und Ästen, sondern bewahrt die zarte Haut auch vor der hohen UV-Strahlung auf dem australischen Kontinent und der teilweise eingesetzten Chemie in der Landwirtschaft.

Tipp: Wer sich vor der Reise noch unsicher ist, welche Jobs ausgeübt werden sollen, muss nicht für alle Eventualitäten die passende Kleidung herumschleppen. Zweite-Hand-Läden bieten eine große, kostengünstige Auswahl an gebrauchter Kleidung an (*s. auch* „Sparen", Seite 184).

Tipp 2: Sind T-Shirt, Hosen und Arbeitsklamotten getrennt in Plastiktüten verpackt, so lassen sie sich schneller aus dem Backpack ziehen. Tüten, die mit unterschieavdlichen Motiven bedruckt sind, helfen das gesuchte Kleidungsstück rascher zu finden.

Unverzichtbares

Ausweisdokumente

Ohne Reisepass und ggf. Personalausweis kommt man nicht weit. Will man legal ein Auto steuern, gerät man ohne einen Internationalen sowie den EU-Führerschein schnell in Schwierigkeiten (*s. auch* „Internationaler Führerschein" auf S. 64).

Fotokopie der Ausweisdokumente

Da Pass, Personalausweis und Führerschein so wichtig sind, ist es praktisch, bei Verlust eine Fotokopie der Dokumente mitzuführen. Ersatz lässt sich anhand der Kopien schneller beschaffen (s. auch „Reisepass-Verlust" auf S. 192).

Fotokopie der Versicherungspolicen

Dies gilt auch für Versicherungsverträge. Stößt einem unterwegs etwas zu, und tritt ein Versicherungsfall ein, so wäre es hilfreich, eine Fotokopie der Police mitzuführen.

Unterschiedliche Zahlungsmittel

Kreditkarte, Reiseschecks und Bargeld sollten getrennt an unterschiedlichen Orten aufbewahrt werden, da so bei Verlust im günstigsten Fall noch ein anderes Zahlungsmittel zur Verfügung steht (*s. auch* „Zahlungsmittel" ab S. 65.

USB-Stick / CD mit englischen Bewerbungsschreiben

Anschreiben und Lebenslauf gespeichert auf einem USB-Stick oder einer CD dabei zu haben, ist bei einer professionellen Bewerbung unumgänglich (*s. auch* „Lebenslauf & Co" ab S. 148.

Auch sonstige Bewerbungsunterlagen, Arbeitszeugnisse und Referenzen können benötigt werden. Wer die Unterlagen nicht auf Verdacht mitnehmen möchte, kann sie sich bei Bedarf auch von Anvertrauten daheim zuschicken lassen.

Reiseführer

Bei der Wahl des Reiseführers sollte man darauf achten, dass dieser nicht nur die üblichen Informationen zu Land und Leuten sondern auch backpackerspezifische Tipps zu z.B. Billigunterkünften gibt, *s. auch* „Reiseführer" auf S. 70.

Schlafsack

Sollte unbedingt für Temperaturen um den Gefrierpunkt geeignet sein, da es im Outback nachts klirrend kalt werden kann. Praktisch ist ein Schlafsack, der sich komplett öffnen und als Decke verwenden lässt, wenn's mal wieder heißer wird.

Waschtasche (Kulturbeutel)

Praktisch sind Waschtaschen, die sich aufklappen und an einen Haken irgendwo hinhängen lassen.

Badelatschen

Den ohnehin schon strapazierten Füßen muss man nicht auch noch Pilze zumuten. Badelatschen schützen davor.

Weiterhin unverzichtbar:

- Badesachen
- Handtuch
- bequeme Schuhe
- Sonnenbrille
- Sonnenschutzcreme (mind. LSF 30)
- Taschenmesser
- Adressbuch

Optional

- Wanderschuhe
- Fotoapparat
- Reisetagbuch
- Wörterbuch
- Nähzeug
- Besteck
- Gesellschaftsspiel (z.B. Schach oder Kartenspiel)
- Erinnerungsgegenstände (z.B. Familienfotos)
- MP3-Player

Quarantäne

Es gelten strenge Quarantänebestimmungen bei der Einreise. Weit käme man mit Wurst, Obst und anderen untersagten Lebensmitteln schon am Flughafen nicht, da dort neben den üblichen, elektronischen Überwachungsgeräten zur Lebensmittelsuche auch Quarantäne-Spürhunde (detector dogs) nach übriggebliebenen Salamizipfeln fahnden.

Unter anderem deshalb wird jedem wärmstens ans Herz gelegt, die im Flugzeug auszufüllende Deklarationskarte wahrheitsgemäß abzuarbeiten. Wird man beim Versuch erwischt, ein Stück Harzer Käse oder gar ein Glas von Omas hausgemachter Sülze einschmuggeln zu wollen, so droht ein Bußgeld von AUS$ 220 (~ 145 EUR), in besonders schweren Fällen sogar eine Strafe über AUS$ 60.000 (~ 40.000 EUR) und eine Freiheitsstrafe von bis zu zehn Jahren.

Damit also der Aufenthalt nicht schon am Flughafen endet, hier eine Liste mit verbotenen sowie deklarationspflichtigen Waren:

Nicht eingeführt werden dürfen:

- Eier, Eiprodukte (z.b. Mayonnaise)
- Milchprodukte (z.b. Käse, Joghurt)
- Fleischprodukte, die nicht in Dosen verpackt sind
- vakuumverschweißte und verpackte fleischhaltige Produkte
- Salami, Würstchen und Sandwichfleisch
- Tiernahrung
- Obst und Gemüse
- Kräutertees mit Fruchtstücken
- Pflanzenmaterial (z.b. Topfpflanzen, Wurzeln, Knollen)
- Samen und Nüsse (z.b. Blumenund Gemüsesamen)
- Popcorn
- Getreidekörner
- lebende Tiere

Zu deklarieren:

- gekochte und rohe Lebensmittel
- kommerziell zubereitetes und noch verpacktes, getrocknetes Obst und Gemüse
- Fisch und Meeresfrüchte (frisch oder getrocknet)
- Nudeln und Reis
- abgepackte Speisen (inkl. Flugzeugessen und Sandwiches)
- Kräuter und Gewürze

- Arzneikräuter, Medikamente, Kräutertees
- Kekse, Kuchen, Süßwaren
- Tee, Kaffee, Säuglingsnahrung
- Tierprodukte (Federn, Knochen, Hörner, Stoßzähne)
- Felle, Pelze
- Wolle, Tierhaar
- ausgestopfte Tiere und Vögel
- Muscheln (auch Schmuck und Souvenirs)
- Pflanzenprodukte (z.B. Schnitzereien)
- Matten und Taschen aus Pflanzenmaterial
- Artikel, die Getreidekörner, Getreideschoten oder Samen enthalten
- getrocknete Blumen und Gestecke
- gebrauchte Sportund Campingausrüstung
- mit Erde beschmutzte Schuhe und Kleidung

In Australien

Wer annimmt, nach derart strengen Quarantänebestimmungen bei der Einreise auf den Kontinent innerhalb Australiens gekauftes oder gepflücktes Obst uneingeschränkt mitführen zu können, ist auf dem Holzweg.

Diverse Fruchtfliegen-Freizonen (Fruit Fly Exclusion Zone) in Neusüdwales (NSW), Victoria (VIC) und Süd-Australien (SA) verbieten das Mitbringen von Obst und Gemüse aus den jeweils anderen Bundesstaaten.

Beim innerstaatlichen Grenzübertritt von Süd-Australien sowie dem Nördlichen Territorium nach West-Australien kontrollieren sogar gelegentlich Grenzposten die Einhaltung der bestehenden Lebensmittelrestriktionen. Mehr dazu im Erfahrungsbericht „In einem Ford Falcon durch die Wüste" ab S.163.

Uluru im Northern Territory

IN AUSTRALIEN

Sich informieren

Australien ist schön, Australien ist groß und Australien ist reich an Orten, die einen Besuch wert sind.

Von altehrwürdigen Aboriginestätten über äußerst fotogene Naturdenkmäler bis hin zu einzigartigen Nationalparks mit Weltberühmtheit – der rote Kontinent hat so einiges zu bieten, was nicht nur die Herzen von Naturfreunden höher schlagen lässt. Allerdings muss man erst einmal herausfinden, wo diese Orte, Nationalparks und Sehenswürdigkeiten liegen. Gut zu wissen also, welche Informationsquellen zur Verfügung stehen.

Beschrieben wird hier, wie man sich einen Überblick über die Horden von Abenteuer-Tourunternehmen und die zahlreichen Hostels verschafft und dadurch einige Dollars sparen kann. Denn sich zu informieren bedeutet auch Preisevergleich und somit das günstigste Angebot herauspicken zu können. Informationen sind eben äußerst kostbar beim Backpacken.

Wer sich darüberhinaus über aktuelle Geschehnisse im Land schlau machen möchte, erhält ebenfalls an dieser Stelle einige Anregungen.

Ganz allgemein gilt: Natürlich sind fast alle Quellen auch online im Internet abrufbar.

Reiseführer

In jeden Rucksack gehört natürlich ein detaillierter Reiseführer. Wertvoll für Backpacker erweisen sich Bücher, die neben dem konventionellen Teil zu Land, Leuten und Unterkünften Tipps für Rucksack-Reisende geben, etwa wenn es um Arbeit, Billigunterkünfte oder Partyorte geht.

Als „Bibel" für Budgetreisende gilt der englischsprachige „Lonely Planet", der in der Ausgabe „Australia" auch die kleinsten und entlegensten Orte auflistet und durch viele Insidertipps punktet. Außerdem deckt er das gesamte Land ab und liefert einen praktischen Kartenteil. Seit einiger Zeit ist er auch auf Deutsch erhältlich.

Weitere englischsprachige Bücher: „The Rough Gudie" und „Let's Go". Deutschsprachige Titel sollte man vor Kauf auf obengenannte Kriterien überprüfen.

Ob es immer die aktuellste Ausgabe sein muss oder eine ältere, gebrauchte ausreicht, muss jeder selbst wissen. Tatsache aber ist, dass auch für die neuste Auflage die Recherchen meist mehrere Monate zurückliegen, bevor das Buch in den Handel kommt. Wenn es um Hostels, Tourunternehmen oder Clubs geht, kann auch die neuste Edition schon wieder veraltet sein.

Verkehrsbüro

(tourist office / visitor centre)
Jede Stadt und Gemeinde hat ein Verkehrsbüro. Fährt man an einen neuen Ort, lohnt es sich durchaus, als erste Amtshandlung das ortsansässige Verkehrsbüro anzusteuern, da man sich hier mit meist kostenlosen Stadt- und Landkarten ausstatten lassen kann.

Weiterhin liegt in den Büros Werbematerial von Übernachtungsmöglichkeiten aus, sowie Details zu den beliebtesten Anlaufpunkten in der Region.
Die Adressen vieler Touristenbüros in großen Städten sowie in Ernteregionen im Internet, s. Details unter „Zusätzliche Informationen", S. 206.

Schwarzes Brett

(notice board)
Schwarze Bretter wirken u.U. abschreckend, weil sie chaotisch und unübersichtlich erscheinen und nicht immer auf dem aktuellsten Stand sind. Dieses Backpacker-Kommunikationsmedium kann sich aber als eine wunderbare Fundgrube erweisen, wenn es um Mitfahrgelegenheiten, Wohngemeinschaften und gebrauchte Handys sowie Reiseführer geht. Auch freie Stellen lassen sich unter den vielen herumhängenden Zetteln finden.
In Hostels, Backpackerbüros und Internetcafés sind mit Sicherheit irgendwo Schwarze Bretter an der Wand angebracht.

Mundpropaganda

(word of mouth)
Redselige Plaudertaschen haben es mitunter einfacher, sich zurechtzufinden. Erstens, weil sie viel schneller Leute kennenlernen und sich nicht so schnell allein gelassen fühlen. Zweitens, weil kommunikative Reisende viel mehr erfahren als Dauerschweiger.

Durch einen kurzweiligen Plausch mit anderen Backpackern lassen sich viele kostbare Dinge in Erfahrung bringen, die für die eigene Reise später von Nutzen sein können. Welche Hostels sind besonders gut und günstig? Welche Orte sollte man lieber meiden? In welchen Bereichen existieren noch freie Stellen, und wo kann man sich direkt bewerben? Auf alle diese und noch viele andere Fragen wissen vielleicht Backpacker, die schon länger unterwegs sind, eine Antwort.

Dass man durch viele Gespräche auch das eigene Sprachvermögen erweitert, ist ein weiterer, nicht zu unterschätzender Vorteil.

Backpackerbüros

Die Suche nach eine Stelle, einer Wohnung, nach Mitfahrgelegenheiten am Schwarzen Brett, Angebote für Abenteuer-Touren, Internetrecherche – all das lässt sich in den verschiedenen Backpackerbüros erledigen. Als Anlaufstelle sind sie in jeder größeren Stadt zu finden und beherbergen alle mehr oder minder wichtigen Informationsquellen für Rucksack-Touristen unter einem Dach. Geld verdienen die Büros natürlich nur durch den Verkauf von Reisen, Tickets oder Versicherungen. Trotzdem können die Informationsbretter und die meist kostenlosen Jobvermittlungsagenturen von allen Rucksackreisenden genutzt werden – ganz gleichgültig, ob unabhängiger Reisender oder „Work & Travel"-Teilnehmer.

Travellers Contact Point (TCP), *UltimateOz, Shop 2, 2 Lee Street, Sydney NSW 2000, Tel.: 02 - 92 11 79 00, Fax: 02 – 92 21 37 46, info@travellers.com.au, www.travellers.com.au*

Das TCP-Hauptbüro ist in Sydney. Neben den üblichen Infobrettern und einem Gepäckaufbewahrungsort ist hier auch die Backpacker-Jobagentur „*Travellers @ Work*" zu finden, wo sich jeder Rucksack-Reisende kostenlos anmelden und auf Jobsuche gehen kann. Zweigstellen in Adelaide, Brisbane, Cairns, Arlie Beach, Hervey Bay, Darwin, Melbourne und Perth.

Backpackers World Travel, www.backpackersworld.com.au

Ebenfalls in vielen Großstädten ansässig. Die dazugehörige, kostenpflichtige Jobagentur „Worldwide Workers" kann jedoch nur von bestimmten „Work &Travel"-Teilnehmern benutzt werden. Adressen aller Büros im Internert, siehe unter „Zusätzliche Informationen", siehe S. 206.

Backpackers World Travel, *812 George Street, Sydney NSW 2000, Tel.: 02 - 92 12 30 92, Fax: 02-82 68 60 17, askanexpert@backpackersworld.com.au, www.backpackersworld.com.au*

Youth Hostel Association (YHA)(YHA), www.yha.com.au

Unterhält in allen großen Städten wenigstens ein Backpackerbüro mit angeschlossener Reiseagentur. Die jedoch kann nur von YHA-Mitglieder oder von Reisenden mit einer gültigen Hostelling-International-Karte (z.B. DJH-Mitgliedskarte) genutzt werden. Das Hauptbüro in Sydney ist hier zu finden, die Adressen der anderen YHA-Agenturen sind im Teil „Bundesstaaten" aufgelistet, siehe Details unter „Zusätzliche Informationen", S. 206.

YHA Travel Centre, *11 Rawson Place, Sydney NSW 2000, Tel.: 02 – 92 18 90 00, travel@yhansw.org.au, www.yha.com.au*

Backpacker-Magazine

Auf nahezu jeder Seite springen einem Super-Backpacker-Deals entgegen, jede Anzeige wirbt mit den günstigsten Preisen in ganz Australien und ein paar Seiten Wissenswertes sowie etwas Unterhaltung werden auch geboten – das sind die Backpacker-Magazine. Als gute Quelle für Informationen aller Art liegen die meist monatlich erscheinenden Hefte in vielen Hostels und Backpackerbüros kostenlos aus. Nach längerem Blättern sind auch Anzeigen von professionellen Arbeitsagenturen, sowie Anzeigen von Work-Hostels zu finden.
Um nicht ein dickes Magazin fürs ganze Land mit sich herumschleppen zu müssen, erscheinen die Magazine in verschiedenen Bundesstaaten/Regionen in unterschiedlichen Ausgaben. Die größten und bekanntesten Hefte sind:

* *TNT Magazine,* www.tntdownunder.com
* *The Word* – Backpacking Australia, info@thewordaustralia.com.au, www.thewordaustralia.com.au
* *Aussie Backpacker,* www.aussiebackpacker.com.au

Tageszeitungen

Um über die aktuellen Geschehnisse auf dem Laufenden zu bleiben, empfiehlt sich in die Tageszeitungen der jeweiligen Bundesstaaten zu schauen. Ab und zu verirrt sich auch mal ein Bericht über den Rest der Welt in die Blätter; wer aber ausführlichere Artikel über die Heimat wünscht, schaue besser ins Internet.
Eine deutschsprachige Wochenzeitung ist „Die Woche in Australien“ (www.woche.com.au), erhältlich bei vielen Zeitungshändlern.
Welche englischsprachigen Tageszeitungen in welchem Bundesstaat erscheinen, ist zu Anfang eines jeden Staates im Adressteil dieses Buches nachzulesen.

Und im Radio ...

In Australien ist „Triple J“ die Radiostation für Jugendliche und Junggebliebene. Zu hören ist hitverdächtige Independent-Musik, die fern ab des ausgetretenen Mainstreams dahertönt und eine Mischung aus Rock, Pop, HipHop, Elektronik von oft australischen Künstlern. Den frechen und witzigen Moderationen von gut verständlichen Aussies zu lauschen, macht Laune und schult zudem das eigene Sprachgefühl. „Triple J“ ist – außer im menschenleeren Outback – im ganzen Land zu hören. Frequenzen auf der bunten und informativen Webseite **www.abc.net.au/triplej.**

Erreichbarkeit

Handy

(mobile phone)
An einem Tag in diesem Hostel, am nächsten schon wieder in einem anderen, weil das vielleicht um ein paar Dollar billiger ist; in dieser Woche in Sydney, in der darauffolgenden schon in Perth – Rucksack-Reisende sind alles andere als sesshaft. Das ständige Umherziehen und Wechseln der Orte macht allerdings auch die Erreichbarkeit nicht besonders einfach. Schön, dass es Mobiltelefone gibt.

Klar, ist es mitunter nervig, immer erreichbar zu sein. Und rufen Eltern oder Freunde von zu Hause all zu oft an, kann leicht das Gefühl aufkommen, gar nicht richtig weg zu sein.

Ist man aber z.b. auf der Suche nach einer Arbeitsstelle, erweist sich ein Funktelefon als unerlässliches Kommunikationsmedium. Ein Arbeitgeber kann jederzeit und problemlos nach einem Vorstellungsgespräch Kontakt mit einem aufnehmen. Praktisch für jene, die ein Handy besitzen; Pech für alle, die nur unter der Festnetznummer des Hostels erreicht werden können, aber nie da sind, wenn sie angerufen werden.

Wer ein Mobiltelefon benutzen möchte und schon eines besitzt, kann dieses ohne Bedenken mit nach Down-Under nehmen, sofern es dem GSM-900-Standard entspricht. Dualband-Handys – heutzutage fast alle – verstehen diesen Standard problemlos. Da es mit dem Roaming-Tarifen der deutschen Netzanbieter auf die Dauer teuer werden kann, empfiehlt es sich, eine australische Prepaid-SIM-Karte zu kaufen, mit der deutlich billigere Inlandsgespräche geführt werden können.

Für alle, die noch kein Handy besitzen, werden auch Prepaid-Pakete angeboten. Diese beinhalten Telefon, SIM-Karte und ein gewisses Guthaben für einen Preis ab rund AUS$ 100 (~ 66 EUR).

Einen Kartenvertrag abschließen, sollte nur, wer nach dem Working-Holiday-Jahr noch ein weiteres Jahr in Down-Under verbringen möchte (streichen) z.B. als Student. Wie auch daheim haben Mobilfunkverträge in Australien eine Dauer von mindestens 24 Monaten.

Die etabliertesten Anbieter von Mobilfunknetzwerken sind:

- *Optus,* www.optus.com.au
- *Telstra,* www.telstra.com.au
- *3G,* www.three.com.au
- *Vodafone,* www.vodafone.com.au

Preise, Leistungen und Netzabdeckung schwanken stark von Unternehmen zu Unternehmen und sollten vor Ort verglichen werden.

Apropos Netz: Überall erreichbar ist man auf der riesigen Insel natürlich nicht. Empfang hat man, je nach Anbieter, immer nur dort, wo Städte oder größere Siedlungen nicht weit sind. Im menschenleeren Outback also ist das Handy – sollte man von einer Schlange gebissen werden – als Lebensretter untauglich.

Kurznachrichten (SMS) in die Heimat zu versenden, funktioniert relativ problemlos. Allerdings kann es zu längeren Zeitverzögerungen bei der Zustellung kommen. Wie viel eine SMS nach Übersee kostet, ist beim jeweiligen Netzbetreiber zu erfragen.

Mobilfunknummern erkennen leicht gemacht: Hier beginnen alle Handynummern mit 04.

Tipp: Beim Wählen einer deutschen oder anderen europäischen Nummer muss vor die jeweilige Länderkennung noch die 0011 vorgewählt werden. Erst dann z.B. die 49 für Deutschland plus Ortsvorwahl (ohne 0) und Rufnummer (s. auch „Telefonkarten" ab S. 82).

Postfach

(Post Box)
Ein Postfach und somit eine Postanschrift zu besitzen, ist nahezu unumgänglich bei einem Working-Holiday-Jahr. Nicht nur zur Eröffnung eines Bankkontos braucht man eine Zustelladresse für die Bankkarte; auch die australische Steuernummer und die Jahesgehaltsabrechnungen (Group Certificates), welche jeder Arbeitgeber am Ende des Finanzjahres (Juni) verschickt, wollen irgendwo hingesandt werden (Weiteres zum Thema Steuern s. auch „Tax File Number", Seite 152). Ein Postfach ist aber auch deshalb sinnvoll, da Post von daheim in der Regel ein bis zwei Wochen braucht.

Eine Möglichkeit, um nicht ewig an einem Ort auf Briefe und Pakete warten zu müssen, ist ein permanentes Postfach, in dem alles gesammelt und bei Bedarf an eine andere Adresse in Australien weitergeleitet wird. Diverse Backpackerbüros bieten diesen Postfach-Service an.

Im *Travellers Contact Point*, www.travellers.com.au, Adresse unter „Backpacker", wird für AUS$ 65 pro Person bzw. AUS$ 100 für zwei Backpacker ein Jahr lang ein Postfach angelegt. Einfache Briefe und Postkarten werden kostenlos an jede beliebige Adresse weiterverschickt.

(streichen da nicht mehr aktuell) Auch *Nomads World*, …

Zweite und sogar kostenlose Möglichkeit: Jedes noch so kleine Postamt bietet den Service Briefe und Pakete zu lagern. Als Zustelladresse für z.B. die beantragte Bankkarte gibt man das Postamt seines derzeitigen oder seines nächsten Aufenthaltortes an, wo man den Brief mit der Geldkarte später abholen kann. Als

Anschrift reicht der eigene Name, der Vermerk „Poste Restante" sowie GPO (General Post Office) und der Ort und Bundesstaat mit der entsprechenden Postleitzahl aus. Bei der Abholung ist der Reisepass vorzuzeigen.

Diese Gratis-Lösung bedarf allerdings etwas Planung und Koordiantion, da Briefe und Pakete nur rund einen Monat auf einem Postamt gelagert werden, bevor sie Retour an den Absender gehen. Man sollte also genau wissen, wo die Reise als nächstes hingeht. Nachsendeaufträge sind möglich, wodurch aber Kosten entstehen (s. auch **www.movingservices.com.au**).

Als Zustelladresse für die Jahreslohnabrechnungen ist das kostenlose Postfach beim Postamt nur begrenzt einsetzbar.

Internet / E-Mail

Seitdem das digitale Datennetz in den 90er Jahren der breiten Öffentlichkeit zugänglich gemacht wurde, hat es viele Lebensbereiche stark verändert. So auch die Kommunikation. Für Backpacker sind Internet und E-Mail eine einfache, bequeme und vor allem kostengünstige Art, mit anderen in Kontakt zu bleiben – gleichgültig, ob in Australien oder zu Hause.

Internetzugang ist an vielen Stellen möglich, wobei die Preise für die Nutzung je nach Ort recht unterschiedlich sind.

Hostels bieten ihren Gästen meist münzbetriebene Surfstationen an. Diese sollten aber höchsten zum kurzen Lesen von E-Mails genutzt werden, da die Stationen recht teuer sind.

Günstiger sind Internetcafés, die in größeren Städten recht zahlreich, in kleineren Orten mit etwas Glück, vorhanden sind.

Auch in vielen Bibliotheken ist das Browsen im Internet möglich, manchmal sogar kostenlos. Nur beim E-Maillesen und –schreiben sollte man sich nicht erwischen lassen, denn die Computer sind vorrangig zur Internetrecherche gedacht (Adressen der Landesbibliotheken im Teil „Bundesstaaten" unter „Zusätzliche Informationen", siehe S. 206).

Internetcafé-Preise schwanken von Ort zu Ort und sogar von Stadt zu Stadt. AUS$ 3-6 (~ 2-4 EUR) für eine Stunde Internetzugang sind aber durchaus die Regel.

Veranstalter von Abenteuertouren und anderen Reisen geben, wenn man bei ihnen etwas bucht, teils Internet-Freiminuten als Bonus dazu. Einfach nach Angeboten Ausschau halten.

Eigene Internetseiten

Neben seitenlangen Rund-E-Mails an alle Bekannten, Verwandten und Freunde besteht ein weiterer, sehr eleganter Weg die Daheimgebliebenen über das aktuelle Reisegeschehen zu informieren und sogar Bilder zu präsentieren: Die eigene Internetseite macht's möglich.

Nur keine Scheu, so kompliziert ist das heute gar nicht mehr. Durch die einfachen Baukastensysteme, die von vielen Internetseiten-Anbietern bereitgestellt werden, muss man weder programmieren können, noch besonders fit im Umgang mit dem Computer sein. Und das Beste: Die eigenen, werbeunterstützten Webseiten sind kostenlos. Quirlig bunte Flashanimationen mit poppigen Menüs sind damit zwar nicht möglich und eine lange URL-Adresse wie http://members. abc.de/eigener_name o.ä. ist auch in Kauf zu nehmen, aber die Seiten erfüllen ihren Zweck, geben sie doch allen, die einem nahe stehen, einen unmittelbaren Einblick in das eigene Leben als Backpacker.

Einfach im Internetcafé ein paar Fotos einscannen oder von der Digitalkamera auf den PC laden, ein paar nette Texte verfassen, alles ins Internet hochladen und schon steht die eigene Internetpräsenz.

Anbieter von Gratisspeicherplatz gibt es wie Sand am Meer. Drei der größten Web-Gemeinden sind Lycos Tripod, **www.tripod.de,** Yahoo GeoCities, www.geocitMies.com und MySpace **www.myspace.com.** Alle Portale bieten die Möglichkeit, kostenlose, durch Werbung unterstützte Seiten im Internet aufzubauen und diese von jedem Computer auf der Welt zugänglich zu machen.

Platz für Fotos in Form von Online-Fotoalben stellen auch einige kostenlose E-Mail-Dienste wie Web.de oder GMX bereit.

Auch **Blogs** (web **log,** was mit Netztagebuch übersetzt werden kann) sind eine äußerst interessante Alternative für eine eigene Internetseite. Fast noch einfacher einzurichten als die eigene, mehrseitige Internetpräsentation listet ein Blog alle getätigten Einträge chronologisch sortiert auf einer Seite auf, was aber mitunter zu einer langen Internetseite und viel Scrollen führen kann. Der große Vorteil eines Blogs: Durch eine sogenannte RSS-Funktion (really simple syndication) können Verwandte und Bekannte den Blog abonnieren (hierzu wird ein RSS-Reader benötigt) und werden so automatisch über jeden neuen Eintrag informiert. Bekannte und kostenlose Blog-Seiten sind:

- *Blog.de,* www.blog.de
- *Blogger,* www.blogger.com
- *Wordpress,* wordpress.com

Ein großes Thema bei Backpackern sind natürlich soziale Netzwerke im Internet. Facebook (www.facebook.com) ist hier wegen seiner Internationalität den deutschsprachigen VZ-Netzwerken (z.B. StudiVZ) vorzuziehen.

Telefonkarten

(calling cards)
Dass ein Telefongespräch von Australien nach Hause schon ab rund 2 australischen Cents pro Minute (~ 1,4 EUR Cent) zu haben ist, muss man den Eltern ja nicht direkt auf die Nase binden. Sonst hagelt es am Ende noch Vorwürfe, warum man sich seit einem Monat nicht mehr gemeldet habe, obwohl Telefonieren doch so billig sei.

Nicht nur kostengünstig, sondern auch äußerst bequem sind die überall in erhältlichen „Calling Cards", die als Prepaid-Karten funktionieren. Man kauft sich z.B. an einem Zeitungskiosk für AUS$ 10, 20, 30, 40 oder 50 eine Karte und kann danach das Guthaben von jeder öffentlichen Telefonzelle und von privaten Festnetzanschlüssen abtelefonieren. Mit einer meist kostenlosen Nummer wählt man sich in das Telefonnetzwerk des jeweiligen Anbieters, gibt seine PIN-Nummer ein und kann danach mit der Heimat telefonische Verbindung aufnehmen. Ob eine Telefonkarte auch vom Handy funktioniert, ist vom jeweiligen Kartenbetreiber zu erfahren.

Größter Anbieter ist „CardCall" (**www.cardcall.com.au**). Unter diversen Namen wie „Ozcall", „Happy Calling" oder „it's green card" bietet die Firma zahlreiche Telefonkarten mit unterschiedlichen Tarifen an. Da sich Tarife so schnell ändern können wie das Wetter, sollten die Augen nach den günstigsten Calling-Cards direkt in Australien offen gehalten werden.

Um z.B. nach Hause zu telefonieren, ist vor der Länderkennzahl noch die Vorwahl 0011 zu wählen. Erst dann tippt man die +49 ein, gefolgt von der Ortsvorwahl ohne „0" und schließlich der eigentlichen Nummer. Um nach Berlin zu telefonieren, wäre also folgendes zu wählen: 00 11 49 30 xx xx xx xx. Nach Österreich entsprechend die +43 und die Schweiz die +41.

Von uns aus nach Australien hingegen ist lediglich die 00 61 vorzuwählen.

Tipp: Um jederzeit mit günstigen Tarifen von Deutschland nach Australien zu telefonieren, lohnt sich vor dem Gespräch ein Blick auf die Internetseite **www.billiger-telefonieren.de**. Recherchieren lassen sich sowohl billige Tarife für Festnetzanschlüsse, als auch für Handys.

Tipp 2: Die Telefonkarten bieten meist mehrere Optionen der Einwahl ins Computer- und Netzwerk an. Die einfachste aber auch teuerste Variante ist, die 1800-Nummer des jeweiligen Netzwerk-Betreibers zu nutzen. Mehr lässt sich aus dem Guthaben herausholen, wenn anstelle der 1800-Nummer 50 Cent in ein Ortsgespräch investiert und die vom Anbieter bereitgestellte Lokalnummer gewählt wird. So gibt's meist günstigere Minutenpreise. Noch Fragen? Auf jeder Telefonkarte werden die Einwahlvarianten nochmals ausführlich erklärt.

Bezahlen

Möchte man sich auf dem heißen Kontinent zur Abkühlung ein Eis oder einen Milchshake kaufen, hilft einem der Euro nicht weiter. Die Landeswährung ist der Australische Dollar (AUS$), der in Silbermünzen zu 5, 10, 20 und 50 Cent vorhanden, in Goldmünzen zu 1 und 2 Dollar verfügbar sowie in Plasikscheinen zu 5, 10, 20, 50 und 100 Dollar im Umlauf ist. Das Plastikgeld übersteht übrigens auch einen Sprung in den Pool.

Ein und zwei Centstücke wurden vor Jahren abgeschafft, so dass Beträge, die nicht durch 5 teilbar sind, auf- bzw. abgerundet werden.

Bezahlen kann man mit Bargeld, per Kreditkarte und vielerorts mit Reiseschecks. unter „Zahlungsmittel" ab S. 65.

Plant man einen längeren Aufenthalt, so ist die Eröffnung eines Bankkontos ratsam, wie im Folgenden beschrieben.

Bankkonto

(Bank Account)
Um seine hartverdienten Dollar nicht ständig mit sich herumschleppen zu müssen, ist ein Bankkonto fällig. Weiteres Argument dafür: Arbeitgeber zahlen Löhne bevorzugt als Verrechnungsscheck oder per Überweisung aus. Bares gibt es nur selten auf die Hand. Und ohne Konto keine Überweisung.

Ein Konto sollte innerhalb der ersten sechs Wochen nach der Ankunft eröffnet werden, wobei der Reisepass zur Identifikation ausreicht. Nach sechs Wochen wird's kompliziert. Deshalb diesen Punkt lieber früher als später angehen.

Größere Banken, bei denen man ein Konto eröffnen kann, zeigt die folgende Auflistung. Auf welches Geldinstitut letztlich die Wahl fällt, ist u.a. von den aktuellen Konditionen abhängig zu machen. Wichtig und zu beachten ist noch, dass Geldautomaten (**ATM** – **A**uto **T**eller **M**achine) der Bank im ganzen Land zu finden sind. Die höchste Dichte an ATMs kann die Commonwealth Bank vorweisen.

Einen bestimmten Bankkontotypen zu empfehlen, ist schwer, da alle Banken unterschiedliche Namen für ihre Kontotypen haben. Ein Savings- oder Everyday-Account ist aber ratsam. Zu berücksichtigen ist zusätzlich noch folgendes:

Beim Bankkonto ist eine Bankkarte (key card / bank card) praktisch, die EFT-POS (**E**lectronic **F**unds **T**ransfer at **P**oint of **S**ale) unterstützt. Damit lässt sich an vielen Kassen bargeldlos bezahlen. Außerdem ermöglicht die Bankkarte, rund um die Uhr Geld an ATMs abzuheben.

Weiterhin ist es angebracht, ein Konto zu wählen, in dem pro Monat eine gewisse Anzahl an freien Transaktionen eingeschlossen sind, da sonst für jede Gutschrift z.B. per Verrechnungsscheck eine Gebühr berechnet wird.

Zum Eröffnen eines Bankkontos wird neben dem Reisepass als Identifikation noch eine Postanschrift verlangt, an die die Bankkarte versandt werden kann. Unmittelbar nach Eröffnung des Kontos wird eine Karte mit einer 14-stelligen Nummer ausgestellt. Die ersten sechs Ziffern bilden die BSB (**B**ank, **S**tate, **B**ranch number), mit unserer Bankleitzahl vergleichbar. Die letzten acht Ziffern ergeben die Kontonummer. Diese wird u.a. beim Einzahlen von Verrechnungsschecks benötigt und ist auf dem Einzahlbeleg einzutragen. Grundsätzlich läuft also alles so ab, wie auch von daheim gewohnt.

Verrechnungsschecks werden normalerweise sofort gutgeschrieben. So läßt sich ein paar Minuten später am nächstgelegenen ATM Geld abheben, sollte das Konto vorher mal wieder Ebbe gehabt sein.

Sind alle australischen und heimischen Geldreserven aufgebraucht, kann in dringenden Fällen eine rettende Geldspritze direkt nach Australien von Familie, Freunden oder Bekannten nötig werden. Wie dies angestellt wird, erklärt der Abschnitt „Verlust von Kreditkarte & Reiseschecks" auf S. 193).

Banken

- *ANZ Australia and New Zealand,* www.anz.com
- *Commonwealth Bank of Austalia,* www.commbank.com.au
- *National Australia Bank,* www.nab.com.au
- *St. George Bank,* www.stgeorge.com.au
- *WestPac Banking Corporation,* www.westpac.com.au

Wohnen

Die Frage nach der Unterkunft beschäftigt angehende Backpacker mit am häufigsten. Anlass zur Sorge besteht aber nicht.

Wie auch bei uns bestehen im touristisch gut erschlossenen Australien ganz unterschiedliche Arten der Unterbringung, von Jugendherbergen, Hotels und Pensionen über Wohngemeinschaften und private Wohnungen bis hin zu Zeltplätzen.

Nur zu Stoßzeiten, wie etwa der Ferienzeit, an Feiertagen oder gegen Ende des Jahres ist Vorausbuchung sinnvoll. Dann nämlich machen sich besonders viele Working-Holiday-Reisende auf, um dem kalten europäischen Wintern zu entfliehen. Hostels, Pensionen und sogar Zeltplätze sind dann flugs ausgebucht und restlos überfüllt.

Im folgenden werden zwar nicht alle Wohnmöglichkeiten beschrieben – teure Fünf-Sterne-Hotels spielen keine Rolle –, dafür aber werden die günstigeren, von Backpackern am häufigsten genutzten Wohnvarianten vorgestellt.

Passt man die Unterkunft der Dauer seines Aufenthaltes an einem bestimmten Ort an, lässt sich dadurch viel Geld sparen, wodurch sich der Aufenthalt wiederum verlängern lässt. Denn Tatsache ist: Rund ein Drittel seines Reisebudgets gibt der Rucksack-Reisende für einen Platz zum Schlafen aus.

Hostel

Bei uns sind bis jetzt, selbst in Großstädten, nur einige wenige Hostels entstanden. In Australien ist diese Form der Jugendherberge viel gängiger. Backpacker sind dort eben schon seit etlichen Jahren eine feste Größe in der Gesellschaft und für die Tourismusbranche.

Wer in Down-Under mit einem Minibudget unterwegs ist, wird früher oder später in einem dieser günstigen Wohnorte landen. Der Preis für einen Schlafplatz hängt von der Zahl der Betten im Zimmer, der Jahreszeit und der Region ab. So bekommt man in kleineren Städten, die nicht gerade hochbeliebte Touristensammelpunkte sind, einen Nachtplatz in einem Mehrbettzimmer (dormitory) schon für rund AUS$ 15 (~ 10 EUR). In weltberühmten Großstädten, wie Melbourne oder Sydney hingegen, ist deutlich mehr einzurechnen. AUS$ 20-30 (~ 13-20 EUR) sind hier durchaus üblich. Doppel- oder Einzelzimmer kosten noch einmal doppelt bzw. dreimal soviel. Verpassen würde man dort aber auch das Schnarchkonzert in den Mehrbettzimmern, die meist mit sechs, acht und manchmal sogar zehn Betten bestückt sind.

Plant man einen längeren Aufenthalt in einem Hostel, bieten diese oft verbilligte, wöchentliche Tarife an. Ganz nach dem Motto: Bleibe sechs Nächte und bekomme die siebente gratis dazu. Überhaupt lohnt es sich an Orten mit einer hohen Hostel-Dichte nach lockenden Vergünstigungen zu fahnden. Da in der Übernachtungsbranche ein ständiger Konkurrenzkampf tobt, bedeutet ein Vergleich von Preisen und Service u.U. ein Einsparen einer Stange Geld, so z.B. fürs Essen, denn ein „All-you-can-eat"-Frühstück oder Schokoladenkuchen am Abend sind nur zwei der Zugaben, die mancherorts geboten werden. Eine Abholung vom Flughafen, Bahnhof oder Busbahnhof ist bei den meisten Hostels bei Vorausbuchung ohnehin üblich.

Auch in ländlichen Gegenden sind Hostels zu finden. Gerade in Ernteregionen bieten diese meist einen Arbeitsvermittlungsservice an (s. auch „Work-Hostels" auf S. 139).

Namen, Adressen und Telefonnummern von Backpacker-Hostels lassen sich in jedem guten Reiseführer (z.B. *Lonely Planet*) nachlesen. Jedoch sind diese trotz neuster Auflage nicht immer aktuell.

Deswegen erweisen sich auch die bunten Backpacker-Magazine wie das „*TNT Magazine*" oder „*The Word*" als sehr hilfreich, wenn es um die neuesten Angebote einzelner Hostels geht.

Und nicht zuletzt durch Mund-zu-Mund-Empfehlungen lassen sich nette, kleine Hostels ausfindig machen. Gespräche mit anderen Reisenden können einen zudem vor weniger gemütlichen Orten warnen.

Neben vielen unabhängigen Hostels existieren drei große Hostel-Ketten. Wird man in einer Mitglied, gibt's in den jeweiligen Partner-Hostels einen günstigeren Preis für die Zimmermiete, was aber nicht zwingend die preisgünstigste Unterkunft in der Stadt bedeuten muss.

Weitere Vergünstigungen für Mitglieder sind verbilligte Buspässe, Flüge, Zugfahrkarten, Abenteuertouren und viele andere Rabatte. Beitreten kann man den Netzwerken in den jeweiligen Partner-Hostels. Die jährlichen Mitgliedbeiträge bewegen sich zwischen AUS$ 30-50 (~ 20-33 EUR). Die drei Netzwerke sind:

- VIP Backpackers, www.vipbackpackers.com
- *Rund 125 Partner-Hostels in ganz Australien*
- Nomads World, www.nomadsworld.com
- *Rund 40 Partner-Hostels in ganz Australien*
- Youth Hostel Association (YHA)(YHA), www.yha.com.au
- *Rund 150 Partner-Hostels in ganz Australien*

Tipp: Mitglieder des Deutschen Jugendherbergswerkes (DJH) erhalten beim Partnerverband „Youth Hostelling International" Rabatte.

Backpacker-Hostels – That's backpacker's life
Erfahrungsbericht von Jörn Schulz

In der Regel verschläft der Mensch rund ein Drittel seines Lebens. Nur manche Backpacker setzen alles daran, dem Ausruhen zu trotzen, die eigentlich sinnlos verplemperte Zeit besser zu nutzen und stattdessen lieber Partys zu feiern. So weit, so gut.

Aber was, wenn es einen irgendwann doch mal überkommt und eine Mütze voll Schlaf gebraucht wird? Was tun, wenn mal wieder alle Parkbänke belegt sind, der Bahnhof von Sicherheitskräften überwacht wird und es unter der Sydney-Habour-Bridge einfach nicht warm werden will, der Schlafplatz aber möglichst billig sein soll? Für den Fall begibt man sich in ein Backpacker-Hostel. Hier laufen die Dinge allerdings etwas anders ab, als vielleicht von Zuhause gewohnt. Was das heißt? Lies selbst!

In Hostels lässt sich in normalerweise kuscheligen Achtbettzimmern hervorragend nächtigen. Das heißt, sofern man keinen leichten Schlaf hat. Hört man jedoch die Flöhe husten, ist es nicht so ganz einfach in den Tiefschlaf überzugehen. Man wird es kaum für möglich halten, wie viele Leute nachts zu regelrechten Schnarchmaschinen mutieren können, wenn sie vorher ein oder zwei Bier zuviel getrunken haben. Ja, auch die weiblichen Wesen der Schöpfung.

Da in den wenigsten Hostels nach Jungen und Mädchen getrennt wird, bekommt man auch die zarten Schnärcherchen vieler Damen mit. Aber an holzsägende Zimmerkollegen kann man sich nach einer Weile gewöhnen. So richtig gemütlich wird es erst mitten in der Nacht, wenn einer der Mitbewohner im Club jemanden kennengelernt hat, und sich die beiden nun einander noch näher kommen wollen. Dösende Bettnachbarn sind für einige Kontaktfreudige jedenfalls kein Hindernis, Intimitäten auszutauschen. Nicht immer still und leise. Matratzensport im Mehrbettzimmer – davor hatte mich meine Oma immer gewarnt. Aber das ist okay, das gehört alles dazu. Diese Aktivitäten vermitteln das richtige Backpackergefühl.

Ein Backpacker-Hostel ist aber nicht nur ein Ort zum Nächtigen. Vielmehr spielt sich hier ein beachtlicher Teil des Lebens eines Reisenden ab. Es werden alltägliche Sachen, wie Kochen oder Waschen erledigt, viele Partys gefeiert und das Weiterreisen geplant. Am Schwarzen Brett zum Beispiel, was in jedem Hostel zum Inventar gehört, werden u.a. Autos angepriesen, Mitfahrgelegenheiten und Jobs geboten. Am Empfang lassen sich sowohl Tagesausflüge in die nähere Umgebung als auch Abenteuertouren buchen. Das Internetterminal, wenn vorhanden, ist meist besetzt und bei den teilweise haarsträubenden Preisen nur zum Lesen von empfangenen E-Mail zu verwenden. Für ausgedehnte Reiseberichte sollte man sich lieber ins Internetcafé begeben. Dafür haben Hostels ein Medium zu bieten, was nicht im Internetcafé zu finden ist – das Fernsehen.

Wer viel reist, hat auch viel im Fernsehen verpasst. Deswegen ist der TV-Raum einer der Orte, wo man eigentlich immer jemanden antrifft. Einige Backpacker setzen sich schon am Morgen vor die Glotze, nehmen ihr Mittagessen im TV-Raum zu sich und verbringen dort den Abend mit einem 4-Liter-Kanister Wein. Verständlich ist es aber. Das durchs Reisen entstandene Defizit muss schließlich wieder ausgeglichen werden. Hauptverkehrszeit im Fernsehraum ist natürlich kurz vor sechs Uhr abends. Dann versucht jeder noch schnell einen guten Platz zu ergattern, unmittelbar bevor die allabendliche Folge von „The Simpsons" über den Bildschirm flimmert. Das war, ist und wird aller Wahrscheinlichkeit auch in der nächsten Zukunft so sein. Wie manch andere Dinge. Die Sache mit den Waschmaschinen zum Beispiel, die den Namen eigentlich nicht verdient haben. In einen gutgepackten Rucksack passen Klamotten für gerade mal zehn bis vierzehn Tage. Nach dieser Zeit kann einfach keines der getragenen Kleidungsstücke mehr den Geruchstest bestehen. Denn wie das alte australische Backpacker-Sprichwort schon sagt: Ist es schwül und heiß, fördert das den Schweiß (Is it humid and hot then you will sweat a lot.). Spätestens dann wird es Zeit, schmutzige Wäsche zu waschen. All zu viel sollte man aber von den Münzvollwaschautomaten, die in jedem Hostel zu finden sind, nicht erwarten. Diese wurden wahrscheinlich für andere Sachen konzipiert als fürs Reinwaschen fleckiger Backpackerkleidung. Richtig sauber kann die Wäsche durch das halbstündige, gemächliche Hin- und Herrühren nämlich nie und nimmer werden.

Aber wenn man nicht zu sehr mit dem Waschpulver geizt, riechen die Klamotten nach dem Waschgang wenigstens wieder neutral.

Interessantester Ort in jeder Backpacker-Billigunterkunft ist die Gemeinschaftsküche. Das Spülbecken quillt häufig, trotz Schildern, die auffordern dreckiges Geschirr abzuwaschen und abzutrocknen, vor Töpfen, Tellern und Tassen über. Wie in einer richtigen Wohngemeinschaft eben: Die Bereitschaft abzuwaschen, sinkt deutlich mit der Anzahl der Mitbewohner. Diese Unachtsamkeit hat jedoch, besonders in Großstädten, einen kleinen aber flink krabbelnden Nachteil. Winzige bis mittelgroße Kakerlaken bilden den Hauptteil des kostenlosen Streichelzoos, der in Metropolen nichts Ungewöhnliches ist. Im Übernachtungspreis natürlich inklusive, werden die aus Europa importierten Tierchen aber selten auf den Werbeflyern der Hostels als besonderer Leistungspunkt aufgeführt. Da besteht sicherlich noch Verbesserungsbedarf. Aber immer im Hinterkopf haben, sollte man den kleinen Krabblern über den Weg laufen: Zertreten darf man die süßen Biester nicht, da sonst die Eier überall im Hostel verstreut werden. Und wenn Kakerlaken nur die Küche als ihr Territorium beanspruchen, ist auch das zu ertragen. Letztlich gewöhnt man sich ja an alles. Früher oder später.

Die Küche ist aber deshalb noch so interessant, weil sie ein Ort der Inspiration ist. „Was man alles Leckeres mit wenigen und vor allem billigen Zutaten herzaubern kann"; so könnte der Titel eines Kochbuches lauten, würden alle Rezepte gesammelt und aufgeschrieben werden, die Rucksack-Touristen so fabrizieren. Pasta und Reis sind des Backpackers bevorzugte Grundnahrungsmittel. Ohne die wäre Backpacken schwer vorstellbar, weil schlicht und einfach nicht zu finanzieren. (Nach einem Blick in den Topf des Kochnachbarn) „Was gibt es bei dir heute? Oh! Zur Abwechslung mal Pasta", garantiert in jedem Fall einen Lacher.

Ganz und gar nicht zu belächeln ist hingegen im Kühlschrank das Fach mit „free food". In dem lassen abgereiste Backpacker ihre angefangenen Fressalien zurück, um sie der Allgemeinheit zur Verfügung zu stellen. Geschichten von Rucksack-Touristen, die sich nur von zurückgelassenem Essen ernähren, sind nichts Ungewöhnliches. Sie bilden halt doch eine große, soziale Gemeinschaft, die Backpacker.

Blöd nur, dass einige nicht lesen können und ab und zu den gesamten Inhalt des Kühlschrankes für Gemeinschaftsessen halten. Auch mit Namen oder Zimmernummern markierte Tüten werden da geplündert, was natürlich ärgerlich ist. Aber schwarze Schafe gibt es ja überall.

Trotz einiger gewöhnungsbedürftiger Gepflogenheiten sind Backpacker-Hostels hochgradig soziale Orte, an denen viele Entscheidungen getroffen werden. Weil man unzählige Leute kennenlernt und jede Menge Kontakte knüpft, erhält man oft lebenswichtige Informationen für die Weiterreise und erfährt von Zeit zu Zeit sogar von lukrativen Jobs in anderen Städten. Kommunikativ sind die

Billigunterkünfte auch deshalb, weil sich die meisten Backpacker auf einer Auszeit vom normalen Leben daheim befinden und jede Menge Spaß haben wollen. Nicht zuletzt deswegen werden Hostels oft zu Partyhochburgen umfunktioniert. Auch ohne besonderen Anlass. Die Engländer sind hier, um mal ein paar Vorurteile aufzufrischen, besonders hart im Nehmen und feiern schon mal die ganze Nacht durch, auch wenn am nächsten Tag der Job ruft. Wenn man selbst zu erschöpft ist, um mitzufeiern, sollte man sich vorsichtshalber mit Ohrstöpseln ausstatten, da es schon mal laut und spät werden kann. Aber das ist okay, das gehört alles dazu, es lässt einen wissen, dass man Backpacker ist. That's backpacker's life.

Wohngemeinschaften

(Shared accommodation)
Hält man sich wegen einer Beschäftigung längere Zeit an einem Ort auf – d.h. wenigstens einen Monat – so kann es sich lohnen in eine Wohngemeinschaft zu ziehen. Und das nicht nur des Geldes wegen.

Nach ein paar Wochen im Hostel hat man schnell die Nase voll von Abwaschbergen, Milchdieben und ständig schnarchenden Zimmerkollegen. Es ist zwar nicht garantiert, dass dies nicht auch in einer WG vorkommt; die Wahrscheinlichkeit solche Sachen ausdiskutieren zu können, ist aber mit festen und nicht täglich wechselnden Mitbewohnern um einiges höher. Im Glücksfall lässt das eigene Zimmer sogar ein Gefühl von Privatleben aufkommen, und man kann einfach die Tür hinter sich zu machen.

Ob sich mit den oft ebenfalls rucksackreisenden Mitbewohnern gut auskommen lässt, zeigt sich natürlich immer erst hinterher. Es kann gut sein, dass man in einem Haus voller irischer und englischer Backpacker kaum ein Auge schließen kann. Genauso gut kann man aber auch an nette Gleichgesinnte aus eben jenen Nationen geraten, die auf der gleichen Wellenlänge funken.

Mit etwas Glück kostet das Zimmer in den eigenen vier Wänden entweder genausoviel wie die Übernachtung im Hostel oder ist sogar ein paar Dollar billiger. Preise zwischen AUS$ 100-140 (~ 66-95 EUR) pro Person und Woche sind der Durchschnitt. Auf jeden Fall aber werden einem die eigenen vier Wände geboten, in denen kein ständiges Kommen und Gehen von wildfremden Personen herrscht. Meist jedenfalls nicht.

Um eine WG zu finden, sollte man alle Schwarzen Bretter absuchen, die einem vor die Augen kommen. Auch im Internet sind einige lohnende Seiten zur WG-Suche zu finden. Internetseiten mit günstigen WG-Angeboten sind u.a.:

- Gumtree *Australia*, www.gumtree.com.au/
- *MSN Real Estate Australia*, http://ninemsn.domain.com.au
- *Flatmates*, www.flatmates.com.au

Wer Lust auf Eigeninitiative hat, kann auch auf eine Zeitungsannonce antworten und selbst eine Wohnung oder ein Haus mieten. Mitbewohner finden sich schon, wenn der Preis fair ist. Nicht vergessen: Bei Wohngemeinschaften ist eine Kaution (bond / key deposit) fällig. Mit AUS$ 100-250 (~ 70-180 EUR) ist zu rechnen. Zudem sollte geklärt werden, ob der offerierte Preis inklusive aller Rechnungen (Gas, Wasser, Elektrizität und eventuell Telefon) ist oder ob diese noch dazuaddiert werden müssen.

Wer in Sydney oder Cairns auf der Suche nach einer WG ist, kann die Agentur „*Sleeping with the Enemy*'" aufsuchen. Deren Geschäft ist es, Zimmer in den firmeneigenen Häusern an Backpacker zu vermitteln. Mindestdauer des Mietverhältnisses ist ein Monat.

Sleeping with the Enemy, *617 Harris Street, Ultimo NSW 2007,*
Tel.: 02 – 92 11 88 78, Fax: 02 – 92 11 16 63,
office@sleepingwiththeenemy.com, www.sleepingwiththeenemy.com

Mitwohnschnorrer

(Freeloader)

Schnorrende Zeitgenossen der Art „Haste mal 'ne Zigarette für mich?" kommen nicht bei allen Leuten gut an, denn normalerweise nehmen Schnorrer nur, ohne etwas dafür zu geben. Normalerweise.

Anders läuft das jedoch beim Mitwohnschnorren (freeloading) ab. Das backpackerfreundliche Beispiel **GlobalFreeloaders**, *www.globalfreeloaders.com,* beweist, dass Schnorren nicht immer nur Nehmen bedeuten muss. Wer weltweit nach kostenlosen und nur auf Austausch basierenden Unterkünften sucht, ist auf der Seite von GloabalFreeloaders genau richtig.

Gegründet vom den beiden Australiern Adam Staines und Jackson Hopkins – Adam reiste selbst jahrelang als Ruck-sack-Tourist durch die Welt und weiß, wie man beim Backpacken Geld sparen kann – bietet die Internetseite den kostenlosen Service, weltweit nach Gratis-Schlafplätzen zu suchen. Wenn man selbst einen zur Verfügung stellen kann versteht sich, denn ein globales, kostenloses Übernachtungsnetzwerk kann nur existieren, wenn gleich viele Gäste wie auch Gastgeber mitmachen.

Da „GlobalFreeloaders" aus Australien kommt und verhältnismäßig bekannt ist, sind allein dort über 3000 Adressen zum Übernachten verzeichnet. Die Anmeldung ist kostenlos, die Adressrecherche auch.

Ist man selbst unterwegs, kann man natürlich schlecht seine heimische Wohnung zur freien Verfügung stellen. Wieder daheim, sollte man sich aber sozial zeigen und seinen Beitrag zum Erhalt des Netzwerkes leisten. Ähnliche Anbieter sind:

- Hospitality Club, www.hospitalityclub.org
- Couch Surfing, www.couchsurfing.com

Freeloading
Erfahrungsbericht von Johannes Neumann

Vor über zwei Jahren sprach mich ein guter Freund auf das weltweite Mitwohnnetzwerk *GlobalFreeloaders* (www.globalfreeloaders.com) an. Ich fand die Idee, beim Reisen ein billiges Zuhause zu haben und Freunde machen zu können, überfällig und freute mich auf neue Kontakte rund um den Erdball. Außerdem hatte ich mit meiner Arbeit viel um die Ohren und freute mich über die Möglichkeit, Gäste bei mir aufnehmen zu können, die mir mit ihren Geschichten die große weite Welt an den eigenen Esstisch bringen würden. Nach einiger Zeit schließlich nahm ich mir vor, meine eigene Reise zu unternehmen. Die Idee war, einmal mit dem Round-the-world-Ticket für ein ganzes Jahr als Backpacker unterwegs zu sein. Ich wollte nicht nur Urlaub machen, sondern auf die Suche nach Abenteuern gehen, soviel stand fest. Ich wollte Länder und Menschen sehen, wollte meine Grenzen austesten und von der Ferne aus mein eigenes Land besser verstehen. Das Ganze natürlich so preiswert wie möglich, u.a. als Gast anderer Freeloader-Freunde.

Also packte ich meine Sachen sowie sämtliches Camping-Equipment und begab mich auf die Straßen Nordamerikas, der Fiji-Inseln, Neuseelands und Australiens, um mein Glück per Anhalter zu finden. Für mich gehört das Reisen als Anhalter und das Blind-Date-Gastieren unmittelbar zusammen. Wie sonst sollte man ein Land besser kennenlernen, als durch seine Bewohner? Nach einigen Umwegen gelangt man auch per Autostop schließlich ans Ziel. Dann kann man sich bei vorausgegangener Recherche und Ankündigung als glücklicher Gast in einem Zuhause fern ab von daheim schätzen. Freeloading lebt von Vertrauen und Ehrlichkeit. Weder Gastgeber noch Gast kennen einander vorher. Wer schließlich hinter der Tür steht, ist immer eine Überraschung. Falls kleinere Konflikte auftreten sollten, ist es also unbedingt wichtig, sie auf den Tisch zu packen und falls nicht anders möglich, getrennte Wege zu gehen.

Ich hatte vier Gastgeber, zwei in Sydney, einen in Darwin und einen in Brisbane. Nach dem Flug von Sydney nach Darwin musste ich erst einmal ein paar Tage ruhig treten, da mir die Hitze sehr zuschaffen machte. Kurz vorher hatte ich in

Neuseeland noch einen Schneesturm erlebt; nun 35 Grad im Schatten!
Nach zwei Tagen ging es mir besser. Meine neuen Gastgeber John und Marge
stellten mir ein eigenes Gästezimmer mit Dusche zur Verfügung, sogar eine
Klimaanlage lief ganz für mich allein.
Ich bekam gleich am ersten Tag die Schlüssel, konnte also ausschlafen und tun,
was ich wollte. Abends kochte John leckeres Abendessen, danach unterhielten
wir uns meist kurzweilig bis spät in die Nacht hinein.
An einem freien Nachmittag fuhr mich Marge mit dem Wagen ein wenig durch
die Umgebung und zeigte mir Ecken der Stadt, die ich allein wahrscheinlich nie
gefunden hätte.
Mein größtes Problem aber war es, diesen Ort wieder zu verlassen,
weiterzukommen. Von Darwin aus gibt es für lange Zeit erst einmal nur Wüste.
Meine Vorstellung die Strecke bis nach Alice Springs per Anhalter zu reisen,
war schwer zu verwirklichen. Jedoch kamen mir meine Gastgeber auch dabei
entgegen. Sie erkundigten sich nach Möglichkeiten und halfen mir schließlich
einen Truckerrastplatz zu finden.
Nach nur wenige Stunden Warten fand ich dann auch einen geneigten Fahrer, der
mich für ein wenig Arbeit den kompletten Weg bis nach Alice Springs
mitnehmen wollte. Es ging nur darum seinen 52-Meter langen und nur in
Australien anzufindenden Road-Train mit 120 Tonnen frischer Mangos zu
beladen. Letzlich dauerte das fast einen ganzen Tag, da wir von Fruitpicking-
Farm zu Fruitpicking-Farm fuhren.
Sicherlich ist das auch eine Möglichkeit der Reisefinanzierung, jedoch empfinde
ich sie als wenig effektiv. Die schlechte Bezahlung der Arbeit reicht den meisten
gerade aus, um ihr Abfahrtsdatum nach hinten zu verschieben und hilft kaum
zum Bereisen des Landes.
Nach einem ganzen Tag Geradeausfahren kam ich schließlich in Alice Springs
an. Nachdem ich mir einen Lebenstraum erfüllte hatte – auf Safaritour durchs
rote Herz Australiens zu gehen –, stand ich eine Woche später planlos da.
Keine Kohle aber viel, viel Weg vor mir. In meinem Hostel konnte ich zum
Glück für meine Unterkunft zwei Stunden täglich arbeiten. Jedoch reichte dies
gerade zum Überleben. Ratlos versuchte ich daraufhin, jede aushängende
Arbeitsstelle zu kontaktieren und bekam so den Anschluss an einen kleinen,
familiengeführten Zirkus. Eine andere Möglichkeit wäre gewesen, in einem der
örtlichen Kasinos zu putzen.
Ich entschied mich für Zirkus und Abenteuer, und schon ging es los: vier
Wochen durch die heiße Wüste, von Aboriginekommune zu
Aboriginekommune. Weit ab von gewohnter Zivilisation, ausweglos, nachts
arbeitend, weil es am Tag zu heiß war und in einer Welt, die für mich nicht hätte
fremder sein können.

Weitere Geschichten rund ums Freeloading und Backpacken sind unter
Digihitch*, www.digihitch.com nachzulesen.*

Zelten

(Camping)
Gerade in ländlichen Gebieten und Nationalparks – also im größten Teil des Landes – ist Zelten eine kostengünstige Wohnvariante zur Unterkunft im Hostel. Fast jede noch so kleine Gemeinde mitten in der Wüste hat wenigstens einen Zeltplatz (caravan park), auf dem sich eine Stelle für ein Zelt finden lässt.

Zwar wird einem nicht überall saftig grüner Englischer Rasen geboten – dann und wann muss man sich auch mit einem Stück roter Erde zufrieden geben –, dafür werden aber meist Duschen, Waschräume und –maschinen, eine Küche und gelegentlich sogar ein TV-Raum zur Verfügung gestellt.

Äußerst interessant ist Campen in den diversen Ernteregionen, da man zu zweit für einen Zeltplatz ohne Stromanschluss (unpowered site) gerade mal AUS$ 12-22 (~ 8-15 EUR) bezahlt. Stellplätze mit Stromanschluss (powered site) sind vorrangig für Caravans gedacht und etwas teurer. Hat man selbst kein Auto, um zur Obstplantage zu fahren, lassen sich auf dem Zeltplatz mit ziemlicher Sicherheit Leute finden, die ebenfalls Pflücken und einen mitnehmen können. Denn auch unter Einheimischen ist der Zeltplatz ein beliebter Ort zum zeitweiligen Wohnen.

Caravan-Parks finden sich in jedem guten Reiseführer. Außerdem existiert ein Zeltplatzmagazin mit einem Überblick über alle Zeltplätze im Land, den vorhandenen Einrichtungen und den Preisen. Dieses ist bei den unterschiedlichen Automobil-Clubs in jedem Bundesstaat erhältlich.

In Nationalparks stellt Zelten oft die einzige Möglichkeit dar, mehrere Tage hintereinander dort zu verbringen. An besonderen, für Camper ausgeschilderten Stellen, kann man sein Zelt aufschlagen und am Abend den übervollen Sternhimmel unter dem südlichen Firmament betrachten.

Free- oder Bushcamping irgendwo in der freien Natur können Backpacker betreiben, die mit einem Auto unterwegs sind. Denn selten stört es jemanden, wenn man sein Zelt irgendwo im Niemandsland aufschlägt und dort nächtigt. Der Natur zuliebe sollte der Platz aber genauso verlassen werden, wie er vorgefunden wurde. Bushcamper müssen sich aber bewusst sein, dass selten sanitäre Anlagen in der Nähe sind und Wasser selbst mitzubringen ist. Lagerfeuer sind zwar schön, aber meist verboten.

Ob auf einem Zeltplatz oder in freier Natur – je nach Jahreszeit und Region – ist ein wirklich guter Schlafsack ratsam. Auch wenn tagsüber 40 Grad Celsius vorherrschen, kann es sich nachts bis zum Gefrierpunkt abkühlen. Wer keine Erkältung riskieren möchte, sollte sich also warm anziehen.

Im Auto kampieren

... klingt nach tauben Gliedern, einem steifen Nacken und einem schmerzenden Rücken am nächsten Morgen. Wer schon mal eine Nacht schlafend auf dem Autositz verbracht hat, weiß, wovon die Rede ist. Aber mit „Im Auto übernachten" ist auch nicht die unbequeme Sitzvariante gemeint, sondern die verhältnismäßig gemütliche Liegeposition.

Alles, was dazu benötigt wird, ist ein Caravan oder ein Kombi (s. auch „Autokauf" ab S. 160) mit umklappbaren Rücksitzen und eine biegsame Schaumstoffmatratze. So lässt sich nämlich im Inneren des Autos ein herrliches Bett herrichten. Und das Beste: Dieser Schlafplatz wurde mit dem Kauf oder der Miete des Autos gleich mitbezahlt. So hat man überall, wo das Auto geparkt werden kann, einen Platz zum Nächtigen. Eine Art mobiles Schlaflager auf Rädern sozusagen.

Wer über zwölf Monate in Australien verweilt und nur ab und zu im Auto übernachtet, kann sich selbst ausrechnen, wie viel Geld sich auf diese Weise einsparen lässt. Dass man(n) durch das Übernachten im Auto aber auch eine viel intensivere, ja fast intime Beziehung zu seinem Auto aufbaut, bleibt nicht aus. Um keine falschen Hoffnungen aufkommen zu lassen: Wer denkt, ein ganzes Jahr im Auto schlafen zu können, muss enttäuscht werden. Nach ein paar Nächten im Auto sehnt man sich doch wieder nach einem richtigen Bett. So dicke Schaumstoffmatratzen, die einen den harten Blechboden vergessen lassen, sind noch nicht erfunden worden.

Tipp: Unbewohntes Land ist nicht gleich besitzerloses Land. Gerade im Outback sollte man sich vorher per Straßenkarte kundig machen, wo Aborigineland verläuft. Ohne Genehmigung ist es strengstens verboten, dort zu verweilen.

Und noch ein Tipp: Wenn man den Wagen eher als fahrendes Zuhause betrachtet und dementsprechend sauber hält, fühlt man sich besser, und ganz nebenbei hat man sich nicht mit Kakerlaken herumzuplagen.

Englischlernen

„Sorry, what was that? Can you repeat that, please? I don't understand." – Diese Phrasen wird man – je nachdem wie lange der Englischunterricht in der Schule schon her ist – anfangs des Öfteren brauchen. Aber deswegen, um dazu zu lernen, ist man ja schließlich hier.

Ein fremdes Land zu bereisen, dabei Spaß zu haben, jede Menge außergewöhnliche Erlebnisse zu machen und ganz nebenbei noch die Englischkenntnisse aufzupolieren – mit dieser Vorstellung gehen fast alle Working-Holiday-Reisende nach Australien. Wo sonst ließe sich eine Sprache besser lernen als in einem Land, in dem sie täglich und überall um einen herum gesprochen wird?

In der Tat ist ein Australienjahr eine mehr als gute Ausgangsposition, um sehr sicher im Umgang mit der englischen Sprache zu werden. Allerdings sollte man anfangs daran denken, dass Perfektion nicht von heute auf morgen zu erlangen ist. Alles braucht halt seine Zeit.

Bleibt man ein paar Monate, ist die günstigste Version des Sprachelernen das gute alte „Learning by doing"-Prinzip. Vom ersten Tag an wird man mit anderen Backpackern zu tun haben, die meist nur Englisch sprechen, wodurch man gleich von Anfang an jede Menge kostenloses Training bekommt.

Wer mit deutschsprachigen Backpackern oder Freunden reist, wird vielleicht feststellen, dass man die Sprache u.U. nicht ganz so schnell lernt, da man verständlicherweise dazu tendiert, mit Muttersprachlern Deutsch zu reden. Effizienter verinnerlicht man die Sprache, wenn man vorrangig mit englischsprachigen Reisenden durch die Gegend zieht. Bitte nicht falsch verstehen: Dies soll kein Aufruf sein, rigoros andere deutschsprachige Reisende zu umwandern. Nur zu wundern, warum man nach drei Monaten Australien mit den beiden besten Freunden aus dem Heimatort eher weniger zum Englischsprechen gekommen ist, braucht man sich dann nicht.

Liegt der Englischunterricht schon zu lange zurück und ist man sich seiner Englischkenntnisse überhaupt nicht mehr sicher, kann ein Kurs an einer Sprachschule Abhilfe schaffen. Soll dieser gleich zu Beginn der Reise absolviert werden, empfiehlt es sich, einen Kurs schon von daheim zu buchen (*s. auch* „Sprachkurse" ab S. 67).

Da Praktikanten vom ersten Arbeitstag an gutes bis sehr gutes Englisch sprechen und verstehen müssen, liegt eine Kombination aus Sprachkurs und eigentlichem Praktikum nahe. Diverse kommerzielle Anbieter verknüpfen deshalb beide Leistungen zu einem Gesamtpaket. Eine detaillierte Übersicht über diese Anbieter ist unter dem Punkt „Weitere Praktikavermittler" ab S. 55 zu finden.

Down-Under.org

Informationen zu Australien

www.mitwohnen.org

JOBBEN

Die Freuden der Arbeit

Wer länger als der Durchschnittstourist – dieser bleibt ca. 38 Tage im Land – in Australien leben und reisen möchte, aber nicht Tausende von Euro auf dem Sparbuch hat, wird früher oder später zum Überleben eine Arbeitsmöglichkeit suchen.

Keine Panik! Arbeiten gehört zum Backpacken wie ein ordentliches Brett zum Surfen. Jobben ist nicht nur „notwendiges Übel", sondern viel mehr Pflichtprogramm für jeden, der das Land umfassender kennenlernen möchte. Der Einblick in die Arbeitswelt eröffnet eine andere Sichtweise auf die Gesellschaft und Kultur, die den meisten Touristen verschlossen bleibt. Auch den australischen Way of Life lernen arbeitende Backpacker besser und umfassender kennen. Außerdem lässt sich nach der Heimkehr zu Hause stolz und ruhigen Gewissens berichten: "Ich war nicht nur als Tourist in Australien, sondern habe dort wirklich gelebt, mit allem Drum und Dran."

Ein paar Wochen zu jobben, hat noch einen weiteren Vorteil. Nach einer mehrwöchigen Phase des Reisens und des Entdeckens immer neuer Orte ist es mitunter ganz erholsam, ein paar Wochen an ein und demselben Ort zu verweilen. Das Erlebte will schließlich irgendwann verarbeitet werden.

Die Eintrittskarte in die Arbeitswelt ist das Working-Holiday-Visum, was eine legale Arbeitsaufnahme, also auch von bezahlten Tätigkeiten, ermöglicht. Deshalb ruhig bei jeder Bewerbung oder bei jedem Telefongespräch zuerst erwähnen, dass ein Arbeitsvisum vorhanden ist. Die Arbeitsdauer bei einem Arbeitgeber ist durch das WHV jedoch auf sechs Monate beschränkt. Danach ist es Zeit, sich um einen neuen Job zu kümmern.

Dank der geringen Arbeitslosenquote von z.Z. 5,8 Prozent ist es auch für Nicht-Australier machbar, eine Stelle zu finden. Möglichkeiten bestehen in den unterschiedlichsten Bereichen: In der Landwirtschaft z.B. sind alljährlich unzählige Stellen für Erntehelfer frei, denen ein Muskelkater nichts anhaben kann. Für Abwechslung im Ernte- und Reisekalender ist gesorgt. Ob Gemüse, Obst, Nüsse, Zuckerrohr, Baumwolle oder Tabak, ob Norden, Süden, Osten oder Westen – das vielseitige Klima auf dem kleinen Kontinent lässt in jedem Bundesstaat irgendein gerade zu erntendes Gewächs gedeihen.

Ein weiterer großer Arbeitgeber für Backpacker ist der Dienstleistungssektor. Die Arbeitsfelder in diesem Bereich sind breit gefächert. Finden lassen sich sowohl qualifizierte Berufe im Steuerbüro und im Krankenhaus. Aber auch Gelegenheitsjobs wie Promotionarbeit, Handzettelverteilung und Aushilfstätigkeiten werden angeboten. Besonders in den beiden größten Städten Sydney und Melbourne stehen die Chancen, einen Job als Aushilfe oder Gelegenheitsarbeiter zu finden, recht gut. Allerdings ist dort auch die Konkurrenz am heftigsten, weil viele Backpacker in diesen Städten einen Job suchen. Und weil Engländer, Kanadier, Neuseeländer und Iren Englisch nun mal als Muttersprache sprechen, sind sie bei der Jobsuche eindeutig im Vorteil. Nicht den Mut verlieren! Es haben schon ganz andere einen Posten aufgetan.

Trotz WHV und geringer Arbeitslosenquote: Jobsuche kann harte Arbeit bedeuten und nervenaufreibend sein. Nachgeworfen wird ein Job niemandem. Um eine Anstellung hat sich jeder selbst zu kümmern. Das folgende Kapitel erläutert, wie man etwas Struktur in die Suche nach Arbeit bringt und so schneller an eine Stelle gelangt. Die typischen Backpacker-Jobs werden ausführlich beschrieben, wie und wo Arbeit zu finden ist und wie man am besten vorgeht, um einen Posten zu ergattern.

Weiterhin ist in diesem Kapitel nachzulesen, wie man sich um eine Steuernummer bewirbt, warum ein Bankkonto wichtig ist und wie man reist, ohne den Geldbeutel unnötig zu belasten.

Backpackerjobs

Alles ist möglich

Die folgenden Seiten befassen sich mit den häufigst ausgeübten Backpackerjobs. Und das sind nun mal solche auf dem Land, Arbeiten in der Gastronomie u.a. Dienstleistungsbereichen.

Die gesamte Jobpalette ließe sich bequem auf etliche Seiten mehr ausdehnen. Und natürlich kann man als ausgebildeter Rettungsschwimmer auch im öffentlichen Schwimmbad versuchen, Arbeit zu finden, als gelernter Elektriker bei einer Elektroinstallationsfirma oder als studierter Graphiker bei einer Multimedia-Agentur. Denn alles ist möglich ... theoretisch!

Fakt ist jedoch: Die meisten Rucksackreisenden finden in genau den nachfolgend beschrieben Bereichen eine Anstellung, mit der sie Geld verdienen, um irgendwann weiterreisen und möglichst viel vom Land sehen zu können. Obstpflücken, Kellnern und sonstige kleinere Aushilfstätigkeiten stehen nach wie vor an der Spitze und sind die typischen Backpackerjobs.

Ein Grund, warum auch Rucksack-Reisende mit höheren Qualifikationen selten eine wirklich lohnende Anstellung ergattern, ist die begrenzte Arbeitsdauer des Working-Holiday-Visums. Bis zu sechs Monate darf man bekanntlich für einen Arbeitgeber tätig sein, danach schreibt das Visum einen Wechsel des Arbeitgebers vor. Bei vielen qualifizierten Stellen ist das zu kurz und würde gerade mal die Einarbeitungszeit umfassen.

Deshalb können auch Hochschulabsolventen oder Ausgebildete mit mehrjähriger Arbeitserfahrung nicht immer sicher sein, mit dem WHV eine vernünftig bezahlte Anstellung zu finden. Versuchen sollte man es aber auf jeden Fall, denn alles ist möglich.

Erntehelfer

(Fruit picking / Harvest work)

Überall zu finden, fast jeder hat's schon einmal gemacht, reich geworden ist aber dabei keiner: Fruit Picking ist eine der meistverbreiteten und populärsten Tätigkeiten. Egal, ob es dabei gilt Bananen in Kununurra (WA) zu pflücken, Mangos in Darwin (NT) zu ernten oder Esskastanien in Myrtleford (VIC) aufzulesen – irgendeine Erntearbeit steht immer auf dem nicht überall roten und trockenen Kontinent an. Die Farmer jedenfalls zählen auf die helfenden Backpacker. Ohne sie wäre ein Großteil der Erntearbeit kaum zu bewerkstelligen (siehe auch "Botschafter mit Backpacks" auf S. 30).

Erntearbeit kann Spaß machen, weil man viele andere Backpacker trifft, die mindestens genauso abgebrannt sind wie alle anderen und Geld verdienen wollen. Der Erfahrungsaustausch ist einer der Punkte, die Backpacken ausmacht.

Die Ernte bedeutet aber auch schwere körperliche Arbeit unter den teils extremen Wetterbedingungen. Das kann bedeuten, z.B. beim Tomatenpflücken acht Stunden der heißen, Sonne ausgesetzt zu sein. Ohne einen Hut, eine dicke Schicht Sonnenschutzcreme LSF 30 und wenigstens zwei Litern Wasser sollte niemand die Unterkunft verlassen. Positiv lassen sich die harten klimatischen Bedingungen auch so darstellen wie im Harvest-Guide, der Erntehelfer-Bibel: „Fruit picking ist ein großartiger Weg, um einen fitten und gesunden Lebensstil zu verwirklichen".

Nicht nur das eigentliche Ernten der Früchte und Gemüsesorten kann Gegenstand der Arbeit sein. Genauso gut könnten Pfirsichbäume zu beschneiden, Apfelbäume zu entlauben oder sonstige Arbeiten um die Plantagen herum zu verrichten sein.

Das Erntehelferdasein ist auf jeden Fall eine Erfahrung, die sich niemand nehmen lassen sollte. Die Arbeit auf einer Nektarinenplantage kann zudem sehr sättigend sein, wenn man vorher länger kein frisches Obst gesehen hat.

Klar ist allerdings: Ein Vermögen können Erntehelfer nicht verdienen. Leistungsabhängige Bezahlungen, die sich nach den gepflückten Kisten, Eimern oder Körben richten, sind in der Landwirtschaft gang und gäbe. Nur selten finden sich Stellen mit festem Stundenlohn.

Möglichkeiten, um an Erntejobs zu gelangen, bestehen viele. Die bekannteste Methode ist jedoch der „National Harvest Guide" von **MADEC** (Mildura And District Educational Council). Diese Broschüre liegt kostenlos in Ernte- und vielen Fremdenverkehrsbüros aus (*Adressen der Erntebüros* unter „Bundesstaaten" bei „Zusätzliche Informationen", S. 206. Auch erhältlich als PDF bei **https://jobsearch.gov.au/job/search/harvest**, zum kostenlosen Heruntergeladen. Der „National Harvest Guide" enthält einen detaillierten Erntekalender, der zeigt, wo und zu welcher Zeit am wahrscheinlichsten Erntearbeit zu erwarten ist. Zudem zeigt der Harvest-Guide, wo man in der Ernteregion übernachten kann und welche Sehenswürdigkeiten die Ernteregionen bieten. Unter der kostenlosen Telefonhotline (**1800 – 06 23 32**) erhält man Auskunft darüber, wo gerade Erntehelfer gesucht werden, und wie man in die Ernteregion gelangt.

Eine Alternative zu MADEC bietet die Job-Agentur **Ready Workforce** mit ihrem *GoHarvest*-Netzwerk an, das im Northern Territory und Queensland zu finden ist. Unter den hier angegebenen Telefonnummern kann in den entsprechenden Bundesstaaten nach vorhandener Erntearbeit gefragt werden.

Go Harvest – Ready Workforce, Tel.: 1300 – 08 05 45, www.goharvest.com

In einer Ernteregion angekommen, werden Pflückwillige in vielen Städten von Erntebüros an eine bestimmte Plantage vermittelt. Das Personal ist auch bei der Suche nach einer Unterkunft und einer Beförderungsmöglichkeit behilflich.

Tipp: Obwohl die beiden Netzwerke MADEC und GoHarvest einen großen Teil der Ernteregionen sowie der Farmen und Obstplantagen abdecken, ist die Liste der Erntebüros, also der Vorort-Kontaktstellen, im „National Harvest Guide" unvollständig. Damit keine Jobchance verpasst wird, sind im Teil „Bundesstaaten", siehe S. 206., unter „Zusätzliche Informationen" auch weitere Erntebüros aufgelistet, die ebenfalls Arbeit auf Plantagen vermitteln. Ein Erntekalender zu Anfang jedes Bundesstaates zeigt die Haupterntezeiten und –regionen.

Fruit picking – The early bird catches the nectarine

Erfahrungsbericht von Jörn Schulz

Ein Zeltplatz in Tumut (NSW), kurz vor Morgengrauen. Jäh und erbarmungslos klingelt der Wecker um 5.25 Uhr. Er reißt mich aus dem so dringend benötigten, erholsamen Schlaf und signalisiert: Es ist Zeit für einen neuen Arbeitstag auf der Obstplantage. Meine Arm-, Schulter- und Rückenmuskeln weisen mich unmissverständlich auf einen heftigen Muskelkater hin. Und das, obwohl ich schon seit einer Woche im Pflück-Training stehe. 'Verdammt! Wäre ich doch gestern Abend nur früher ins Bett gegangen' schnellt es mir durch den Kopf. Aber die gesellige Runde am BBQ-Grill mit den anderen Erntehelfern, die interessanten Backpacker-Geschichten und die paar Büchsen Victoria Bitter waren es wert, mich jetzt nur halbausgeschlafen aus dem Zelt quälen zu müssen. Trotz Hochsommers ist es ziemlich frisch an diesem Februarmorgen auf dem Zeltplatz von Tutmut, einer 6000-Einwohner-Stadt im Südosten New South Wales', und so beeile ich mich mit dem Waschen, Anziehen und Frühstücken. Mit einem Hut, einem langärmligen Hemd, der unersetzlichen Sonnencreme mit Lichtschutzfaktor 30 und einem „picking bag" – einem vor dem Bauch zu tragenden Pflückbeutel – bewaffnet, fahren ein paar Rucksackreisende und ich mit dem Auto zur Obstplantage, rund 10 Kilometer vom Zeltplatz entfernt. Hier beginne ich, zusammen mit etwa 40 anderen Working-Holiday-Reisenden um halb sieben – sobald es hell genug ist, das Obst zuerkennen – Nektarinen und Pfirsiche zu pflücken.

Anfänglich geht es noch recht langsam voran. Doch nach ein paar gefüllten, gelben Obstkisten erhöhe ich das Pflücktempo, um Geld zu verdienen. Denn ich werde, wie das bei den meisten Erntejobs so üblich ist, nach der Anzahl gefüllter Kisten bezahlt. Stundenlohn ist höchst selten zu finden und heiß begehrt. Jedenfalls habe ich diesen Eindruck nach drei verschiedenen Picking-Jobs und vielen Gesprächen mit Backpackern. So hängt es zum Großteil von mir selbst ab, ob ich etwas verdiene oder nur die Unterkunft herausarbeiten kann. Das spornt an und so arbeitet man automatisch eifriger. Entmutigend ist allerdings, wenn ich eine schlechte Reihe erwische und die Baumleiter öfter umstellen und immer wieder hoch- und runterklettern muss. Das raubt Zeit, kostet Kraft und bringt nicht viel Obst in meinen Pflückbeutel.

Auch wenn ich in den ersten Tagen nicht viel verdienen konnte, hatten andere Backpacker mir empfohlen, ein paar Tage Geduld zu haben. Man müsse sich ja schließlich überall erst einarbeiten, ein bisschen trainieren und seine eigene Methode finden, bevor man wirklich gut werde. Dies nahm ich mir zu Herzen und merkte in der Tat nach ein paar Tagen neben dem zermürbenden Muskelkater auch eine leichte Steigerung meiner gefüllten Kisten.

Trotzdem: Reich werden kann man beim Fruit-Picking wohl nicht werden. Ich jedenfalls habe zumindest niemanden getroffen, der das von sich behaupten konnte. Aber wenn man sich richtig ins Zeug legt, ist es genug, um etwas fürs Weiterreisen sparen zu können.
Die Arbeit auf einer Steinobst- oder Apfelplantage hat übrigens noch weit aus mehr Vorteile als z.b. Tomaten auf offenem Feld sammeln. Ich habe unter den Bäumen gearbeitet, was viel Schatten bedeutete und bei der sengenden Hitze unbezahlbar war. Außerdem konnte ich so viel frisches Obst vom Baum futtern, bis es mir wieder zu den Ohren raus kam. Und da ich mein eigener Boss war, konnte ich auch pausieren, wenn mir danach war.

Auf einem Zeltplatz zu übernachten ist übrigens die billigere Variante. In vielen Erntegegenden ist es aber auch möglich, in einer „nahegelegenen" Stadt untergebracht zu werden und täglich per Busshuttle zur Arbeit gefahren zu werden. Nur ist erstens dafür noch zusätzlich zu blechen, und zweitens kann die Fahrt schon bis zu einer Stunde in Anspruch nehmen, wie ich von anderen Reisenden erfahren habe. Und d.h. wiederum richtig früh aufzustehen.

Tasmanien im Winter

Erfahrungsbericht von Philipp Vollbom

Es war nicht geplant, Tasmanien den Winter über zu besuchen. Tatsächlich war es eher eine spontane Bauchentscheidung; die Insel lag halt auf dem Weg. Bei der gemeinsamen Zukunftsplanung meiner Freundin und mir wanderten unsere Augen auf dem Australienatlas von Shepparton Richtung Melbourne und dann auf eine schwarz gestrichelte Linie mit der Bezeichnung „Ferry". Das Ziel: Tasmanien. Warum eigentlich nicht? So schnell würden wir hier nicht noch einmal vorbeikommen – wohl eher nie mehr. Wir zählten unser Geld und buchten am nächsten Tag die Fahrscheine. Stolz berichteten wir von unserem Vorhaben, die Antworten waren allerdings verhalten: „Tasmanien hast du in zehn Tagen durch" und „Na ja, da kannst du wenigstens Äpfel pflücken". Natürlich waren wir unterwegs, um unsere eigenen Eindrücke zu gewinnen und somit freuten wir uns auf die Abfahrt.

Es war der Morgen an dem die Fähre ablegen sollte, der Wecker klingelte in Shepparton um etwa drei Uhr. Ich bat meine Freundin um eine Gnadenfrist, immerhin waren wir erst wenige Stunden zuvor in die Kiste gehuscht. Keine Chance! Wir packten unsere Sachen, dann ging es los, immerhin hatten wir eine gute Strecke Fahrt vor uns.
Die Schlange vor der Fähre bestätigte unser Unternehmen. Wir legten mit erheblicher Verspätung ab, es reichte sogar noch für einen ausgiebigen Plausch mit einigen Queensländern. In der Tat boten sie uns eine zweite Meinung, die uns besser gefiel. Tasmanien im Winter ist das beste Tasmanien – alles blüht und

ist grün, die Natur ist einzigartig, es sind nur wenige Touristen unterwegs, aber es ist auch saukalt. Das klang nach Abenteuer, und darum waren wir doch letztlich hier. Unglücklicherweise hatte ich meine von daheim mitgebrachten Ski-Unterhosen bereits weggeworfen, in der Annahme, diese nicht mehr brauchen zu können, denn ich war ja in Australien. Weit gefehlt! Ein Paar „Long Johns" sollte das erste sein, was ich in Tassie erstand.

Die Bootsfahrt selbst war mir angenehm, denn ich werde nicht seekrank. Die meiste Zeit verbrachten wir im hauseigenen Kino; einen festen Sitzplatz hatten wir nicht gebucht. Wenn wir nicht gerade schlummerten, boten uns die gezeigten Eigenproduktionen zu Tasmanien und dem Tasmanischen Teufel ein schönes Willkommen. Hier erfuhren wir zum ersten Mal von der Krankheit, die den Tasmanischen Teufel aussterben ließ. Das war wirklich sehr schade (nicht dass es eine Spezies verdient hätte auszusterben), allerdings erhofften wir uns doch, den kleinen Satansbraten in freier Wildbahn zu sehen und nicht im Gehege wie im „Australia Zoo". Dort machte der Tasmanische Teufel alles andere als den Eindruck, den ich von Disney-Comics her kannte.

Zehn Stunden später, am 1. März, erreichten wir Land. Sich im T-Shirt draußen aufzuhalten, war gerade noch erträglich, was sich sehr bald ändern sollte. Unsere letzten Finanzen gingen für Amüsements drauf, so dass wir uns schon nach einer Woche einen Job besorgten.

Mundpropaganda ermöglichte dies. Josh und Chris, zwei Queensländer die mit uns auf dem Caravan Park in Ulverstone kampierten, berichteten uns von der Fabrik des größten landwirtschaftlichen Vertriebs in Tasmanien. Das klang interessant – mal was Neues, mal was anderes. Bei einem Spontanbesuch am nächsten Tag in Forth, ersparte man uns die sonst übliche, allgemeine ärztliche Untersuchung wie auch die schriftliche Bewerbung. Offensichtlich kamen wir gerade zum richtigen Zeitpunkt, denn hier wurde nach "helfenden Händen" gesucht. Die Einführung einen Tag später beeindruckte uns sehr. Das gesamte Gelände war riesig und mit dem bloßen Auge nicht zu überblicken. Neben den beiden riesigen Fabrikhallen, befanden sich angrenzend noch einige große Felder, auf denen das meiste Gemüse angebaut wurde, was dann in den Hallen zu verarbeiten war – darunter Möhren, Kürbisse, Kartoffeln, Zwiebeln, Kohlrabi, Bohnen, Sellerie und Brokkoli.

Die Hallen waren gute zehn Meter hoch und gefüllt mit Maschinen, die aneinandergereiht durch Laufbänder untereinander verbunden waren. Die Maschinen dienten prinzipiell dem Transport des Gemüses, vom Abladepunkt bis zu dem Punkt, wo wir Kerle standen, um die Erzeugnisse zu verpacken. Auf diesem Weg wurde das Gemüse gewaschen, geschält und sortiert. Während die Maschinen das Waschen und Schälen übernahmen, sortierten die Frauen. Allgemein lässt sich sagen, dass Frauen eher zum Aussortieren und Beschneiden eingesetzt wurden, während Männer packten und stapelten. Über diese Tatsache war ich heilfroh, nachdem ich einen Tag lang beim Aussortieren hatte aushelfen müssen. Den ganzen Tag zu stehen, keine wirklich körperliche Bewegung zu haben, keine Abwechslung und die Beanspruchung immer derselben Muskeln in den Armen und Händen beansprucht sehr. Gemüse hält sich kalt länger, so dass das Waschwasser kalt ist und sich Finger und Hände abkühlen. Häufig leiden neue Sortierer, bis sie sich an die Bewegungen gewöhnt haben, unter geschwollenen Armen und argen Schmerzen in Händen und Schultern.

Man sollte annehmen, eine riesige Fabrik, die seit Jahren Backpacker beschäftigt, die fürs Kommen und Gehen bekannt sind, sei Neuankömmlingen gegenüber eher verhalten. Das Gegenteil war der Fall. Wir wurden jedenfalls überraschend freundlich aufgenommen und sorgfältig eingewiesen. Nach dem Schriftkram begannen wir unsere erste Tätigkeit – Kürbisse putzen. Nun, täglich Kürbisse zu schrubben ist keine leichte Sache, das merkten wir gleich. Schöne Grüße vom Muskelkater! In den folgenden Wochen sollte uns dieser noch einige Male besuchen und uns Muskeln zeigen, von deren Vorhandensein wir bislang keinen Schimmer hatten. Wir wurden verschiedenen Tätigkeiten zugeordnet, die ganz unterschiedliche Bereiche des Körpers beanspruchten.

Es war Anfang Juli, wir befanden uns mitten im Winter, das Fernsehen warnte fast täglich vor Blitzeis in höheren Regionen. Die Nächte waren bitterkalt, trotz unserer 2000 Watt Fußheizung im angemieteten Caravan. Der Wind wehte bissig und pfiff gnadenlos durch die Fabrikhallen. Durch den stetigen Verkehr der Gabelstapler waren die Seitenwände offen, nicht dass man sie hätte schließen können – sie waren erst gar nicht vorhanden. Die metallischen Maschinen nahmen die Kälte großzügig auf, und sie zu bedienen war eine reine Tortur. Die Finger konnte ich kaum noch biegen, meine Gesichtsmine kaum verziehen. Die Nase lief ohne Unterlass. Dieser Zustand besserte sich erst, als die Mittagssonne uns Wärme schenkte.

Die bisherigen 12 Monate über reisten wir mit unserem Ford Station Wagon – ein treues Gefährt, dass uns ein Haus auf Rädern bot – durch die Gegend. Uns wurde bewusst, dass Tasmanien im tiefsten Winter zu erkunden, ein hartes Stück Brot würde. Der Wagen musste abendlich bettfertig gemacht werden, morgens dann wanderten die Plastikboxen wieder organisiert zurück auf die Rückbank. Es hatte das vergangene Jahr über funktioniert, nur kamen jetzt Temperaturen um die null Grad dazu. Tatsächlich jedoch, sollte alles ganz anders kommen.

An unserem letzten Arbeitstag waren wir rund drei Monate angestellt und bei Gehaltsstufe drei angelangt, was AUS$ 17.50 pro Stunde bedeutete. Unseren Rückweg zum heimischen Caravan sollten wir nun ein letztes Mal fahren, als wir am Straßenrand einen Van erblickten. Es stand ein goldener T3 Baujahr '87 zum Verkauf. Noch am gleichen Tag vereinbarten wir eine Probefahrt. Der Wagen fuhr erste Sahne! Er war zwar außen und innen recht rustikal, aber es gab nichts, was man nicht hätte beheben können. Für wenige Dollar machten wir einen Deal. So verschoben wir unseren Reiseplan um einige Wochen nach hinten und stürzten uns in das nächste Abenteuer.

Als Backpacker hat man nicht wirklich seine Werkstatt mit im Rucksack, daher kam uns die Hilfe von Evan und Karin – ein älteres Paar, das mit uns auf dem Caravan Park lebte und mit dem wir uns schon vor einiger Zeit angefreundet hatten – sehr gelegen.. Beide waren begeistert uns beim Umbau des Wagens helfen zu können, denn sie selbst fuhren einen alten Schulbus Marke Eigenbau. Ihre Werkzeuge, natürlich aber besonders ihre Ideen und Ratschläge waren uns in den folgenden Wochen über hochwillkommen. So konnten wir uns den Traum vom eigenen Van, den wir selbst ausbauten und einrichteten, verwirklichen. Somit sollte ein neues Reisekapitel beginnen – unterwegs im VW-Bus. Wir winkten zum Abschied, denn wir vier werden uns wohl nie wiedersehen, doch der Wagen wird uns an die gemeinsame Zeit erinnern. Mit einem guten Gefühl im Bauch trennten wir uns vom Ford, den wir bei einem lokalen Dealer losschlugen. Tasmanien im Winter kann kommen – endlich!

Unser Weg führte uns angefangen vom Norden, entlang der Ostküste, Richtung Süden und durch die Mitte zurück nach Devonport. Wir passierten kleinere und größere Städte entlang des Highways. Besonders in den Kleinstädten war die Geschichte zu erkennen, Häuser sahen noch aus wie vor 100 Jahren, teilweise sogar wie aus einem Wild-West-Film. Historische Erinnerungen waren ab und zu an Häuserwänden als Gemälde wiederzufinden. Die Landschaften waren abwechslungsreich. Vertreten war hier alles, von tiefstem Wald über weite, grüne Wiesen bis hin zu felsiger Fast-Steppe. In den folgenden Wochen durchquerten wir viele Nationalparks. Dabei half uns ein kostengünstiges Ticket aus einem Info-Center, welches acht Wochen lang den Eintritt in alle Parks gestattete.

Ein Höhepunkt dieser Reise sollte uns eines Morgens begegnen: Schnee! Wir stampften umher und genossen das einzigartige Schneegeräusch, das seit anderthalb Jahren Abstinenz schon fast in Vergessenheit geraten war. Richtig schön wurde es dann aber in gut 900m Höhe auf dem Weg zum Mount Rukus. Nach gut zwei Stunden Wandern durch teilweise Regenwald ähnliche Verhältnisse nahmen die vereinzelten Schneeflächen zu. Letztlich sollte es nicht nur bei kleineren Flächen bleiben; vor uns ergoss sich eine himmlische Schneelandschaft, die Bäume und Sträucher unter sich versteckte. Hier war es ein leichtes hüfttief im Schnee zu versinken. Schnee, wie man ihn nur in Gipfelgebieten findet: rein, weiß und unberührt. Wieder am Fuße des Tals angelangt, im Abendrot der Sonne, lag vor uns der St.-Claire-See. In der Mitte zugefroren, drum herum glasklares Wasser, am Ufer entlang blühende Bäume. Ein traumhafter Anblick, den wir völlig für uns hatten.

Nur die Zeit trieb uns Richtung Devonport zurück. Alles in allem hatten wir anstrengende, aber zu guter letzt wundervolle Monate hinter uns, zugleich jedoch sehnten wir uns nach einem warmen Klima. Trotz des stürmischen Wetters genossen wir daher die Fähre zurück. Nach vielen Monaten Tasmanien erreichten wir wieder das Festland und waren um unzählige Erfahrungen und erlebte Abenteuer reicher.

Farmarbeit

(Farm Work)

Farmhilfen können das Outback so erleben, wie auf unzählig vielen Hochglanz-Bildern zu sehen: Unendlich erscheinende Weite, roter Sand zwischen den Zähnen und Hunderte Rinder, Schafe und manchmal sogar Kamele um einen herum. Farmarbeit bietet viele Aufgabenbereiche. Gängige Jobs sind Viehhüten und Mustern, Bau und Instandsetzung von Zäunen sowie Hausarbeiten. Gesucht werden Mechaniker, ausgebildete Stockmen (australische Cowboys) sowie Jackaroos (männlich) und Jillaroos (weiblich), die auf den weitentlegenen Farmen mithelfen. Letztere sind ausgebildete Farmassistenten, die wissen, wie man mit Vieh und Pferden umgeht.

Keine Ahnung von Farmarbeit? Auf speziellen Schulen wird man gegen Bezahlung zum Jackaroo oder zur Jillaroo ausgebildet (s. nächsten Abschnitt). Erfahrung in der Farmarbeit wird nämlich meist vorausgesetzt, da das Leben im Outback ein hartes Stück Brot ist. Nur wenn jeder mit anpackt und weiß, was er zu tun hat, lässt es sich in dieser unwirtlichen Gegend überleben.

Tipp: Günstigere Alternative zum Farm-Erfahrungen sammeln: Auch beim WWOOFen lernt man viel über landwirtschaftliche Arbeit (*siehe „WWOOFen"* ab S. 181).

Jackaroo- und Jillaroo-Schulen

Wer keine Ahnung vom Farmleben hat, aber unbedingt mal auf einer arbeiten möchte, wird nur schwerlich eine Stelle finden, denn oft wird Arbeitserfahrung vorausgesetzt.

Eine Möglichkeit, um ins Farmleben reinzuschnuppern und sich Kniffe von richtigen Profis zeigen zu lassen, sind die sogenannten Jackaroo- und Jillaroo-Schulen. Diese Begriffe bezeichnen einen Farmassistenten bzw. eine Farmassistentin, die wissen, wie man auf Pferden reitet, Zäune baut und Bullen bei den Hörnern packt. Die Jackaroo- und Jillaroo-Schulen bieten Kursen von 3 bis zu 11 Tagen an, welche Einblicke in den Farmalltag geben und auf das Leben in einer Outback-Station vorbereiten sollen.

Beigebracht bekommt man je nach Kurs u.a.:

- Reiten auf einem Pferd
- Viehhüten und -mustern
- Fahren von Allradfahrzeugen
- Traktorfahren und Instandhaltung
- Zäunebauen
- viele weitere nützliche Arbeitsabläufe

Nach erfolgreicher Beendigung des Kurses kann eine Jackaroo- und Jillaroo-Schule bei der Stellensuche behilflich sein. Meist stehen die Schulen in engem Kontakt mit Farmern, die immer wieder Aushilfen suchen. Doch eine Jobgarantie ist ein Kursbesuch nicht.

Die Preise für Jackaroo- und Jillaroo- Kurse bewegen sich zwischen rund AUS $ 300 (~ 200 EUR) bis zu AUS $ 1.050 (~ 700 EUR).

Die Kurse sind begehrt und nur eine begrenzte Anzahl von Teilnehmern wird pro Kurs zugelassen. Deshalb ist es sinnvoll, sich rechtzeitig zu erkundigen, falls man ernsthaft mit dem Gedanken spielt, ein Jackaroo bzw. eine Jillaroo zu werden. Dies gilt besonders für unabhängige Working-Holiday-Reisende, d.h. für Backpacker, die nicht mit einer „Work & Travel"-Organisation unterwegs sind. Einige Schulen arbeiten sehr eng mit „Work & Travel"-Organisationen zusammen und sichern diesen ein bestimmtes Kontingent an Kursplätzen zu, die teils Monate im Voraus ausgebucht sind.

Eine Art Zentrum für Jackaroo- und Jillaroo-Schulen befindet sich in New South Wales, in der Nähe der Stadt Tamworth. Auf dem Leconfield-Landbesitz sind drei Schulen dieser Art angesiedelt, die von Mitgliedern der Familie Skerrett betrieben werden. Hier deren Adressen sowie die weiterer Anbieter:

New South Wales

Jackaroo and Jillaroo School, *„Burraki", Barry Cotton Kangaroo Flat Road, Yarrowitch via Walcha NSW 2354 Tel.: 02 – 67 77 75 83, Tel.: 04 27 – 28 63 27,* **glencott@bigpond.com,** *www.jackaroojillaroo.com.au*

Leconfield 5 day Jillaroo & Jackaroo School, *Timothy Blake Skerrett,, „Bimboola", Kootingal NSW 2352, Tel.: 02 – 67 69 43 28, Fax: 02 – 67 69 43 28, info@leconfield.com, www.leconfield.com*

Leconfield 11 day Jillaroo & Jackaroo School, *Brian B. Skerret, Kootingal NSW 2352, Tel.: 02 – 67 69 42 30, Fax: 02 – 67 69 42 30, jillaroojackaro@austarnet.com.au, www.leconfieldjackaroo.com*

Mountain Cattle Drives, *Jillian Skerrett, Hickman's Run, Kootingal NSW 2352, Tel.: 02 – 67 69 43 85, jillian@mountaincattle.com.au, www.mountaincattle.com.au*

Queensland

Rocky Creek Farmstay, *Peter & Patricia Worsley*
11007 Isis Highway, Biggenden QLD 4621,
Tel.: 07 – 41 27 13 77, Fax: 07 – 41 27 13 77, worsley@isisol.com.au

Visitoz, *Springbrook Farm, 8921 Burnett Highway, Goomeri QLD 4601,*
Tel.: 0741 – 68 61 85, Fax: 0741 – 68 61 26,
info@visitoz.org, www.visitoz.org
Neben Jackaroo- und Jillaroo-Lehrgängen auch Sprach- und Gastronomie-Kurse.

Großer Traum Australien

Vom Großstadtmädchen, das auszog, ein Cowgirl zu werden
Erfahrungsbericht von Camilla Hoffmann

Die Entscheidung nach Australien zu gehen, hatte ich ganz spontan getroffen als
es mit der New Economy und damit meinen Jobaussichten in London bergab
ging. Dann eben nicht die große Karriere starten, sondern lieber die Zeit der
allgemeinen Flaute nutzen, um mir einen still gehegten Traum zu erfüllen,
nämlich als Cowgirl auf einer Ranch zu arbeiten. Und damit meinte ich nicht als
Touri ein bisschen die Peitsche schwingen, wie es im Angebot einiger Pauschal-
Reiseveranstalter so schön angeboten wird. "Visit a proper outback farm and
learn to be a real cowboy in a day". One day – with 50 other people around? I
don´t think so! Wenn, dann richtig. Richtig arbeiten, mit Geld verdienen,
Schwitzen, Staub fressen und Teil der Crew sein – und mit der Frustration und
Einsamkeit die vielleicht auch dazu gehört.
Jeder, dem ich von meinem Plan erzählte, stellte mir dieselbe Frage: Wie ich den
Job denn finden wolle? "Ich fahre ins Outback in irgendeinen kleinen Ort, gehe
in den Pub und frage ob irgendjemand eine Jillaroo braucht", antwortete ich dann
und meinte dies völlig ernst. Gesagt, getan: Wann immer sich eine Gelegenheit
bot und in der Hoffnung jemanden kennenzulernen, der mich gleich an eine
Farm vermitteln könnte, versuchte ich durch Gespräche mit Einheimischen mehr
über den Berufstand der Jillaroos herauszufinden. Dabei wurde mir langsam klar,
dass es sich hierbei um einen Job handelt, für den man eigentlich eine
Ausbildung oder sogar ein Studium durchlaufen muss und dass auch ich mir
einiges an Wissen anzueignen hätte, bevor ich guten Gewissens bei Farmen
anfragen könnte. Beschämt über meine Naivität lernte ich, dass man als
"Stationhand" weit mehr Aufgaben hat, als den ganzen Tag Rinder vor sich
herzutreiben und dass es dazu nicht genügt, reiten zu können.
Als ich meinen Traum schon fast im goldgelben Sand von Byron Bay begraben
hatte, um stattdessen vielleicht einen Malkurs in einem Hostel zu starten oder
doch in eine Stadt zu fahren und es lieber mit Grafik-Design zu probieren,

stolperte ich in einer der vielen rumliegenden Backpacker-Zeitschriften über die Anzeige von VisitOz, eine Firma einer Familie im Outback, die sich als Arbeitsvermittlungsagentur für Reisende aus Übersee, welche als Stationhands Geld verdienen möchten, einen Namen gemacht hat. Vielleicht sollte sie die Lösung meines noch unerfüllten Traumes sein ...

Am Telefon erklärte mir eine nette Frau noch mal, dass ich vorerst einen so genannten Farmkurs besuchen müsse, wenn ich über VisitOz einen Job bekommen wolle. Praktischerweise hatte die Agentur auch schon für Farmen gesorgt, auf denen Interessierte diese fünftägige Kurzausbildung machen könnten, in der einem die nötigsten Farmtätigkeiten zumindest ansatzweise beigebracht werden sollten. Treffpunkt zur Vergabe der "Lehrstellen" ist montagmorgens auf der Springbrook Farm „in der Nähe" (da fährt man dann in Australien noch mal mindestens eine Stunde) des kleinen Outback Örtchens Goomeri. Ich meldete mich für den darauffolgenden Montag an.

Jackaroo- und Jillaroo-Kurs
Nach zweistündiger Busfahrt über holprige Sandpisten kommt der Bus genau vor der "Springbrook Farm" zum Halten. Wir – das sind außer mir noch ca. 10 weitere angehende „Stationhands" aus aller Welt – werden herzlich und mit einem großen Büffet begrüßt. Danach werden die Formalitäten erledigt, etwas Geld überwiesen – auch im Outback spricht man Visa –, und als wir wieder vors Haus treten, erwartet uns eine Reihe von dreckigen Farmern, wie sie im Buche stehen. Alle haben nur kurz ihre Arbeit unterbrochen, um ihre "Lehrlinge" aufzulesen. Wir werden paarweise unseren Ausbildern zugeteilt.

Ich lande zusammen mit Meike aus Wiesbaden bei Matthew und Judy Finnegan auf der Farm „Vulelua". Mit 600 Hektar ist sie verhältnismäßig klein, und auch die Umstände in denen sie geführt wird, sind nicht gerade repräsentativ für eine typische australische Farm. Judys Mann hat "Vulelua" vor nur zwei Jahren als Altersdomizil gekauft. Während sie zusammen mit dem Jüngsten der drei Söhne, Matthew, schon mal den Betrieb zum Laufen bringt, arbeitet er noch als Unternehmensberater in Sydney und fliegt nur alle paar Wochen hoch zur Familie. Geld ist offenbar genug vorhanden; es geht nicht unbedingt darum, ein gewinnbringendes Unternehmen zu etablieren – was mit 150 Rindern auch unmöglich wäre. Außerdem haben sie noch 2500 Olivenbäume gepflanzt – ein Experiment in der relativ trockenen Gegend hier –, von dem sich auch erst in fünf bis sechs Jahren, wenn die Bäume zum ersten Mal Früchte tragen, zeigen wird, ob das Experiment gelingt.

Da also Matthew nicht gerade in Arbeit ertrinkt und Judy sich freut, jemanden zum Bekochen und Unterhalten zu haben, nehmen die beiden regelmäßig VisitOz-Teilnehmer in die "Stationhand-Lehre" und führen diese mit viel Einsatz und Liebe durch. Es werden aufregende fünf Tage für uns. Morgens steigen wir in unsere Arbeitsklamotten, Jeans, Arbeitsstiefel, langärmliges Hemd und Hut, und das bei Temperaturen um die 40°C. Die langen Sachen sind notwendig, um

uns vor der Sonne zu schützen und uns auch bei der Arbeit mit schweren
Maschinen noch einen gewissen Schutz zu geben.
Wir lernen, wie man Trecker fährt, verschiedene Pflüge einsetzt und ein Feld
möglichst effektiv mäht, wie man Bäume mit der Motorsäge fällt, wie Zäune
richtig geflickt, und Rinder getrieben werden ohne dass sie zuviel Fett
verbrennen. Die zwei Jahre alten Wheener, die Matthew gerade zum
Fleischverkauf mästet, müssen alle paar Wochen gewogen werden. Da in
Queensland die Vegetation nicht genug Nährstoffe für Milchproduktion hergibt,
werden Rinder hier ausschließlich als Fleischlieferanten gehalten. Das
"Mustering" erfolgt teils mit Motorrädern und auf den wirklich sehr großen
Stations mit Hubschraubern, aber am weitesten verbreitet ist immer noch das
Pferd als Untersatz. So auch hier, und so sitze ich bald zum ersten Mal in
meinem Leben in einem australischen Cowboysattel – wie lange habe ich auf
diesen Moment gewartet!
Doch es wird mir schnell bewusst, dass dies nicht der Moment für persönliche
Begeisterung ist, denn wir reiten hier schließlich nicht wie zu Hause zum
Vergnügen, in einer Halle, entlang eines Waldweges oder um die Pferde zu
bewegen. Dies ist Reiten als Arbeit, bei der es darauf ankommt, eine Herde von
150 Rindern in Schach zu halten und in die richtige Richtung zu leiten. Der
Boden ist uneben und hügelig, voller umgestürzter Bäume, uneinsehbarem
Gestrüpp und leeren Gräben. Aber die Pferde kennen ihre Aufgabe, sind von
Geburt an auf das Verhalten von Rindern geschult und sehen voraus, wenn eines
ausbüchsen will. Ihre Reaktion ist erstaunlich schnell, und das muss sie auch
sein, denn Rinder können erstaunlicherweise gut galoppieren! Es erfordert volle
Konzentration, um bei solchen Geschwindigkeitswechseln nicht den Halt im
Sattel zu verlieren, und oft rettet mich nur ein fester Griff in die Mähne vor
einem peinlichen Sturz vom Pferd.
Das Allerwichtigste beim Mustering ist Teamwork – das kommt mir aus anderen
Disziplinen bekannt vor. Einer reitet voran und zeigt der Herde den Weg. An
jeder Seite wird sie optimalerweise von einem Reiter eingerahmt, und dann
bildet noch einer das Schlusslicht und treibt die Nachzügler an – heute meine
Aufgabe. Eines der Rinder muss versucht haben, durch einen Stacheldraht zu
laufen und hat sich dabei ein Bein aufgerissen. Es muss große Schmerzen haben,
denn es humpelt stark und fällt immer weiter zurück. Auch meine
Aufmunterungen helfen da nicht viel. Schließlich lassen wir das arme Tier auf
der Weide zurück; dann wird er diesmal eben nicht gewogen. Es kommt mir
komisch vor mit Rindern zu reden. Aber Matthew erklärt uns, dass es sehr
wichtig ist eine Beziehung zu den Tieren aufzubauen. Je älter sie werden und je
mehr sie sich an deine Stimme gewöhnt haben, umso leichter wird es sein, sie
unter Kontrolle zu halten. Außerdem hat die Stimme eine beruhigende Wirkung
auf sie, sie bewegen sich weniger hektisch, erschrecken sich nicht vor den
Hunden und fangen nicht an zu laufen. Das wäre schlecht, denn je schneller sie
sich bewegen, umso mehr Fett verbrennen sie und Fett ist schließlich das, was

auf dem Schlachthof Geld einbringt. Der Preis liegt z.Z. bei ca. 1,20 Euro pro Kilo purem Fleisch. Verkauft man ein lebendes Rind, d.h. mit Haut und Knochen, bekommt man ungefähr die Hälfte pro Kilo. Nach dem Zählen geht´s auf die Waage. Dazu scheuchen wir die Tiere der Reihe nach in ein so genanntes "Run" – ein enger Pass aus dem es nur einen Weg raus gibt, der über die Waage führt. Im Run lassen sich Zwischengatter schließen, so dass die Rinder einzeln auf der Waage von rund. 1,5 m x 0,5 m gewogen werden können. Das Gewicht wird digital angezeigt und Matthew trägt es dann in sein kleines Notizbuch ein. Doch trotz der modernen Technik handelt es sich hier um einen sehr dreckigen Job. Die Rinder haben Angst und misten, was das Zeug hält, und obwohl wir Stöcke haben, um sie weiterzutreiben, d.h. sie nicht direkt anfassen müssen, sind wir schon bald von oben bis unten eingesaut. Die Angst vor Schmutz legt man bei dieser Tätigkeit aber rasch ab. Der Arbeitsplatz ist eigentlich den ganzen Tag eine einzige Staubwolke, und getrunken wird aus den Dämmen oder Brunnen, die auch die Rinder benutzen. Als Becher gibt es ein altes Blechgefäß für alle, was wahrscheinlich schon Jahre auf der Ladefläche des Landrovers dabei ist. Manchmal wird auch einfach der eigene Hut genutzt. Abends weiß man dann auf jeden Fall, warum man duscht!
Nach der Dusche tischt Judy für uns ein tolles Abendessen auf der großen Terrasse auf. Dann geht die Sonne über den Olivenhainen unter, die Luft kühlt angenehm ab, und in der Ferne hört man manchmal ein Rind brüllen. Wir sitzen da, und es überkommt mich ein Gefühl unglaublicher geistiger Ruhe, so als wäre ich am schönsten Ort der Welt angekommen, um das sich alles Leben dreht. Die körperliche Ermüdung tut ein Übriges. Man spürt jeden Baum für den man die Motorsäge gehoben hat oder jeden Meter, den man mit schweren Stacheldrahtrollen über der Schulter zurückgelegt hat, in den Knochen, ganz zu schweigen von dem ungewohnten Muskelkater, den man vom stundenlangen Sitzen im Sattel bekommt, und ist einfach nur glücklich. Die Arbeit macht großen Spaß und das Wissen, das dies für mich einfach ganz neue Belastungen sind, hilft mir morgens wieder aufzustehen und weiterzumachen – ich werde mich daran gewöhnen.

Viel zu schnell nähert sich unser Farmkurs dem Ende. Ich habe einen Arbeitgeber vermittelt bekommen, gleich mit ihm telefoniert und unsere weitere Zusammenarbeit organisiert. John Young heißt er und klingt ganz in Ordnung. Er hat er mir kurz berichtet, dass er die Farm „Glenrock" seit der Scheidung von seiner Frau alleine betreibt, wobei er nach einem schweren Autounfall vor ein paar Jahren generell Hilfe braucht. Gegen einen guten Wochenlohn werde ich seine Stationhand sein und bei allen Arbeiten im Haus und auf der Farm mit anpacken. Die Farm liegt in den Queensland Highlands, 200km südlich von Emerald etwa 350 km im Landesinneren. Da John diese Woche aber sowieso nach Rockhampton zu einem Pferdemarkt fährt, haben wir vereinbart, uns da zu treffen, zwischen neun und zehn Uhr morgens am Eingang des großen "Quarter Horse Sales" in Gracemere. Und plötzlich bin ich meinem Traum ganz nah ...

Mount Swan Station

Erfahrungsbericht von Natascha Kadlubowski

Meine schönste Arbeitsstelle war auf einer Rinderfarm, 215 Kilometer nordöstlich von Alice Springs (NT), mitten in der Wüste.

Ich hatte die Adresse von einer Freundin erhalten, die ich in einem Backpacker-Hostel kennengelernt hatte. Sie sagte mir, dass ich fürs Kochen und Putzen angestellt werden würde. Aber die eigentliche Herausforderung sei es, mit der Wüstengegend fertig zu werden.

Wieder mal knapp bei Kasse rief ich auf der Cattle Station an. Und ja, sie suchten jemanden als Unterstützung im Haushalt. Und wie günstig, dass ich gerade jetzt anrief, da eine Angestellte der Station sich gerade in der Stadt befinde. Es wurde abgemacht, dass ich am nächsten Tag von ihr abgeholt und mit zur Station genommen würde.

Nach rund vier Stunden Fahrt, in einem älteren Pickup, über überwiegend rote Pisten erreichten Angela, die Angestellte, und ich die Mount Swan Station. Ich hatte schon bald die Orientierung verloren, da es außer roter Erde, hier und da einen Busch oder einem Rind nichts Wesentliches gab. Auch das Haupthaus war kein pompöser Bau aus dem letzten Jahrhundert. Das Haus meiner Chefs Charlie und Denise war eher praktisch, aber gemütlich angelegt und eingerichtet, alles von einer immerwährenden dünnen roten Staubschicht überzogen. Wüstensand. Angela und ich waren im ehemaligen Main-House untergebracht. Im Gegensatz zum neuen Haus war unseres noch aus Wellblech. Tagsüber war es dementsprechend heiß und stickig. Nachts jedoch war ich dankbar für zwei Decken.

Die Arbeit bereitete mir Freude. Langsam wurde ich an meine Kochpflichten herangeführt. Oder vielleicht wollte man sich nur langsam an meine vegetarisch geprägte Küche herantasten ... Bei den anderen anfallenden Arbeiten musste ich gleich mit ran. Dazu zählten der Hausputz, das Müllverbrennen, Gartenmöbel winterfest zu machen und von Redback-Nestern zu befreien. Zu Mount Swan gehörte auch ein weiteres Blechkonstrukt, das liebevoll als „Shop" bezeichnet wurde. Hier gab es von Windeln über Trockenmilch und Autoersatzteilen bis hin zum Fertiggericht und Kinderspielzeug so ziemlich alles. Unsere Kunden bestanden aus der „Community 5", Bewohner einer nahe gelegenen Aboriginesiedlung. Im Laden durfte ich erst alle Regale auffüllen und Tiefkühlkost wie Brot und Steaks in die riesigen Kühlschränke einsortieren. Das letztere war eher unangenehm, da diese Kühlschränke von hinten durch eine separate Tür betreten wurden und ich während der Zeit des Auffüllens somit mitten im Kühlhaus stand, was ziemlich kalt werden konnte. Nach und nach wurde versucht, mich an verantwortungsvollere Aufgaben heranzuführen. Erst half ich, die angeschriebenen Einkäufe der Aborigines mit ihren Barschecks der Regierung zu verrechnen. In unserem Laden lief es so ab, dass Aborigines sich das Gewünschte aus den Regalen nahmen und es auf dem Kassentisch aufhäuften. Angela notierte dann alle Waren unter dem Namen des Kunden. Unsere Aborigines zahlten nicht mit Bargeld oder Scheckkarte. Unsere Kunden wurden vom Staat finanziell unterstützt. Diese Barschecks wurden direkt an die Mount Swan Station gesendet, wo Angela sie mit den Einkäufen jedes Kunden verrechnete. Angela bei dieser Aufgabe zu unterstützen, war einfach. Aber als ich an die Kasse gestellt wurde, um die Waren zu notieren, brach das Chaos aus. Ich wusste die Namen der Kunden nicht. Wenn ich sie danach fragte, wurde ich schlichtweg ignoriert und der Schwatz mit dem Nebenmann in der Stammessprache ging weiter. Wohl über mich redend. Sie schienen meinen deutschen Akzent nicht zu verstehen oder ich war ihnen einfach zu fremd. Vielleicht war das Misstrauen mir gegenüber zu groß. So wurden die Einkäufe einfach aus dem Shop geschleppt, ohne dass ich eine Liste anlegen konnte. Deshalb wurde ich von der Kasse zum Tanken abgestellt. Auf dem Vorhof des Ladens gab es eine Zapfsäule und ich musste nur noch den Tank des vorgefahrenen Autos füllen. Wer Benzin brauchte, musste sich erst im Laden an der Kasse melden. Es konnte keine Zeche geprellt werden.

An meinem zweiten Tag in der Wüste durfte ich mit Charlie, Tracy (Tochter des Chefs) und Angela einen Ausflug zur Nebenstation unternehmen. Um in einem Tag nach Marqua zu kommen, nahmen wir das Familienflugzeug, einen Sechssitzer. Nach zwei Stunden Flug landeten wir an der Grenze zur Simpsonwüste. Ein Angestellter, Kim, lebte hier das ganze Jahr über. Zur Zeit des Brandings und des Musterings allerdings wurden fünf bis sechs Leute dort untergebracht, die mit Motorrädern und Flugzeug die Rinderherde nach Marqua trieben und die Tiere zum Transport zum Viehmarkt aussortierten. Tracy und ich wurden an diesem Tag dort abgeladen, um das Haus vor der Ankunft der zusätzlichen Helfer zu schrubben und zu polieren. Dies war wirklich ein hartes Stück Arbeit, da Kim offensichtlich eine rechte Männerwirtschaft führte. Am frühen Abend glänzte alles und es roch nach Zitrone. Ich war ziemlich froh, mein Abendessen wieder im Haupthaus kochen zu können.

Da Wellblech weder einen Wärme- noch einen Hörschutz darstellt, konnte ich nachts Dingos und Geckos um mein Nachtlager streichen hören. Ich war richtig froh, dass es Herbst war, als ich auf der Station arbeitete. Zu dieser Jahreszeit haben sich Schlangen und Spinnen schon ein warmes Plätzchen zum Überwintern gesucht. Die Chancen waren also niedrig, auf dem Weg vom

Haupthaus zum Nebenhaus von etwas Tödlichem gebissen oder gestochen zu werden. Trotzdem bin ich abends nie ohne Taschenlampe den Weg gegangen.

Was macht man in der Wüste, wenn man von seiner Chefin fünf Stunden frei bekommt? Lesen und Videos gucken. Wäsche waschen. Oder man bekommt das Motorradfahren von Angela beigebracht. Hier ist das Gas, hier die Kupplung, hier die Bremse. Und auf geht's. Es macht viel Spaß, durch Creeks zu rutschen, über kleine Schanzen zu springen, im Sand die Räder durchdrehen zu lassen. Wegen Orientierungsschwierigkeiten traute ich mich jedoch nur so weit zu fahren, dass ich die Gebäude der Station immer noch im Blickfeld hatte. Auf eine Nacht im Busch ohne Funk und Futter hatte ich wirklich keine Lust.

Mir wurde gesagt, dass es kein Problem sei, auch nach 22 Uhr noch zu lesen, also die Lampe anzuhaben. Aber es wäre nicht gut, sie die ganze Nacht anzulassen, denn das würde die Batterie nicht schaffen, die den Generator bis um sieben Uhr morgens ablösen würde. Das hatte ich aber vergessen, als ich frische Brötchen zum Frühstück servieren wollte. Meine Teigbällchen waren genau von 6:15 Uhr bis 6:25 Uhr im Ofen, als das Licht ausging, der Backofen erlosch, das Wasser aufhörte zu Kochen. Ich stand von jetzt auf gleich in einer stockdunklen Küche. Charlie, Angela und Charlies Bruder waren über diesen Vorfall genauso überrascht wie ich. Bis Charlie anfing zu lachen und sich mit einer Taschenlampe auf den Weg zum Generator zu machen, um ihn früher als sonst einzuschalten. Danach konnte ich weiterbacken.

Die Dingos kamen immer näher an das Haus heran und fielen immer mehr Rinder an, um sie zu töten und ihnen dann nur die Nase abzubeißen. Es galt, die Verluste einzudämmen. Dazu wurden die getöteten Rinder auf Pickups eingesammelt und zur Station gebracht. Dort wurden sie zerlegt. Die blutigen Fleischbrocken mussten dann wieder aufgeladen werden und wurden zu einer Stelle in der Wüste gefahren, wo schon der zuständige Rancher samt Assistent auf uns warteten. In der Zwischenzeit hatte ich Unterstützung bekommen. Paul und zwei Niederländerinnen, alle Backpacker wie ich, waren angeheuert worden, um bei dem bevorstehenden Zusammentreiben der Rinder zu helfen. Gemeinsam mit Gummihandschuhen ausgerüstet warfen wir die vom Rancher vergifteten Fleischstücke in mitgebrachte Tonnen. Angeblich war dieses Gift nur für Katzen, Hunde und eben Dingos gefährlich. Aber als eine der Niederländerinnen direkten Hautkontakt mit der Flüssigkeit hatte, wurde sie unverzüglich zum Haupthaus zurückbefördert, um sich gründlich waschen zu können.

Die fleischgefüllten Tonnen wurden dann in ein kleines Flugzeug mit drei Sitzen gehievt. Die Beifahrertür wurde ausgehängt. Da sich der Rest aus Ekel weigerte, die eigentliche Arbeit in Angriff zu nehmen, blieben nur noch Angela als Pilotin und ich als Fleischrausschmeißer übrig. Ich wurde noch schnell mit KFC-Kotztüten und einer Jacke ausgestattet, bevor es auch schon in die Lüfte ging. Wir flogen jedes Wasserloch an, an dem die Rinder anzutreffen waren. Auf

Angelas Kommando warf ich ca. 30 Fleischbrocken aus dem Flugzeug, während meine Pilotin eine Runde um die Wasserstellen drehte. Durch den Gegenwind flogen mir Blut und Rohfleisch um die Ohren. I just loved it. Wieder auf dem Boden wurden die leeren Tonnen zur Station gefahren. Paul und ich hatten das Vergnügen, die blutgedrängten Behälter auszuwaschen. Diese Arbeit zählt nicht zu den schönsten Erfahrungen, die ich dort gemacht habe. Aber ich werde sie auf keinen Fall jemals vergessen.

Eines Tages klopfte es an der Tür und herein kamen zwei Fremde. Sie stellten sich als Angestellte des Bundesstaates Westaustraliens vor und baten um eine Tasse Kaffee. Was ist in der Wüste aufregender, als Besuch zu bekommen? Sofort versammelten sich alle in der Küche, um die Gäste auszufragen. Die beiden Männer waren im Auftrag der Regierung auf der Suche nach Gold in der Wüste. Sie waren mit dem Auto von WA durch die Wüste gekommen und hatten immer wieder Bodenproben entnommen. Und nun waren sie eben in unserer Gegend.
Trinkwasser stammte aus einem Wasserloch in der Nähe des Hauses. Irgendwann hatte ich mich an den leicht staubigen Geschmack des Wassers gewöhnt. Bei Niedrigstand im Wasserloch konnte auch schon mal Entendreck in einer Tasse Tee schwimmen. Mir wurde versichert, dass trotzdem keine Gefahr vor Krankheiten bestünde, da das Wasser in einem Behälter gereinigt wurde. Ich hatte auch keine Probleme und konnte keine Schäden an meinen Mitbewohnern feststellen.

Das Abendessen wurde immer gemeinsam eingenommen. Da war es sogar der entnervten Tochter verboten, auf ihrem Zimmer zu bleiben. Ich mochte diese Zeit, da dann Geschichten erzählt und der neueste Tratsch ausgetauscht wurde. Unglaublich, aber die moderne Kommunikation über Telefon, Funk oder E-Mail wurde durch die Angaben von Aborigines ergänzt. Auch meine Bosse konnten mir nicht erklären, wie ihre Kunden die neuesten Gerüchte schon lange vor ihnen wissen konnten. Die Verständigung der Ureinwohner reichte von Darwin im Norden bis nach Alice Springs im Süden – ohne Elektronik. Denise erklärte mir, dass bestimmte Hügel, Creeks oder Bäume für Weiße tabu seien, da diese den Aborigines heilig wären. Sie erinnerte sich an einige Erlebnisse und Zusammenstöße, die sie gemacht hatte, als sie noch nicht lange auf der Station gelebt hatte und sich somit noch gar nicht auskannte. Es kam zu einigen unangenehmen Situationen, aber nachdem Denise über ihre Fehler aufgeklärt worden war und sich an die Regeln hielt, wurde sie von den Aborigines akzeptiert. Wenn Charlie größere Veränderungen mit seinem Land vorhatte, wie etwa einen neuen Zaun aufzustellen, beriet er sich erst mit den Stammesältesten. Wenn diese das Gebiet für nicht heilig erklärten, konnte Charlie sein Vorhaben ohne Zwischenfälle umsetzen. Soweit ich die Beziehung zwischen Aborigines und Mount-Swan-Bewohner verstanden habe, basierte es auf gegenseitiger

Achtung mit der Bewahrung einer gewissen Distanz. Mein Chef meinte jedoch, dass sein Sohn als Charlies Nachfolger keine Einwilligung der Community 5 mehr einholen werden müsse. Die jüngere Generation der Ureinwohner interessiere sich nicht mehr ganz so viel für die Aufrechterhaltung der Traditionen.
Bei einem Abendessen wurde auch beschlossen, den Streit mit dem 100 Kilometer entfernten Nachbarn zu beenden. Aber ich bezweifle, dass das dem Widersacher jemals mitgeteilt wurde. Es ging um einen Straßenabschnitt, der laut Nachbar über sein Grundstück lief. Meine Arbeitsgeber behaupteten aber, dass dieses Land ihnen gehöre und somit auch die Straße. Charlies Bruder wurde daraufhin kurzerhand beauftragt, gleich am nächsten Tag die Walze aus der Scheune zu holen und eine neue Straße zu walzen. Über das eigene rote Stück Sand. Somit musste man nie wieder dem Nachbarn auf der Straße zu begegnen. Bedenkt man die Größe des Verkehrs in der Wüste, dürfte das zufällige Zusammentreffen sowieso eher selten der Fall gewesen sein.
Endlich konnte ich nach Lust und Laune die australische Küche ausprobieren, da ich auf Mount Swan den geeigneten Platz und unendlich viele Koch- und Backbücher zur Verfügung hatte. Und um die Zutaten musste ich mich auch nicht sorgen. Mount Swan verfügte über einen Lebensmittenvorrat, der an eine Belagerung denken ließ. So löste mein Damper Kindheitserinnerungen und meine Pavlova Begeisterung aus. Meine Kritiker waren sehr gnädig und freuten sich eigentlich über jeden Koch- und Backversuch.

Nach fast drei Wochen musste ich leider Mount Swan verlassen, da meine Zeit zu Ende ging. Ich wäre gerne noch geblieben, um das Branding mitzuerleben. Charlie versuchte mich zum Bleiben zu überreden, indem er seinen Sohn als Ehemann anbot. Ich wurde erst nach Alice Springs gefahren, als ich versprach wiederzukehren.
Ich dachte, dass es mir Mühe bereiten würde, mich mit der Weite und Abgeschnittenheit der Wüste abzufinden. Zu meiner Überraschung hatte ich keine Angst. Im Gegenteil: Eine meiner schönsten Erinnerungen ist es, in der Sonne zu stehen, von rotem Sand umgeben, so weit wie ich sehen kann keine Menschenseele. Völlige Ruhe, keine Abgase, kein Verkehrslärm und kein Stress. Nur die Wärme des Bodens zu spüren und ein klitzekleines Ozonloch über mir zu haben.

Gastronomie

(Hospitality)
Bier zapfen im Pub, 3-Gänge-Menüs servieren im 4-Sterne-Restaurant oder Hamburger zubereiten im Fast-Food-Laden – das und noch vieles mehr bietet die Gastronomie als Arbeitsmöglichkeiten. Und tatsächlich wird man in vielen Eisdielen, Cafés oder Sandwich-Restaurants von Working-Holiday-Personal be-

dient. Das Gaststättengewerbe ist einer der wichtigsten Arbeitsgeber für Rucksacktouristen. Gerade weil viele Backpacker in der Gastronomie arbeiten, herrscht ein reges Kommen und Gehen. Personal wird also ständig gesucht, das die eben abgereisten Aushilfskräfte ersetzt.

Wegen der hohen Nachfrage an Arbeitskräften haben sich viele Job-Agenturen auf Vermittlung qualifizierter Bedienungen, Barkeeper usw. spezialisiert. Allerdings sollte man schon wenigstens ein paar Monate in einer Bar oder einem Café gearbeitet haben, um über eine Agentur eine Stelle erhalten zu wollen. Diese wählen nämlich nicht zuletzt wegen den vielen Arbeitssuchenden nur die Qualifiziertesten aus. Um an aktuelle Adressen dieser Jobagenturen zu kommen, lohnt es sich in Backpacker-Magazine zu schauen (s. auch „Zeitungen" ab S. 136).

Auch mit wenig oder gar keiner Arbeitserfahrung kann man trotzdem sein Glück versuchen. Dann ist es jedoch vorteilhafter, sich gleich bei einem Restaurantbesitzer vorzustellen und sich als hochmotivierte und schnell lernende Aushilfe anzubieten.

Hat eine Tätigkeit mit Alkohol im weitesten Sinne zu tun, z.B. Ausschenken oder Verkaufen, so ist vorher ein sogenannter RSA-Kurs (**R**esponsible **S**ervice for **A**lcohol) zu besuchen. Mehr dazu im folgenden Abschnitt.

Ein weiteres Zertifikat, das für eine Anstellung im Pub benötigt werden könnte, ist der RCG-Nachweis (**R**esponsible **C**onduct of **G**ambling). Ähnlich wie beim RSA-Lehrgang lernt man hier den verantwortungsvollen Umgang mit Spielautomaten. Ob ein Arbeitgeber aber wirklich Wert auf diesen Schein legt, sollte vorher geklärt werden.

Wer Interesse hat, von der Pieke auf zu lernen, wie ein Tisch im Restaurant ordnungsgemäß gedeckt oder wie Wein vorschriftsmäßig serviert wird, kann dies bei diversen Trainingsagenturen tun. Diese haben sich zur Aufgabe gemacht, genau jene Fertigkeiten zu vermitteln, die im Gaststättengewerbe gebraucht werden. Auch hierzu bietet der folgende Abschnitt mehr Wissen.

Da Pubs, Lokale und Imbissshops ein großes Betätigungsfeld für Working-Holiday-Reisende bieten, sollte folgender, ständig wiederkehrende Konflikt zwischen Arbeitnehmer und Arbeitgeber möglichst vermieden werden.

Besonders in der Gastronomie kommt es immer wieder zu einem Interessenskonflikt zwischen Chefs und Aushilfen, wenn es darum geht, wie viele Monate eine Aushilfe beabsichtigt, insgesamt zu arbeiten.

Exemplarisch für alle Gastronomen: Der Restaurantbesitzer möchte natürlich eine neu angelernte Aushilfe so lange wie möglich halten, um nicht nach ein paar Wochen schon wieder jemanden anlernen zu müssen. Backpacker hingegen tendieren eher dazu, nach ein oder zwei Arbeitsmonaten an einem Ort weiterzuziehen. Schließlich will man ja etwas von Australien sehen und Abenteuer hautnah erleben und sie sich nicht nur erzählen lassen. Da der Restaurantbesitzer dies weiß, stellt er lieber Arbeitssuchende ein, die ihm mindestens drei Monate Arbeitszeit zusagen. Weil wiederum Backpacker dies wissen, wird dem zukünftigen Boss die tatsächlich beabsichtigte Arbeitszeit verheimlicht und mindestens drei Monate Arbeitsaufenthalt versprochen.

Wenn die gerade angelernte Aushilfe nun doch wie aus heiterem Himmel nach anderthalb Monaten den Job an den Nagel hängt und sich verdünnisiert, ist das Vertrauen zwischen Chef und Aushilfe geschädigt. Erstens äußerst unpraktisch, wenn der letzte Gehaltsscheck noch nicht bezahlt wurde, und zweitens blöd für alle nachfolgenden Working-Holiday-Reisenden, die sich beim geprellten Restaurantbesitzer um eine Stelle bewerben wollen. Im eigenen Interesse und im Sinne aller zukünftigen Backpacker sollte das vermessene Flunkern möglichst umgangen werden. In der Praxis hat sich eine Mischung aus Ehrlichkeit plus ein paar Wochen als gesund und erträglich für beide Seiten gezeigt.

RSA-Kurs

(**R**esponsible **S**ervice for **A**lcohol)
Was wäre Australien ohne Bier? Ein noch trockenerer Kontinent als es ohnehin schon ist. Alkohol, vor allem das gelbliche Hopfengebräu, ist fester Bestandteil der Kultur. Die Gefahren, welche Alkohol birgt, werden aber sehr ernst genommen. Deshalb geht man mit Alkohol anders um als hierzulande. Die gesetzliche Altersgrenze, um Alkohol zu kaufen, liegt bei 18 Jahren. In Supermärkten oder gar an Tankstellen sucht man Bier und Co. vergebens. Und wer in der Öffentlichkeit oder z.B. in Zügen trinkt, macht schnell Bekanntschaft mit der Polizei.

Eine weitere Maßnahme vor Alkoholmissbrauch ist der sogenannte verantwortungsbewusste Ausschank von Alkohol – kurz: RSA – in Bars, Restaurants und Pubs.

Ein RSA-Zertifikat ist Pflicht für Gastronomie-Personal in NSW und VIC, in den anderen Bundesstaaten handhabt dies jeder Arbeitgeber unterschiedlich. Mit dem Papier wird die Teilnahme an einer eintägigen Schulung im verantwortungsbewussten Umgang mit Alkohol bestätigt.

Ein RSA-Kurs dauert in der Regel sechs bis sieben Stunden und kostet zwischen AUS$ 65 und 100 (~ 42-66 EUR). Angeboten wird der Kurs oft direkt von Job-Agenturen, die sich auf Gastronomie spezialisiert haben. Aber auch bei Trainingsagenturen kann man das Zertifikat erhalten.

Trainingsagenturen

Noch nie gekellnert oder hinter der Bar gestanden? Dann ist es mit hoher Wahrscheinlichkeit schwerer eine Beschäftigung in der Gastronomie zu finden. Wer noch keine Chance gehabt hat, Arbeitserfahrung zu sammeln, braucht trotzdem nicht zu verzweifeln. Alles ist erlernbar. Genau dies ist das Geschäft der Trainingsagenturen. Hier lernt man, vollbeladene Tabletts sicher zu den Restauranttischen zu bringen und wie ein „Sex on the Beach" gemixt wird.

Angeboten werden Kellner- und Bar-Kurse unter verschiedensten Bezeichnungen mit einer Dauer von einem bis zu fünf Tagen. Die Preise bewegen sich in etwa zwischen AUS$ 100 und 500 (~ 66 und 330 EUR). Das kann die Reisekasse reichlich belasten, so dass Kosten und zu erwartender Nutzen gut gegeneinander abgewogen werden sollten. Ein Freifahrtsschein, um an Arbeit zu kommen, ist so ein Kurs natürlich nicht. Allerdings kann der Besuch eines Kellner- oder Barkeeper-Kurses u.U. die Jobsuche erleichtern. Besonders, wenn die Trainingsagentur selbst Gastronomie-Personal vermittelt. Übernommen werden aber vorrangig die besten Absolventen eines Kurses. Deshalb vorher unbedingt genau fragen, ob derzeit konkrete Aussichten auf Anstellung bestehen.

RSA- und Gastronomie-Kurse

New South Wales

Hostec – Training Course Professionals,
Level 6, 11 York Street, Sydney NSW 2000,
Tel.: 02 - 80 02 02 22, Fax: 02 – 92 23 72 61,
info@tcptraining.com, www.tcptraining.com
RSA-Kurs kann im Travellers Contact Point gebucht werden

Restaurant & Catering NSW,
Level 1, 80 Cooper Street, Surry Hills NSW 2010,
Tel.: 1300 – 65 06 46, Tel.: 02 – 92 11 35 00, Fax: 02 – 92 11 38 00,
rcnsw@rcnsw.asn.au, www.restaurantcater.asn.au
RSA-Kurse in Sydney, Wagga Wagga und Wollongong

Open Training and Education Network (OTEN),
51 Wentworth Road, Strathfield NSW 2135,
Tel.: 1300-36 23 46, Tel.: 02-97 15 83 33, Fax: 02-97 15 81 11,
oten.courseinfo@tafensw.edu.au, www.tafensw.edu.au/oten
RSA-Kurs auch als Fernlehrgang

Victoria

The Bakpak Group
167 Franklin St, Melbourne, VIC 3000,
Tel.: 03 - 93 29 75 25, Tel.: 1800 - 645 200,
stay@discoverymelbourne.com, www.discoverymelbourne.com

RSA-Kurs und erster Kellner-Job

Erfahrungsbericht von Michaela Meinicke und Julia Hornickel

Alkohol ist hier in Australien ein ziemliches Thema. Die Gesetze sind streng und die Vorbeugungspraktiken noch mehr. Überall Verbots- und Hinweisschilder, Alkohol gibt's nicht im Supermarkt, sondern nur im Bottleshop, wo er, wie in Amerika, in braunen Tüten verkauft wird. Ein Teil der Vorbeugung vor Alkoholmissbrauch ist der verantwortungsbewusste Ausschank, den jeder Kellner, Barkeeper oder sonstiges Servicepersonal mittels eines knapp 7-stündigen Kurses lernen muss.

Um einen in Aussicht stehenden Job wirklich zu bekommen, saßen wir nun in jenem ominösen Kurs und mit uns andere Backpacker verschiedener Nationen. Das war dann wie ein Spiegel internationaler Alkoholerziehung. Vorneweg die in Überzahl lautstarken Engländer mit ihren beeindruckend geschilderten Saufgelagen im dorfeigenen Pub. Daneben nicht weniger trinkfreudige, neuseeländische Kiwis und dazwischen eine schüchterne Amerikanerin, die nur anmerkte, bei ihr zuhause dürfe man erst ab 21 Alkohol konsumieren. Auf die Frage, ob sich jeder an seinen ersten Alkoholgenuss erinnert, kamen jede Menge zustimmende Rufe. Zu blöd, dass Julia und ich da eine Gedächtnislücke hatten. Irgendwie trank doch jeder schon immer auf Familienfeiern und in der Kneipe. Wann hat das angefangen? Geht man die Sache lockerer an, wenn es schon mit 16 normal ist Wein und Bier zu trinken und nicht wie hier, bis zum 18. Geburtstag so ein Geheimnis draus machen muss? Das hat uns zu denken gegeben. Tatsache ist, dass es in Australien ganz schön exzessiv zugeht in Sachen Alkohol. Im RSA-Kurs lernt man u.a. wie man „nein" sagt zu Betrunkenen und zu erkennen, wo die schmale Grenze liegt, die Alkoholausschank rechtfertigt.

Dieser nützliche Kurs verhalf uns dann zu unserem Job. Eine Hospitality-Agentur buchte uns für einen großen Empfang in der Oper von Sydney. 1400 Gäste, 200 Angestellte und wir mittendrin, mit schwarzem Dinner-Jacket und lässig weißer Serviette überm Arm. Und wir hatten noch nie in unserem Leben richtig seriös gekellnert. Meine Todesangst vor dem Riesentablett gefüllter Weißwein-Gläser ist deshalb wohl verständlich. Aber noch war es nicht soweit. Der Kellner neben mir wurde wegen seines Drei-Tage-Bartes abkommandiert und erschien fünf Minuten später frisch rasiert. Eine andere Angestellte musste die Socken wechseln. Man kann sich also das strenge Regime vorstellen. Eine Stunde stand ich kerzengerade mit breitem Lächeln (das war so gefordert) und wies die hereinschwebenden Gäste mit manierlicher Gestik in die richtigen Flure. Im Hintergrund spielte eine kleine Jazzband und hinter den großen gläsernen Fenstern konnte man die Sonne hinter der Harbour-Bridge verschwinden sehen. Da war ich der glücklichste, arme, kleine Backpacker der

Welt.

Es wurde dann schon etwas schwieriger, als das Servieren begann. Plötzlich war mir klar, warum sich alle darum gerissen hatten, die Kanapees zu servieren. Mein bis zum Rand vollbepacktes Tablett klirrte auf dem Weg durch die gesellige Menge. Gott sei dank ist mein Albtraum nicht wahr geworden und ich habe weder Gläser zerdeppert noch eine der feinen Abendroben ruiniert. Julie war eine derjenigen, die das mehrgängige Menu servieren sollten. Immer mit der Nase in den köstlichsten Gerichten hängen und nichts davon essen dürfen. Als wir später nach Hause gingen, hat sie mir die Sachen aufgezählt und mir ist das Wasser im Mund zusammengelaufen. Ich hätte das bestimmt nicht durchgehalten, diese Quälerei.

Auf den Stufen der Oper lag vor uns noch einmal das Festzelt, wunderschön beleuchtet und erfüllt von Musik und Tanz und lachenden Partygästen, gleich dahinter der Hafen, die Brücke und die Skyline von Sydney. Es war wirklich wie im Märchen. Man kann es selber kaum glauben.

Vom Sandwich-Trainee zum Sandwich-Artisten
Erfahrungsbericht von Jörn Schulz

Sydney, 5:23 p.m, Feierabend – Am Ende eines anstrengenden, aber leider erfolglosen Arbeitsuche-Tages komme ich an einem Subway-Restaurant, einem Sandwich-Fastfood-Laden, in der Liverpool Street vorbei. Von einem Loch im Bauch geplagt, trete ich ein und warte vor der Theke darauf, dass jemand meine Bestellung entgegen nimmt. Der Laden ist voll, die Menschenschlange lang und die Bedienungen haben alle Hände voll zu tun. Warum eigentlich nicht mal hier nach einem Job fragen, schießt es mir durch den Kopf. Geschäftig genug ist es, und die zwei Angestellten hinter der Theke sind voll ausgelastet.
Als ich an der Reihe bin, frage ich einen Mann asiatischer Herkunft nach dem Manager des Restaurants. Zufällig bin ich gleich an den Richtigen geraten, da er den Laden verwaltet.
„Ich habe gehört, dass Sie noch ein paar helfende Hände gebrauchen können", verkünde ich ihm selbstbewusst. Demonstrativ halte ich ihm meine Hände entgegen: „Nun, hier sind sie."

Der Mann muss grinsen. Schnell erzähle ich ihm von meinem Bäckerjob, bei dem ich während der Schulzeit am Wochenende wertvolle Erfahrungen im Umgang mit Brötchen gesammelt habe. Und so viel anders kann das ja mit den Sandwiches auch nicht sein, gebe ich lässig von mir. Außerdem erzähle ich ihm, wie ich durch diverse andere Ferienjobs, z.B. auf einer Messe den freundlichen Umgang mit Kunden gelernt habe und dass ich Neues schnell lerne.
Er nickt nur, hat aber wegen der vielen Kunden keine Zeit. Er schlägt mir vor,

am nächsten Tag zur Mittagszeit noch einmal vorbeizuschauen, wenn der Laden so richtig voll sei. Dann könne ich mir noch einmal überlegen, ob ich mich wirklich für eine Stelle als Sandwich-Macher interessiere. Ich hinterlasse noch meine Telefonnummer und meine Adresse und verabschiede mich.

Am nächsten Tag bin ich pünktlich zur Mittagszeit da. Der Laden ist noch voller als am gestrigen Tag, die Hektik hinter der Theke noch chaotischer. Nachdem ich das Szenario eine Weile beobachtet habe, gehe ich auf den Manager zu und frage ihn, wann ich anfangen könne. Der bittet mich, in zwei Stunden zum Probearbeiten wiederzukommen. Vor Freude strahlend verlasse ich das Restaurant.

Knapp zwei Stunden später ist der große Ansturm auf die Subway-Sandwiches vorbei und etwas Ruhe eingekehrt. Der Manager mustert mich noch einmal und lotst mich hinter die Theke. Nach ein paar Belehrungen zeigt er mir, wie ein einfaches Schinken-Sandwich zubereitet wird und fordert mich auf, es ihm gleich zu tun. Nichts leichter als das, denke ich. Hier ein bisschen Käse und Schinken, da etwas Grünzeug, zum Schluss noch Soße drauf und fertig. Obwohl ich glaubte, die Reihenfolge genau eingehalten zu haben, scheint der Manager nicht so ganz glücklich. Zu wenig Salat, vier anstatt drei Tomatenscheiben und Paprikaschnipsel – wenn ich alle Sandwiches so zubereiten würde, wäre er bald arm dran, rümpft er die Nase. Ich bekomme eine zweite Chance und konzentriere mich nun voll und ganz auf die vorgegebenen Mengen. Okay, geschafft!

Da ich mich nicht vollends ungeschickt anstelle, entscheidet sich der Manager, mich als Teilzeit-Sandwich-Trainee einzustellen. Ich bin überglücklich, endlich etwas Festes gefunden zu haben, auch wenn ich nur halbtags arbeiten darf.

Zwei Tage später ist mein erster Arbeitstag. Ich bekomme ein T-Shirt mit der Aufschrift „Sandwich Artist" sowie eine Baseballkappe und eine Schürze. Schwarze Hose und feste Schuhe sind ebenfalls Pflicht, mussten aber von mir selbst gekauft werden, da ich zu Hause an so etwas nicht gedacht hatte. Zuerst fragt mich der Manager, wer der Boss sei. „Du", stottere ich herum. Falsche Antwort, sechs, setzen. Der Kunde ist der Chef und bestimmt, was gemacht wird. Das solle ich mir von Anfang an klar machen. Dann händigt mir der Manager eine Arbeitsprioritäten-Liste aus. In fünf Punkten ist verzeichnet, was ich zu tun habe.

• Den Kunden nach drei Sekunden grüßen, wenn er das Lokal betreten hat.
• Die Bestellung annehmen und das Sandwich zubereiten.
• Die Theke säubern, das Lokal reinigen und die Tabletts abräumen, wenn kein Kunde bedient werden muss.
• Die Sandwich-Zutaten hinter der Theke überprüfen und ggf. auffüllen.
Abwaschen.

Klingt eigentlich ganz einfach. In der Praxis ist das Koordinieren der verschiedenen Aufgaben in einem vollen Restaurant schwieriger, als ich gedacht

hätte. Ständig verwechsle ich beim Zubereiten die Zutaten für die Sandwicharten, mit dem Abräumen der Tabletts auf den Tischen komme ich nicht hinterher, und der Abwasch türmt sich meterhoch.
Der Manager schickt mich in den hinteren Teil des Restaurants, um Tomaten und Paprika zu zerkleinern. Weil ich hektisch bin und schnell machen will, schneide ich mir gleich zweimal in die Finger. Der Manager beobachtet mich aus seinem Blickwinkel, und ich denke, das war's. Aber anstatt böse zu gucken, reicht er mir ein Pflaster, grinst und sagt: „Nicht wie beim Bäcker hier, oder?"
Obwohl der erste Tag schrecklich war und ich ernsthaft überlege, ob ich wirklich zum Sandwich-Artist berufen bin, beruhigt mich der Manager und gibt mir eine Art Speisekarte mit den verschiedenen Sandwiches zum Lesen mit nach Hause. Diese solle ich in den nächsten Tagen auswendig lernen. Zum einem werde ich nicht ständig fragen müssen und mich zum anderen sicherer beim Zubereiten der Sandwiches fühlen. Okay, bei Subway zu arbeiten, ist herausfordernder als ich gedacht hatte.
Nach zwei Wochen Einarbeitungszeit geht die Arbeit leichter von der Hand. Ich kenne fast alle Sandwiches auswendig, die Handgriffe beim Belegen der Brotstangen sitzen besser und ich schaffe, alle Aufgaben abzuarbeiten.
Da ich nun nicht mehr nur im Weg stehe, sondern eine echte Hilfe bin, frage ich nach etwas mehr Stundenlohn. Der Manager gesteht mir zwei Dollar mehr zu und stellt mir eine weitere Stundenlohnerhöhung in Aussicht, wenn ich länger als zwei Monate bleibe. Freudig gebe ich mich erst einmal mit dem Aufstieg vom Sandwich-Trainee zum echten Sandwich-Artist zufrieden.

Spenden sammeln

(Fund-raising)
„Promotion jobs for a Sydney city based marketing company"
Die Annonce in der Tageszeitung liest sich vielversprechend. Was steckt wohl dahinter? Handzettel verteilen vielleicht? In der Realität verbergen sich hinter den Begriffen „Promotion" und „Advertising" oft Spendensammler- oder Verkaufsjob. Gesammelt wird meist für wohltätige Zwecke, verkauft u.a. Versicherungen, Handyverträge oder ähnliches. Für Jobsuchende, die gut reden und überzeugen können, sicherlich eine mögliche Arbeit. Wer sich in der Sprache noch nicht hundertprozentig sicher fühlt, sollte zweimal überlegen, einen solchen Job anzunehmen. Vor allem, weil meist nur auf Provisionsbasis entlohnt wird. Und wenn man ehrlich ist: Wie hoch ist wohl die Trefferquote für einen mit Akzent sprechenden Spendensammler, viele Jahresverträge über z.B. AUS$ 10 pro Monat abzuschließen? Wer es trotzdem auf einen Versuch ankommen lassen möchte, kann ohne vorherige Arbeitserfahrung anfangen. Die Unternehmen bieten vor

der Einstellung meist einen Vorbereitungskurs an, in dem man mit schlagkräftigen Argumenten ausgestattet wird.

Handzettel / Broschüren verteilen

(hand out flyer / leaflets)
Setzt man Arbeitsaufwand und Bezahlung ins Verhältnis, lässt sich folgendes sagen: Flyer oder Handzettel verteilen ist einer der bequemsten und wirklich gut bezahlten Jobs, die man als ungelernte Kraft bekommen kann. Mit durchschnittlich AUS$ 15 (~ 10 EUR) pro Stunde für das Aushändigen von Werbematerial an Passanten lässt es sich leben.

Da in Großstädten an buchstäblich allen Ecken irgendjemand mit Flyern auf einen lauert, scheint der Bedarf an Verteilern dementsprechend hoch zu sein. So einfach ist es jedoch nicht, einen Verteilerjob zu finden. Am wahrscheinlichsten können Job-Agenturen bei der Stellevermittlung helfen.

Einziger Wermutstropfen: Acht Stunden lang Handzettel verteilen wäre zwar schön, die Jobs dauern jedoch meist nur ein bis zwei Stunden. Ein guter Nebenverdienst ist das allemal.

Magazin-Verteiler für „Nine to Five"
Erfahrungsbericht, Jörn Schulz

Ich schlendere gerade durch Sydneys Central Business District (CBD), als mein Handy klingelt. Am anderen Ende der Leitung meldet sich die Personalchefin des „Nine to Five"-Magazins, einer kostenlosen A4-Wochenzeitschrift mit Stellenangeboten, Einkaufstipps und Sydneys kulturellen Höhepunkten. Vor ein paar Tagen hatte ich mich bei „Nine to Five" als Verteiler beworben und werde nun zum Interview eingeladen. Mein erster Job! Vor Freude mache ich einen Luftsprung. Die Passanten schauen mich etwas komisch an.

Einen Tag später sitze ich, natürlich mit Hemd, Schlips und einer schwarzen Hose bekleidet, im Personalbüro von „Nine to Five" und bekomme von der Personalchefin Instruktionen. Meine Aufgabe wird es sein, das Magazin jeden Montag an verschiedenen Bahnstationen im CBD Sydneys zu verteilen. Für zwei Stunden Arbeit bekomme ich AUS $ 32 (~ 21 EUR). Auch wenn das nicht die Welt ist, freue ich mich riesig, da ich nach der vielen Sucherei endlich eine erste Beschäftigung habe. Nachdem ich den Papierkram erledigt habe, bekomme ich noch eine Visitenkarte und ein T-Shirt in die Hand gedrückt. Damit bin ich offiziell Mitarbeiter des Magazins.

Am darauf folgenden Montag stehe ich schon eine Viertelstunde vor

Arbeitsbeginn mit meinem schwarzen Arbeits-T-Shirt an der City-Rail-Station „Martin Place", wo ich mich mit anderen Verteilern treffen soll. Kurze Zeit später sehe ich ein paar weitere „Nine To Five"-Shirts auf mich zulaufen. Peter, der festangestellte Verteilungskoordinator, erklärt mir kurz meine Aufgabe. Ab 7 Uhr 15 geht es dann los, die Verteilung beginnt. Mit einem Stapel Magazine im Arm postiere ich mich direkt vor den Eingang der Bahnstation. Zaghaft reiche ich ein paar vorbeilaufenden Passanten die Zeitschrift. So richtig interessiert scheinen sie nicht zu sein. Dankend lehnen sie ab. Eine dreiviertel Stunde tut sich wenig und mein Arm wird unter der Last der Magazine schwer. Plötzlich Stimmengewirr, eine größere Menschenmenge kommt die Rolltreppe der „Martin Place"-Station herauf und überrennt mich förmlich. Ich komme mit dem Aushändigen der Magazine kaum nach. Offensichtlich kennen die mir entgegen Kommenden die Zeitschrift und wissen, dass es montags die neuste Ausgabe gibt. Ich bin etwas überfordert, da mein Stapel auf dem Arm blitzschnell weg ist und ich ständig neue Exemplare aus dem großen Karton holen muss. Nach dem ersten, großen Ansturm erklärt mir Peter, dass meist Büroangestellte auf dem Weg zur Arbeit das Magazin mitnehmen würden und jetzt der Berufsverkehr so richtig in Schwung komme. Ich muss grinsen. Dieser Job wird leichter, als ich anfangs gedacht hatte.

Wenn gerade kein neuer Zug ankommt und sich der Ansturm in Grenzen hält, versuche ich ein paar vereinzelten Fußgängern das Magazin in die Hand zu drücken. Einige schütteln den Kopf und wollen es nicht mitnehmen. Wahrscheinlich sind sie sich bewusst, dass es ohnehin nur eine Zeitschrift vollgestopft mit Werbung ist, die später im Müll landen wird. Außerdem steht in Sydney an fast jeder Ecke ein Verteiler mit Flyern, die er loswerden will. Aber wenn ich nett lächele und ihnen das Magazin direkt entgegenstrecke, nehmen einige es doch noch mit.

Nach anderthalb Stunden sind die letzten Exemplare verteilt. Peter ruft die Verteiler zu sich, bedankt sich bei allen für den Einsatz und wünscht uns eine schöne Woche. Obwohl niemand die volle Zeit gearbeitet hat, schreibt Peter für jeden zwei Stunden auf. Gut gelaunt verlasse ich die Bahnstation. Mein Arbeitstag ist für heute beendet. Die Büroangestellten, an die ich eben noch das Magazin verteilt habe, beginnen erst jetzt und müssen bis fünf durchhalten. Denn „Nine to Five" ist die reguläre Büroarbeitszeit in Australien.

Handlanger

(Construction work)
Auf dem Bau geht es rau zu. Hier sollte nur nach Arbeit fragen, für den harte körperliche Arbeit kein Fremdwort ist, der gut zupacken kann und vielleicht schon einmal auf einer Baustelle gearbeitet hat. Wenn das zutrifft, ist der beste Weg eine Stelle aufzutun, einfach auf der nächsten Großbaustelle zu fragen. Auch in Tageszeitungen sind Anzeigen auf freie Stellen zu finden. Handlanger und Aushilfen werden – gerade, wenn der Fertigstellungstermin eines Projektes in greifbare Nähe rückt – immer wieder gesucht. Als Handlanger muss man sich einstellen auf viel Schlepparbeit, leichte Malertätigkeiten und alles, was sonst noch so auf dem Bau anfällt. Hat man zwei linke Hände, sollte sich das mit dem Bau noch mal genau überlegen. Häufig wird bei solchen Arbeiten ein Zertifikat (z.B. Building and Construction Safety Induction) benötigt, das auch unter den Namen „Blue Card", „Green Card" oder „White Card" bekannt ist. Diese Bescheinigung bestätigt, dass man sich mit der Arbeit auf Baustellen auskennt, sich der Gefahren und der eigenen Verantwortung bewusst ist und weiß, welche Kleidung angemessen ist (zB Stahlkappenschuhe). Ein solcher Sicherheitskurs kann an den lokalen TAFE-Zentren (etwa wie eine Berufsschule) oder über das Internet absolviert werden, dauert etwa vier Stunden und kostet rund AUS$ 100 (~66 EUR). Jedoch existieren in den Bundesstaaten teils unterschiedliche Belege, was sie nicht universell einsetzbar macht. Eine „Blue Card" in Queensland ist nicht gleichbedeutend mit einer „Green Card" in NSW.

Umzugshelfer

(Removalist / pre-packer)
Das Klavier treppauf, den Billardtisch treppab tragen; trepp auf, trepp ab … und das den ganzen Tag lang: Wer eine gute Kondition vorweisen kann und körperlich schwere Arbeit nicht scheut, kann sein Glück auch als Umzugshelfer versuchen. In den gängigen Tageszeitungen sind Stellenanzeigen und Kontaktdaten von Umzugsunternehmen zu finden; größere Umzugsdienstleister bieten auf ihren Internetseiten Informationen, wo und wie man sich bewerben kann. Beispiel: Minimovers.
Minimovers, www.mmjobs.com.au/mmjobs

Büroarbeit

(office work)
Vorausgesetzt, man kennt sich mit Word, Exel und Access aus, weiß, wie man Geschäftsbriefe aufsetzt und wie man mit Geschäftskunden am Telefon umgeht, so ist Büroarbeit ein höchst lukratives Arbeitsfeld. Zahlreiche temporäre Positionen gibt es jedenfalls in Großstädten genug. Dass die Sprache keine Barriere sein darf, sondern gut bis sehr gut beherrscht werden sollte, steht außer Frage. Auch wird des Öfteren mehrmonatige Arbeitserfahrung vorausgesetzt. Für eine zeitlich begrenzte Stelle kann eben niemand den Aufwand betreiben, eine Aushilfe erst großartig einweisen zu müssen.
Verfügt man aber über die genannten Qualifikationen, findet man am leichtesten eine Anstellung über Job-Agenturen. Tageszeitung und das Internet können ebenfalls bei der Suche behilflich sein.

Tourismusbranche

(tourism)
Rund 200.000 Besucher aus deutschsprachigen Ländern reisten im vergangenen Jahr nach Australien (*Quelle*: Australische Botschaft). Viele davon können zwar Englisch sprechen, entdecken aber touristische Höhepunkte wie den Uluru, das Große Barriereriff oder eine Stadtrundfahrt durch Melbourne lieber mit deutscher Reisebegleitung. Diverse Reiseunternehmen haben sich darauf spezialisiert, mehrsprachige Touren anzubieten, was natürlich jeden Muttersprachler auf den Plan ruft. Mit etwas Vorwissen über die jeweilige Geschichte der lokalen Attraktionen steht man beim Vorstellungsgespräch glänzend da. Die detaillierten Informationen werden einem sowieso erst hinterher eingetrichtert. Wer also gut erzählen und präsentieren kann, sollte ruhig einmal darüber nachdenken, deutschsprachiger Touristenführer zu werden. Auch Museen suchen gelegentlich fremdsprachige Führer, die den Touristen die musealen Schätze nahebringen. Durch direktes Vorstellen bei unterschiedlichen Reiseunternehmern kann man genauso an einen Job kommen wie durch die Suche in der Zeitung und Web.

Freizeitsportarten unterrichten

(Snowboard, ski or surf teacher, dive instructor)
Auch wenn's im ersten Augenblick ungewöhnlich klingt: Man kann in Australien Ski und Snowboard fahren. Die Snowy Mountains geben je nach Wetterlage

im australischen Winter (Juni – September) ein herrliches Skigebiet ab. Um den von Natur aus eher wassersportbegeisterten Australiern beizubringen, wie man die weißen Pisten heil herunterkommt, braucht es ausgebildete Ski- bzw. Snowboard-Lehrer. Der Tipp also an alle, denen Skibretter die Welt bedeuten und die vielleicht sogar eine Ausbildung zum Ski- bzw. Snowboardlehrer nachweisen können: Im Winter ist in den Snowy Mountains (NSW / VIC) bestimmt Arbeit in Aussicht. Da arbeiten, wo andere Urlaub machen – davon träumen viele. Weitere Betätigungsfelder im Bereich Freizeitsport sind das Surfen und das Tauchen. Mit dem Titel Surf- oder Tauchlehrer stehen einem die Türen zu den Urlaubsresorts weit offen. Vorausgesetzt, es sind freie Stellen vorhanden. Am sichersten ist es, einfach per Telefon in den Urlaubsgebieten nachzufragen, ob irgendwo Lehrer gesucht werden.

Tipp: Die am weitestverbreitete und meistakzeptierte Tauchorganisation ist PADI. Um als Tauchlehrer unterrichten zu können, ist mindestens ein PADI-Dive-Instructor vonnöten.

Kinderbetreuung

(Childcare / Au Pair)
Kinder zu betreuen und auf sie aufzupassen, während die Eltern auf der Arbeit sind oder sich einen schönen Abend machen – das kommt als Verdienstquelle für all diejenigen infrage, die gut mit Kindern umgehen können und wissen, wie man im Ernstfall quengelnde Schreihälse beruhigt.

Erfahrung mit Kindern vorausgesetzt kann man sich auf Zeitungsinserate bewerben oder bei einer Nanny-Agentur vorsprechen. Hier allerdings sind Referenzen äußerst empfehlenswert, da in irgendeiner Form aus dem Lebenslauf hervorgehen sollte, dass man bereits als Kinderbetreuer gearbeitet hat. Denn sucht eine Familie über eine Agentur die passende Kinderbetreuung, wird auch qualifiziertes Personal erwartet. Schließlich vertrauen die meisten pflichtbewussten Eltern ihren Nachwuchs selten irgendjemand Dahergelaufenem an. Ein im Verborgenen schlummerndes Kochtalent kann Wunder bewirken.

Wer über einen längeren Zeitraum in einer Kindertagesstätte arbeiten möchte, benötigt ein Gesundheitszeugnis. Näheres hierzu im folgenden Punkt „Krankenpflege".

Tipp: Wer sich selbst noch als Kind fühlt, hat mit Sicherheit einen Vorteil, um die Gören bei Laune zu halten. Beim Vorstellungsgespräch aber ist das besser zu verschweigen.

Gute Adresse zum Thema Aupair o.ä.
www.au-pair-box.com

Australien, ich komme! – Als Au Pair in Sydney

Erfahrungsbericht von Andrea David

Kaum ist das Abitur in der Tasche, so drängt sich natürlich die Frage auf: "Was jetzt?". Mangels erleuchtender Ideen verfiel ich auf den Gedanken, mir eine kleine Auszeit zu nehmen, bevor der "Ernst des Lebens" beginnen würde. Und da man später wohl nie wieder so frei und ungebunden sein würde wie gerade nach dem Abi, hatte ich mich von Reisefieber und Abenteuerlust treiben lassen und beschlossen, ins Ausland zu gehen.

Nach einigem Hin und Her war es dann beschlossene Sache, als Au Pair nach Australien zu gehen. Auf der Suche nach einer entsprechenden Vermittlungsorganisation musste ich jedoch schnell feststellen, dass es einen Haken gab: Zwischen Deutschland und Australien existieren nämlich keine „Au Pair"-Abkommen, wie das mit den meisten europäischen Ländern der Fall ist, was eine legale Vermittlung natürlich erschwert.
Eine Alternative besteht in der Beschaffung eines Visums, das eine Arbeitserlaubnis beinhaltet. Zur Wahl steht zum Beispiel das Studentenvisum, bei dem an einem Sprachkurs teilzunehmen ist. Das ist die Variante, die unter dem Begriff Demi-Pair von deutschen Organisationen angeboten wird. Kostenpunkt ca. 4.000 Euro für 6 Monate. Darin enthalten sind zumeist die Sprachschule, Mithilfe bei der Visum-Beschaffung und die Vermittlung einer Familie. Nicht enthalten sind der Flug und jegliche Taschengelder / Gehälter vor Ort. In der Regel wird von den „Au Pair"-Mädchen als Ausgleich für freie Kost und Logis die Unterstützung im Haushalt und bei der Kinderbetreuung erwartet. Zusammen mit dem Besuch der Sprachschule bleibt dann nicht mehr all zu viel Freizeit übrig.
Da ich aber weder weitere Sprachstunden nehmen wollte, noch so viel Geld ausgeben konnte, kam für mich nur ein gewöhnliches Arbeitsvisum ohne Sprachkursverpflichtung in Frage. Daher habe ich mir im Internet bei der australischen Botschaft alle erforderlichen Unterlagen ausgedruckt und ein WHV beantragt.
Eine Aupairstelle zu bekommen, erwies sich als überraschend einfach, während die bei Backpackern heißbegehrten Jobs in Bars, Cafés, Restaurants oder kleineren Geschäften schwer zu ergattern sind. So machte ich Bekanntschaft mit vielen arbeitssuchenden Mädchen, die letztlich doch eine Stelle als Nanny (Kindermädchen) angenommen haben. So eine Stelle aufzutun, ist in den besseren Vororten von Sydney kein Problem. Ich würde fast sagen, dass es dort als regelrecht schick gilt, ein Au Pair zu beschäftigen.

Ich hatte bereits von daheim per Internet Kontakt zu zwei Nanny-Vermittlungsagenturen aufgenommen. Diesen habe ich meine Bewerbungsunterlagen zugesandt, ähnlich wie man sie auch für die gängigen „Aupair"-Aufenthalte in Europa braucht: Nachweise von bisheriger Kinderbetreuung, ein paar persönliche Fotos, polizeiliches Führungszeugnis, einen Brief an die Familie, ein Gesundheitszeugnis usw. Daraufhin bekam ich Kurzprofile mehrerer Familien zugesandt mit Gehaltsvorstellungen, Anzahl und Alter der Kinder, zu arbeitender Stundenzahl pro Woche, Wohnort, Angaben zum Zimmer, ob ein internationaler Führerschein benötigt würde (Linksverkehr!) usw.

Schnell bekam ich eine nette Familie aus einem Vorort Sydneys vorgestellt. Da ich das Profil sympathisch fand, trat ich per E-Mail mit ihr in Kontakt, und rasch wurden wir uns über Gehalt, Ankunftsdatum und Sonstiges einig.

Im Nachhinein weiß ich, dass nicht alle Au Pairs so viel Glück hatten, die Familie schon vor der Abreise kennengelernt zu haben. Viele mit mir befreundete Au Pairs reisten auf „gut Glück" nach Sydney, verbrachten einige Tage oder sogar Wochen in einem günstigen Backpacker-Hostel und stellten sich in der Zeit persönlich bei verschiedenen Familien vor. Solange bis eine passende gefunden war. Das hört sich vielleicht etwas riskant an, ist es aber nicht wirklich, denn viele Familien suchen jemanden für die Kinder, und wer sich selbst einigermaßen nett verkaufen kann, sollte problemlos eine Stelle finden. Zudem lernt man während des Aufenthalts in den Hostels schnell nette Leute kennen und kann schon mal erste Kontakte knüpfen.

Ich habe zur Kontaktaufnahme bei ein paar Au Pairs in meiner Gegend angerufen und mich mit ihnen zu einem Kaffee verabredet. Die Telefonnummern hatte ich von der australischen Vermittlungsorganisation, deren Service für die Au Pairs übrigens umsonst ist. Sie bekommen lediglich von den Familien bei erfolgreicher Vermittlung eine kleine Gebühr. Die Aupairs haben allerdings die Kosten für den Flug und das Visum selbstständig zu finanzieren.

Um das nötige Geld zusammenzukratzen, hatte ich nach dem bestandenen Schulabschluss noch drei Monate in Deutschland als Kindermädchen gearbeitet, so dass damit gleichzeitig die Wartezeit bis Oktober sinnvoll überbrückt war. In der Regel werden Au Pairs nämlich zu Beginn des australischen Schuljahres gesucht, also etwa im Oktober. Aber auch nach den 6-8-wöchigen Sommerferien im Dezember / Januar sind entsprechende Stellen zu finden.

Wer gänzlich auf einen Vermittler verzichten will, findet auch im Internet jede Menge „Schwarze Bretter", wo Au Pairs für diverse Standorte gesucht werden. Tendenziell sind die „Au Pair"-Aufenthalte ca. 6 Monate lang, wobei man beispielsweise die ersten 3 Monate auf den Vater, die letzten 3 Monate auf die Mutter angemeldet werden kann. Es ist nämlich Pflicht, sich bei Ankunft eine richtige Steuernummer zu besorgen!

Als praktisch erwies es sich, gleich ein eigenes, kostenloses Konto eröffnet zu haben. Darauf konnte mir mein Gehalt überwiesen werden, und dank EC-Karte konnte ich überall problemlos mit Karte bezahlen oder Geld abheben. Mit AUS$180 bekam ich bei 25-30 Wochenstunden Arbeit einen guten

Durchschnittslohn. Wenn ich durch zusätzliches Babysitten oder Ähnliches mehr gearbeitet hatte, erhielt ich AUS$ 8 pro Stunde zusätzlich. Hatte ich weniger Stunden gearbeitet, blieb ich diese der Familie für die folgende Woche schuldig. Dieses System fand ich sehr fair. Freundinnen von mir, die ihr Gehalt bar bekamen, hatten öfters Probleme mit der pünktlichen Auszahlung.

Insgesamt muss ich sagen, dass ich mit meiner Familie einen Volltreffer gelandet habe. Dadurch, dass meine Gastmama selbst in ihrer Jugend als Au Pair tätig gewesen war, wusste sie recht gut, wie man sich fühlt und hatte viel Verständnis für meine Situation. So half sie mir zum Beispiel in der Anfangszeit mit dem Einleben, indem sie mich überall hin mitnahm und mir ein paar Schicksalsgenossinnen aus der Gegend vorstellte. Das Wichtigste war jedoch, dass ich mich auf Anhieb mit allen Familienmitgliedern verstand. Die Eltern Phil und Lucy waren sehr herzliche und humorvolle Menschen, und die Kinder Chloe (5), Sally (7) und Paloma (15) waren aufgeweckt und gut erzogen.
Allein der Tagesablauf machte mir zu Beginn etwas zu schaffen. Die ganze Familie hatte einen sehr vollen Terminplan und ich musste mich erst mal an die ganze Hetzerei gewöhnen. Montags bis freitags morgens musste ich um 7 Uhr Frühstück machen, die Kinder wecken, sie in ihre Schuluniformen stecken, die Haare machen, beim Taschen-Packen helfen und das Zähneputzen überwachen. Dann fuhr ich Lucy zur Fähre, die sie zur Arbeit brachte und von dort aus alle Kinder in die verschiedenen Schulen. Zu Hause zurück erledigte ich leichte Aufräumarbeiten, machte die Wäsche, bügelte, bezog einmal wöchentlich die Kinderbetten und erledigte noch Einkäufe. Anschließend war bis etwa 15 Uhr Freizeit, die ich meist nutzte, um im nahe gelegenen Fitneßstudio zu trainieren oder am heimischen Computer E-Mails zu lesen bzw. zu schreiben. Selten lag ich auch mal am Pool und entspannte einfach. Normalerweise kam ich jedoch nur am Wochenende in die Sonne, nämlich dann, wenn ich mit meinen Freunden an die vielen tollen Strände Sydneys gefahren bin.
Nachmittags holte ich die zwei Kleinen wieder von der Schule ab und unternahm noch etwas mit ihnen. Manchmal sind wir mit den Fahrrädern an den Strand oder zu einem Spielplatz gefahren. Einmal die Woche brachte ich sie zum Schwimmunterricht, ein anderes Mal zum Stepptanz. Danach ging es heim, wo ich mich gleichzeitig um die Zubereitung des Dinners kümmern und die Mädchen in die Wanne stecken musste.
Die Älteste kam von alleine heim und musste dann erst mal ihre Schularbeiten erledigen. Meist wollte sie auch nicht mit uns essen, da sie wie ein Großstädter in Australier eine strenge Diät verfolgte, um den dortigen Schönheitsidealen einer „Beach Beauty" gerecht zu werden. Insgesamt hatte ich mit ihr kein besonders enges Verhältnis, was aber verständlich ist eingedenk der Tatsache, dass sie sich alle sechs Monate auf ein neues Au Pair einstellen muss. Da wäre ich auch bald an den Punkt gekommen, an dem ich keine Lust mehr auf eine enge Freundschaft mit jeder einzelnen hätte.

Abends packte ich die gebadeten Mädchen dann wieder ins Auto und wir fuhren erneut zur Fähre, diesmal um Lucy abzuholen. Manchmal half ich anschließend noch bei den Hausaufgaben und dem Zubettbringen und hatte dann in etwa ab 18 oder spätestens ab 19.30 Uhr frei.

In der Woche traf ich mich dann öfters noch mit einer Freundin zum Kino, Videoschauen oder einfach, um in Mosman noch etwas trinken zu gehen und am Strand zu sitzen und zu reden. Ins Zentrum Sydneys, dem Central Business District, bin ich meist nur am Wochenende gefahren. Obwohl das für mich in knapp 10 Minuten mit dem Bus zu erreichen war, sind wir dann lieber gemütlich dort hin und haben uns viel Zeit zum Shopping oder für sonstige Unternehmungen genommen.

Shoppen kann man in Sydney und Umgebung übrigens bestens. Überall sind riesige „Malls" (Einkaufszentren) und auch „Downtown" hat eine Menge zu bieten. Alles in allem wird einem in Sydney wirklich nicht langweilig. Wenn man nur ein bisschen Energie hat, Dinge zu erkunden, so gibt es viel zu erleben. Vor allem die Open-Air-Veranstaltungen – wo man übrigens prima echte Aussies kennenlernen kann, – die Flohmärkte und die Naturparks im Umland hatten es mir am meisten angetan.

Um letztere so richtig zu genießen, sollte man jedoch schon Tages- oder gleich Wochenendausflüge einplanen. Da ein anderes Au Pair aus der Gegend bereits Pläne gemacht hatte, ein Stück die Küste hochzufahren und mit einem Boot Wale und Delfine auf ihrem Weg ins Sommerrevier zu beobachten, kam ich gleich an meinem dritten Wochenende in Australien zu solch einem Ausflug. Und auch danach nutzte ich jede Gelegenheit, mehr von der fantastischen Natur rund um Sydney zu sehen. So waren wir ein anderes Mal für einen Tag in den Blue Mountains oder ein Wochenende mit einem Leihwagen im Royal National Park zum Kanufahren. Und als ich nach den Weihnachtstagen Besuch aus Deutschland hatte, reiste ich per Bus an der Ostküste entlang.

Grundsätzlich ist zum Reisen aber auch nach Beendigung der sechs Monate noch genügend Zeit. Dann kann man je nach angespartem Budget quer durchs Land reisen – mit dem Rucksack versteht sich! Dafür kauft man sich am besten einen Backpacker-Reiseführer mit allen Adressen und Telefonnummern von den Busgesellschaften und den Hostels sowie Sightseeingtipps und vielen weiteren nützlichen Hinweisen.

Eines meiner persönlichen Highlights war das Outback und der berühmte Uluru, ein Heiligtum der Ureinwohner. Aber auch die Inselreihen an der Ostküste und der Regenwald im Norden sind traumhaft schön.

Für mich waren die sieben Monate in Sydney eine fantastische Zeit und in jeder Hinsicht eine tolle Erfahrung. Auch wenn es selbstverständlich mal kleinere Problemchen gab, habe ich dort Erfahrungen machen dürfen, die meinen Horizont ungemein erweitert und mich geprägt haben. Zudem habe ich gelernt, Probleme immer offen ansprechen zu sollen – gleichgültig wie schwer es fällt.

Eine gut funktionierende Kommunikation ist einfach das A und O des Zusammenlebens.
Aber vor allem konnte ich mich glücklich schätzen, so viele wunderbare Menschen getroffen zu haben, die zu meinen Freunden wurden und es bis heute geblieben sind. Und auch die Aussies selbst habe ich stets als sehr aufgeschlossen und herzlich erlebt.

Insgesamt war es sicherlich ein wenig abenteuerlich, so ganz allein in die weit entfernte Fremde zu gehen, aber ich bin mehr als froh mich darauf eingelassen zu haben!

Krankenpflege

(Nursing)
Australien mangelt es an medizinisch ausgebildetem Personal. Dies hängt sicherlich nicht zuletzt mit den Ausbildungswegen zusammen. Um Krankenschwester oder -pfleger zu werden, ist ein Hochschulstudium zu absolvieren. Mit einer deutschen KrankenpflegerInnen-Ausbildung stehen die Chancen also ganz gut, durch Pflegepersonal-Agenturen (nursing agencies) eine Anstellung zu finden. Aber auch, wer Zivildienst oder ein Freiwilliges Soziales Jahr abgeleistet hat, kann mit den gesammelten Erfahrungen einen Job im Krankenhaus oder im Altersheim finden. Sogenannte *Patient Care Assistants* (PCA) sind die helfenden Hände der ausgebildeten Krankenschwestern und werden meist von erfahrenem, aber nicht voll ausgebildetem Personal besetzt, was schlicht und ergreifend billiger für die Agenturen ist. PCA-Aufgaben sind:

*   Essen austeilen
*   Patienten von A nach B zu fahren
*   Zimmerreinigung
*   Betten beziehen
*   Tag- oder Nachtwachen bei Risikopatienten

Die Arbeitsverteilung läuft in der Regel so ab: In einem Krankenhaus fehlt wegen Krankheit oder aus einem anderen Grund eine Nachtwache oder eine Krankenschwester. Das Krankenhaus stellt dann eine Anfrage an die Agentur, ob jemand von ihrem Personal einspringen könnte. Die Agentur wiederum ruft das eigene Personal an und fragt, wer die Schicht übernehmen kann. Wenn es gut läuft, ist jeden Tag Arbeit da. Allerdings muss man Flexibilität beweisen und in mehreren Krankenhäusern oder Pflegeheimen in unterschiedlichen Stadtteilen oder Gemeinden arbeiten.

Wer sich bei einer Pflegepersonal-Agentur anmelden möchte, sollte unbedingt alle möglichen Arbeitszeugnisse, Schulungsnachweise und Erste-Hilfe-Kurse übersetzen und in die Bewerbungsunterlagen packen. Nur so lässt sich nachprüfen, als was und wie lange man schon im sozialen Bereich gearbeitet hat.

Bewirbt man sich bei einer Arbeitsagentur, so ist in der Regel ein medizinisches Gutachten vorzuweisen, das die eigene Gesundheit attestiert. Einige Jobvermittler schicken ihre Zeitarbeiter zu einem Arzt in Australien, um dort die notwendigen Untersuchungen durchzuführen, anderen Agenturen reicht ein in Deutschland ausgestelltes Gutachten bei einem der australischen Vertragsärzte. Wer mit dem Gedanken spielt, im Gesundheitswesen oder in einer Kindertagesstätte zu arbeiten, sollte sich von einem in Deutschland ansässigen Vertragsarzt ein Attest ausstellen lassen. Adressen der Ärzte sind bei der Australischen Botschaft abrufbar, *www.immi.gov.au/contacts/overseas/g/germany/panel-doctors.htm.*

PCA – Die helfende Hand der Krankenschwestern

Erfahrungsbericht von Jörn Schulz

Fremantle Hospital, Warte 6G, 3:56 a.m. – Im Zimmer 612 ist es dunkel und ruhig. Nur eine milchig scheinende Tischlampe erhellt meinen Sitzplatz direkt neben einem der Patientenbetten. Ich sitze neben Mr. Chester, ein netter Mittsechziger, der aufgrund eines Herzproblems im Krankenhaus ist. Mr. Chester steht des Öfteren nachts auf, um ein paar Minuten im Gang hin und her zu laufen. Weil er nur sehr wackelig auf den Beinen unterwegs ist, braucht er einen ständigen Betreuer für den Fall der Fälle. Vom Krankenhaus-Pflegepersonal kann niemand dauerhaft an seinem Bett bleiben, weshalb mich meine Pflegepersonal-Agentur CPE ins Fremantle Hospital geschickt hat. Meine Aufgabe: Nachtwache halten.

Bis jetzt war Mr. Chester nur zweimal wach und wollte ein bisschen spazierengehen. Die restliche Zeit habe ich damit verbracht, meine Reisenotizen zu vervollständigen, in einem Roman zu lesen und ein paar Vokabeln zu lernen. Endlich mal eine ruhige Schicht nach all den anstrengenden Tagen der letzten Woche. CPE rief mich jeden Tag an und hatte eine Schicht nach der anderen für mich. Da ich mal wieder komplett abgebrannt bin, nehme ich jede Arbeit an, die ich kriegen kann, um meine Reisekasse wieder etwas aufzufüllen.

In den ersten Schichten war ich als PCA im Royal Perth Hospital tätig. Betten herzurichten, Wasserbehälter aufzufüllen und Mülleimer zu leeren, standen auf der Tagesordnung. Nichts, was ich nicht auch ohne elf Monate Zivildienst geschafft hätte. Die Schichten waren ganz nett, um mich einzuarbeiten, zu sehen, wie die Arbeit in Krankenhäusern so abläuft.

Dann allerdings wurde ich eine zeitlang für ein anderes Krankenhaus eingeteilt.

Hier arbeitete ich auf einer Station für Unfallopfer mit Gehirnverletzungen. Auf Patienten aufzupassen, die aufgrund ihres Unfalls sehr aggressiv gegenüber jedem reagierten, der ihnen zu nahe kam, war ein hartes Stück Brot. Die sprachliche Barriere, die anfangs noch zwischen den zu Betreuenden und mir stand, verschärfte die gespannte Situation noch zusätzlich. Ab und zu stieß ich an meine Grenzen, da ich während des Zivildienstes nicht mit wütenden Patienten umzugehen gelernt hatte.

Ein paar Schichten später fand ich mich in einem Altersheim wieder, wo ich zusammen mit einer Backpackerin aus England für ein ganzes Zimmer voll alter Herren zuständig war. Für diesen Job hat sich meine Zeit als Malteser und die Erfahrungen im Umgang mit pflegebedürftigen Menschen ausgezahlt. Ohne die Schulungen, die ich während meines Zivildienstes absolviert habe, hätte ich die harte körperliche und psychische Arbeit sicherlich nicht so gut überstanden. Und nun sitze ich als Nachtwächter im Fremantle Hospital und habe, solange mein Patient schläft, etwas Zeit für mich. Der Blick aus dem Fenster des 6. Stocks ist zwar nicht atemberaubend, aber dennoch schön anzuschauen. All die Lichter, der beleuchtete Hafen, die stählernen Kräne – für ein Krankenhauszimmer eigentlich recht passabel. Während der ersten Nachtschicht hatte ich Probleme wachzubleiben. Inzwischen habe ich mich an die Umstellung – vormittags zu schlafen und nachts zu arbeiten – gewöhnt. Aber dauerhaft möchte ich das nicht machen müssen, da eine solche Lebensweise ziemlich auslaugend sein kann. Doch mit dem Wissen, dass es sich nur um einen temporären Job handelt, ist vieles einfacher zu ertragen. Mr. Chester regt sich. Es ist wieder so weit. Langsam steht er auf, auf zittrigen Beinen läuft er aus dem Zimmer. Ich immer an seiner Seite. Sicherheitshalber halte ich ihn am Arm fest, damit er mir nicht umkippt. Ein paar Mal laufen wir zusammen den Gang auf und ab, dann huscht er freiwillig wieder ins Bett. Eine oder zwei Wochen werde ich diesen Job noch machen. Immerhin sind die Nachtschichten die bestbezahlten. Dann habe ich für insgesamt sieben Wochen in Perth für CPE gearbeitet und genug Geld zum Weiterfahren gespart. Mehr Arbeit und Geld ginge sicher auch. Aber letzlich geht es doch darum, das Land zu sehen. Man hat ja schließlich nur ein Jahr Zeit.

Erfahrungen nutzen

Gleichgültig in welchem Bereich und in welcher Funktion man tätig sein möchte – eine Jobgarantie beschert das WHV nicht. Wie überall wird z.B. ein Restaurantbesitzer jemanden mit Arbeitspraxis immer bevorzugen, ehe er eine neue Bedienung aufwendig anlernen muss.

Zu Anfang der Stellensuche sollte man sich deshalb folgender Sache bewusst sein: Das A und O für Arbeitgeber ist Arbeitserfahrung. Wer schon einmal drei bis vier Monate in einem bestimmten Bereich tätig war, hat bessere Karten, eine Stelle zu ergattern. Jede Tätigkeit, die man nur jemals ausgeübt hat, kann bei der Stellensuche von Nutzen sein.

Wer als Schüler am Wochenende im Supermarkt oder in der Eisdiele um die Ecke gejobbt hat, erwähne das unbedingt im Lebenslauf und beim Vorstellungsgespräch. Nachweisbare Arbeitserfahrungen – eventuell mit übersetzten Arbeitszeugnissen – können die Wahrscheinlichkeit erhöhen, eingestellt zu werden. Erfahrungsgemäß gilt das auch für den Stundenlohn. Der kann ebenfalls höher ausfallen, wenn man nicht als Trainee anfangen muss, sondern direkt als vollwertige Kraft einsteigt.

Das soll nicht zwingend heißen: Schuster, bleib' bei deinen Leisten. Natürlich ist es möglich, ohne Erfahrungen an Stellen zu gelangen. Die Überlegung, in schon bekannten Gefilden auf Arbeitssuche zu gehen, soll einen auf keinen Fall davon abhalten, es gar nicht erst mit anderen Stellen zu versuchen. Je offener man für Arbeiten jeglicher Art ist, desto besser, denn umso schneller wird man etwas finden.

Jobsuche

Um es gleich vorweg zu nehmen: Die Stellensuche ist meist alles andere als ein Kinderspiel. Sie kann sich als zeitraubende und nervtötende Beschäftigung entpuppen. Erstens, wegen der vielen zur Verfügung stehenden Möglichkeiten, die alle ihre Vor- und Nachteile haben und je nach gesuchtem Job effizient oder weniger empfehlenswert sind; zweitens, wenn man sich planlos bei allen möglichen Stellen bewirbt, ohne genau zu wissen, welche Anforderungen gestellt werden und welche Fähigkeiten gefragt sind. Je öfter man es „einfach mal so" probiert, desto mehr Absagen wird es wahrscheinlich hageln. Sinnvoller ist, sich bei jedem Arbeitgeber mit einer maßgeschneiderten Bewerbung vorzustellen. D.h. der Arbeitgeber muss in Dir genau die Person mit exakt den Fähig- und Fertigkeiten erkennen, die er sucht. Das wirkt einerseits professioneller und überzeugender und erhöht anderseits die Chance auf Einstellung.

Um einen Überblick zu bekommen, wie und wo man überall nach Stellen suchen kann, stellt der folgende Abschnitt die gängigsten Medien vor, die bei der Arbeitssuche behilflich sein können. Darüber hinaus werden auch weniger ausgetretene Pfade aufgezeigt, die aber mindestens genauso wirksam bei der Suche nach einer Anstellung sein können.

Empfohlen ist: Alle Wege wenigstens einmal auszuprobieren, um sie erstens kennenzulernen und zweitens Erfahrungen bei der Jobsuche zu sammeln.

Tipp: Egal, für wie viele Jobs man sich bewirbt: Rettenden Überblick verschafft eine kleine Liste im Notizbuch über Jobangebote, Telefonnummern mit Ansprechpartnern, Adressen und Vorstellungsterminen.

Zeitungen

(Newspapers)
Zweimal pro Woche drucken die großen Tageszeitungen offene Stellen ab. Immer mittwochs und samstags befinden sich in den meisten Blättern unter der Rubrik Kleinanzeigen (classifieds) Jobs aller Art. Die größte Trefferquote bieten der Sydney Morning Herald (Sydney), The Age (Melbourne) und The Courier Mail (Brisbane). Wer per Tageszeitung einen Job suchen will, muss früh aufstehen. Am besten gleich morgens das Blatt kaufen und sofort mit dem Telefonieren anfangen. Sonst sind die meisten Angebote schon weg und das vergebliche Telefonieren hinterlässt neben den Telefonkosten auch noch einen Motivationsknick bei der Arbeitssuche.

Anzeigen von *Arbeitsagenturen* oder größeren Plantagen findet man auch in Backpacker-Magazinen wie dem *„TNT Magazine"* oder *„The Word"*. Diese erscheinen monatlich und liegen in Hostels und in Backpackerbüros aus (*s. auch* Abschnitt „Sich informieren" ab S. 74.

In Stellenanzeigen in Zeitungen wimmelt es vor Abkürzungen.

Hier die gängigsten:

Anzeigencodes in Zeitungen

Approx	– approximately	– ungefähr
Appt	– appointment	– Termin
ASAP	– as soon as possible	– baldmöglichst
Asst	– assistant	– Assistent
Avail	– available	– vorhanden, verfügbar
Cas	– casual	– gelegentlich
CBD	– Central Business District	– Innenstadt
Comm	– commission	– Provision
CV	– curriculum vitae	– Lebenslauf
Des	– desirable	– wünschenswert
DOB	– Date of Birth	– Geburtsdatum

Enq	– enquire	– anfragen
Essent	– essential	– unbedingt notwendig, unverzichtbar
Exp	– experience	– Erfahrungen
Exp'd	– experienced	– erfahrenen
f/t	– full time	– Vollzeitbeschäftigung
Hrs	– hours	– Stunden
Immed	– immediate	– sofort, unmittelbar
Int	– interview	– Interview
Jnr	– Junior	– Junior
Nec	– necessary	– erforderlich, notwendig
Neg	– negotiable	– verhandelbar
no WHM	– no Working Holiday Maker	– keine Backpacker
Pa	– per annum	– pro Jahr
Perm	– permanent	– fest, ständig, dauerhaft
Pref	– preferred	– bevorzugt
Prev	– previous	– vorherig, vorhergehend
Pt	– part-time	– halbtags
Pw	– per week	– wöchentlich
Qual	– qualifications	– Eignungen
Refs	– References	– Empfehlungen
RSA	– Responsible Service of Alcohol	– eintägiges Pflichttraining für Bar- und Kellnerpersonal
Req'd	– required	– benötigt, vorgeschrieben
Rest	– Restaurant	– Restaurant
Temp	– temporary	– befristet, kurzzeitig
Trng	– training	– Ausbildung, Training
Wk	– week	– Woche
Wpm	– words per minute	– Wörter pro Minute
Yr	– year	– Jahr

Schwarzes Brett

(Notice board)
Zettel kleben kreuz und quer an der Wand, abgerissene Flyer liegen auf dem Boden, ein Blatt baumelt mit nur noch einer Ecke am Klebestreifen – dies ist das Schwarze Brett, das chaotischste Kommunikationsmedium der Backpacker, zu finden in fast jedem Hostel und in Backpacker-Centern. Neben Mitfahrgelegenheiten, Wohngemeinschaften, Handys und sonstigen Sachen ist nach längerem Suchen auch ab und zu mal ein Jobangebot dabei. Das ist dann natürlich besonders interessant, denn irgendjemand hat sich den Weg und die Mühe gemacht, am Schwarzen Brett zu inserieren. Der potentielle Arbeitgeber möchte offensichtlich direkt Backpacker ansprechen. Nachteil beim Schwarzen Brett: Wenn kein Datum auf dem Zettel vermerkt ist, kann das Angebot schon mehrere Tage alt und der Job schon längst vergeben sein. Trotzdem probieren! Vielleicht hat der Arbeitgeber ja noch nicht den Passenden für die Stelle gefunden oder sucht mehrere Angestellte.

Backpacker-Hostels

Hostels bieten für die Jobsuche nicht nur die schon erwähnten Schwarzen Bretter. Es kann sich auch lohnen, etwas näher mit der Rezeption ins Gespräch zu kommen. Viele Hostels haben direkten Kontakt mit Arbeitgebern und können u.U. Jobs auf Baustellen, in Fabriken oder in Geschäften vermitteln.
Auch die Hostels selbst sind potentielle Arbeitgeber. Wenn man zur richtigen Zeit am richtigen Ort ist, besteht die Möglichkeit an der Rezeption zu arbeiten, denn diese wird meist von Rucksack-Reisenden gemanagt. Weitere Arbeiten, die in Hostels gelegentlich anstehen: die Putzkräfte zu verstärken oder den Chauffeur zu spielen und Neuankömmlinge vom Flughafen abzuholen. Viele Hostels bieten diesen Service an, wenn jemand sein Bett schon im Voraus gebucht hat. Je nach Arbeitszeit und –umfang ist entweder der Schlafplatz kostenlos oder sogar ein Stundenlohn drin.

National Harvest Guide und Harvest Hotline

Unter der kostenlosen Telefonnummer **1800 – 06 23 32** ist zu erfahren, ob in der Region, in der man sich gerade befindet, derzeit Erntearbeit vorhanden ist. Weiterhin gibt die Hotline Auskunft darüber, in welcher Region die Ernte in vollem Gange ist, ob noch Stellen frei sind und wo sich am besten und günstigsten übernachten lässt.

Bei *https://jobsearch.gov.au/job/search/harvest* steht der ebenfalls kostenlose „National Harvest Guide" zum Download bereit. Das 120 Seiten umfassende Handbuch gibt Tipps, wie man Fruit-Picking effektiv betreibt, welche Ernteregionen es gibt und zu welcher Zeit die Ernte in einer bestimmten Region ungefähr beginnt und endet.

Alternativ zum *Harvest Guide* bietet Go Harvest, *www.goharvest.com* zahlreiche, aktuelle Pflückjobs im Northern Territory und Queensland.

Work-Hostels

Den Bewohnern Erntearbeit zu vermitteln, haben sich sogenannten Work-Hostels auf die Fahnen geschrieben. Besonders in ländlichen Regionen vorzufinden, stehen die Besitzer dieser Hostels in engem Kontakt mit Farmern oder Plantagen-Besitzern, die immer wieder Backpacker einstellen, um die anstehenden Erntearbeiten zu erledigen.

Genau hier liegt aber auch der Knackpunkt in dieser Form der Jobvermittlung. Hostels können nur Jobs vermitteln, wenn Erntezeit ist. Ist die Zeit fürs Pflücken noch nicht reif, gibt es in den ländlichen Gegenden meist wenige Ausweichmöglichkeiten zur Arbeitssuche. Die Miete für das Zimmer muss natürlich trotzdem bezahlt werden, wenn man im Hostel wohnt. Denn nur damit verdienen Hostel-Besitzer ihr Geld.

Schon des Öfteren haben Backpacker berichtet, mit dem Versprechen auf Arbeit in ein Work-Hostel gelotst worden zu sein, wo jedoch keine Arbeit vermittelt werden konnte, weil die Erntezeit noch nicht herangerückt war. Vorsicht also und genau nachfragen!

Während der Erntesaison bringt ein Bus alle Pflücker zur Farm oder zur Obstplantage und holt sie nach vollbrachter Arbeit wieder ab. Dieser Service kostet aber vielerorts zusätzlich eine Kleinigkeit.

Direktes Vorstellen

Wenn der Job nicht zu Dir kommt, musst Du eben zum Job gehen. Einer der vielversprechendsten Wege, um an Arbeit zu gelangen, ist die Initiativbewerbung. Das bedeutet direkt und persönlich in ein Geschäft gehen, nach dem Manager verlangen und sich als Aushilfe anpreisen. Adrettes Aussehen, ordentliche Kleidung und ein Lächeln im Gesicht sind hierbei Pflicht, um überzeugend zu wirken. Eine Kopie des Lebenslaufes dabei zu haben, versteht sich von selbst. Durch überzeugendes Auftreten und gegebenenfalls eine Prise Hartnäckigkeit erkennt der potentielle Arbeitgeber die Ernsthaftigkeit des Bewerbers. Immer im Gedächtnis behalten: Der erste Eindruck zählt und bleibt in Erinnerung.

Ganz wichtig: Auch im Falle einer Absage wird man oft aufgefordert, eine Rückrufnummer sowie eine Adresse zu hinterlegen. „Wir melden uns bei Ihnen" heißt es oft; in den meisten Fällen wird man nie wieder etwas von dem Arbeitgeber hören. Die eigenen Kontakdaten sollte man dennoch überall hinterlassen, denn es ist nie ganz ausgeschlossen, dass einen Tag später zufällig eine Stelle frei oder jemand krank wird. Das wäre dann deine Chance.

Direktes Bewerben ist natürlich am erfolgsversprechendsten, wenn im Schaufenster ein Schild mit der Aufschrift „Help wanted" hängt. Das aber ist kein Muss. Es haben schon genug Backpacker einen Job gefunden, die einfach so in einen Laden reinspaziert sind. Als Anlaufpunkte für diese Form der Jobsuche bieten sich prinzipiell alle Läden an, die mehrere Beschäftige haben und in denen viel los ist. Fast-Food-Ketten, Supermärkte und Kaufhäuser sind nur einige Beispiele.

Tipp: Kreativ sein! So hebt man sich von der anonymen Masse der Bewerber ab. Sich mit außergewöhnlichen Aktionen vorzustellen, kann hilfreich sein. Folgender Einstieg in ein Vorstellungsgespräch hat sich in der Praxis bewährt.

„Ich habe gehört, Sie benötigen noch ein paar helfende Hände (helping hands). Nun, hier sind sie." Mit symbolisch ausgestreckten Händen kann man nun dem Arbeitgeber erzählen, was man schon alles gearbeitet hat. Zeigt sich ein Lächeln auf dem Gesicht des Arbeitgebers, so hat man ihn auf seiner Seite.

Arbeitsagenturen

(recruitment agencies)
Agenturen, die Arbeit vermitteln, sind eine wichtige Schnittstelle zwischen größeren Firmen und Arbeitssuchenden. Die meisten Agenturen haben sich auf ein oder mehrere Gebiete spezialisiert. Einige beschäftigen nur Krankenschwestern und Pfleger, andere nur Kellner und Barkeeper, wiederum andere vermitteln vorrangig Büroangestellte. Im Allgemeinen ist die Jobvermittlung durch Agenturen kostenlos.

Weil die Agenturen ihren Auftraggebern nur die passendsten Bewerber präsentieren wollen, ist die Auswahl teils recht rigoros. Die Goldene Regel bei Arbeitsagenturen lautet: Je mehr Qualifikationen man für einen Job braucht und umso höher die Bezahlung ist, desto geringer sind die Chancen ohne Ausbildung oder Studium eine Stelle zu bekommen. Es ergibt wenig Sinn ohne Ausbildung, Arbeitserfahrung und aussagekräftige, schriftliche Referenzen bei z.B. einer IT-Jobagentur zu erscheinen.

Dennoch kann man es auch ohne Ausbildung oder Studium bei Jobagenturen versuchen. Dann aber sind vorrangig Agenturen angesagt, die z.B. leichte Aushilfstätigkeiten, Putzjobs, Industriearbeit oder Handzettelverteilung anbieten.

Zwei allen arbeitssuchenden Backpackern in Sydney zugängliche Job-Agenturen sind Recruit Oz , *www.recruitoz.com*, und *Travellers@ Work*, *www.taw.com.au*. Beide vermitteln Jobs aus den unterschiedlichsten Bereichen von Gastronomie über Industrie bis hin zu Promotion und vielem mehr. Auf den Internetseiten ist es möglich, sich zuerst nach freien Stellen umzusehen. Sollte man fündig werden, geht es zum Vorstellungsgespräch ins Büro. Passt das eigene Profil zur angebotenen Stelle, so wird man an den entsprechenden Arbeitgeber weitervermittelt.

Einen ähnlichen Service bietet die in Melbourne ansässige „Bakpak-Group" mit ihrem BRC (Backpackers Resource Centre – www.downunderjobs.com) an. Gegen eine Gebühr von AUS$ 20 (~ 13 EUR) kann man sich in der BRC-Arbeitgeber-Adressdatenbank bedienen und bekommt Unterstützung bei der Erstellung der Bewerbungsunterlagen. Die Karte gilt auch für das BRC in Sydney.

Aber auch bei den nicht auf Backpacker spezialisierten Job-Agenturen kann man es als ungelernte Kraft versuchen. Chancen kann man sich je nach Arbeitserfahrungen z.B. in der Gastronomie erhoffen. Hat man während des Zivildienstes oder eines Freiwilliges Soziales Jahres Arbeitserfahrungen im Sozialen Bereich gesammelt, kann man sich bei Pflegepersonal-Agenturen vorstellen. Für Backpacker mit einer Ausbildung oder einem Studium sind Job-Agenturen je nach Bedarf der einfachere Weg an eine Stelle zu kommen.

Für Interviews bei Agenturen essentiell: ordentliches Aussehen und freundliches Auftreten sowie ein makelloser Lebenslauf. Job-Agenturen, die sich auf die Vermittlung von Backpackern spezialisiert haben, sind hier aufgelistet:

Backpacker-Jobagenturen

Sydney

Travellers Contact Point, *www.travellers.com.au*

Travellers@Work, *Level 7, 428 George Street, Sydney NSW 2000, Tel.: 02 – 92 32 10 10, Fax: 02 – 92 21 37 46, info@taw.com.au, www.taw.com.au*

Melbourne

The Bakpak Group
167 Franklin St, Melbourne, VIC 3000,
Tel.: 03 - 93 29 75 25, Tel.: 1800 - 645 200,
stay@discoverymelbourne.com, www.discoverymelbourne.com

Downunder Jobs, *167 Franklin Street, Melbourne, Australia 3000,*
Tel.: 1800 – 15 46 64, Fax: 03-93 26 97 39
downunderjobs@hoteldiscovery.com.au, www.downunderjobs.com

Bekannte und Verwandte

Auch wenn man auf Beziehungen pfeift, es allein schaffen will: Vitamin B kann bei der Jobsuche unglaublich hilfreich sein. Und schließlich sind bei der Jobsuche alle Mittel recht. Wer Bekannte, Verwandte oder sonstige Kontakte in Australien hat, sollte diese auch nutzen. Vielleicht können sie ja helfen, eine Beschäftigung zu finden, denn eine Empfehlung kann Türen und Tore öffnen, die sonst vielleicht verschlossen geblieben wären.

Tipp: Andernfalls kannst Du trotzdem nach Hinweisen auf Kontakte ins Heimatland achten. So sind Backpacker schon an Jobs gekommen, weil sie z.B. auf einer Baustelle ihre Muttersprache gehört haben, nicht zu scheu waren, dies als Gelegenheit zu sehen und nach einem Job gefragt haben. Gleiche Herkunft verbindet eben, gerade in einem anderen Land.

Internet

Natürlich bietet sich auch das Internet zur Stellensuche an. Allerdings kann, wer sich im Netz einem Arbeitsplatz ersurfen will, leicht von der großen Welle unzähliger Suchseiten erfasst werden. Das Internet bietet eine fast unüberschaubare Fülle dieser Seiten an.

Klarer Vorteil des Internets: aktueller ist kein anderes Medium. Zudem kann man sich nach Ausfüllen eines Formulars täglich neue Jobs per E-Mail zu schicken lassen. Nach einer kostenlosen Registrierung ist es auf vielen Seiten möglich, einen Online-Lebenslauf zu erstellen und diesen zu veröffentlichen. Allerdings ist dies eher ein Vorteil für Arbeitgeber. Vorrangig der Werdegang entscheidet dann, ob man für eine Stelle geeignet ist oder nicht.

Die Praxis hat gezeigt, dass im Internet überwiegend Positionen zu finden sind, die höhere Qualifikationen voraussetzen. Gelegenheitsjobs und Kurzzeitarbeit sind im Internet nur begrenzt aufgelistet und hauptsächlich auf den Jobnetzwerk-Seiten der Tageszeitungen zu finden. Diese und weitere für Backpacker interessante Seiten werden im Folgenden vorgestellt. Die Anmeldung bei den aufgeführten Seiten ist kostenlos.

Internetadressen

My Career, *www.mycareer.com.au*

Jobangebote vieler Tageszeitungen, darunter die des „Sydney Morning Herlads" (NSW) und von „The Age" (VIC). Es ist möglich, einen Online-Lebenslauf zu erstellen und diesen auf der Internetseite zu veröffentlichen.

Career One, www.careerone.com.au

Teil einer Mediengruppe, der über 100 Zeitungen im ganzen Land angehören. U.a. mit Jobangeboten von *The Australian* (bundesweit) und von *The Daily Telegraph* (NSW).

Jobsearch, www.jobsearch.gov.au

Unter der Fuchtel der australischen Regierung. Sie können von jedem benutzt werden, der eine Berechtigung zum legalen Arbeiten in Australien hat. Neben vielen Jobangeboten liegt auf diesen Seiten auch der nationale Erntekalender (National Harvest Guide) zum Download bereit. Für viele Jobs ist eine Registrierung erforderlich, um an die Kontaktdaten zu gelangen. Einige Gelegenheitsjobs sind aber auch ohne Anmeldung zugänglich.

Travellers@Work, www.taw.com.au

Kurzzeit-Arbeitsplätze eigens für Rucksack-Reisende. Stellen in Industrie, Gastronomie, Landwirtschaft uvm.

Seek, www.seek.com.au

Weiteres großes Jobnetzwerk mit Tausenden von Stellen. Möglichkeit ein Online-Lebenslauf zu verfassen und sich Stellenbeschreibungen per E-Mail schicken zu lassen.

Blue Collar, www.bluecollar.com.au

Wer anstelle von Krawatte und Hemd lieber einen Blaumann trägt, sollte sich hier umsehen. Hat sich ganz auf Industrie-, Gastronomie- und Landwirtschaftsjobs verlegt und ist somit auch für Backpacker von Interesse.

TNT Magazine, www.tntmagazine.com.au

Die Online-Version der australienweiten Backpacker-Zeitschrift „TNT Magazine" bietet neben vielen Partytipps, Reiseinformationen und Unterkunftsmöglichkeiten auch zahlreiche Positionen für Rucksack-Reisende in allen Arbeitsfeldern. Die übersichtlichen Rubriken erleichtern die Suche.

Hippo, www.hippo.com.au

Listet Arbeitsstellen in ganz Australien auf; hat sich auf Teilzeit- und Gelegenheitsjobs spezialisiert. Besonderes Merkmal: Es können Bewerbungsvideos hochgeladen werden.

Mund-zu-Mund-Empfehlungen

Reden ist Silber, schweigen ist Gold. Bei der Jobsuche gilt genau das Gegenteil. Sich ausgiebig mit anderen Backpackern zu unterhalten, kann wertvolle Informationen offen legen, wo man überall arbeiten kann. Im besten Fall erhält man sogar unmittelbar die Telefonnummer eines Arbeitgebers, z.B. in genau der Stadt, die man eh als nächste zu besuchen gedachte.

Auch nur über Kontakte zu anderen Backpackern möglich: die Jobablösung. Plant ein Backpacker seinen Job aufzugeben, weil er weiterreisen möchte, kann man sich als Ersatz anbieten. Zum einen ist dem Arbeitgeber geholfen, der niemanden suchen muss. Zum anderen einem selbst, da man ohne viel Rennerei an einen Arbeitsplatz gelangt ist.

Tipp: Jede Gelegenheit nutzen, um an Informationen zu kommen: Du triffst bei einem Spaziergang jemanden, der Flyer verteilt? Frag' ihn, für wen er arbeitet und ob er Dir freundlicherweise die Telefonnummer gibt. Konkurrenz ist kein Thema. Der Flyerverteiler hat seinen Job sicher. Du wirst nur eine Chance haben, wenn noch mehr Leute gesucht werden oder wenn jemand seinen Job an den Nagel hängt. Diese Methode hat sich in der Praxis mehrfach bewährt.

„Work & Travel"-Programme

Wer an einem „Work & Travel"-Programm teilnimmst, kann die Büros der Partnerorganisationen zur Jobsuche nutzen. Die Adressen der Partner werden von der jeweiligen „Work & Travel"-Organisation mitgeteilt.

Geboten werden in den Partner-Büros meist Schwarze Bretter mit Jobanzeigen, Kontakte zu Arbeitsvermittlungsagenturen und aktuelle Erntehelfer-Stellen in ganz Australien.

Weiterer Service: Wer unsicher ist, ob der eigene Lebenslauf fehlerfrei und für ein Vorstellungsgespräch geeignet ist, dem begutachten die festangestellten Mitarbeiter diesen und beheben ggf. kleinere Schnitzer.

Ähnlich wie in vielen Hostels ist es möglich, direkt im „Work & Travel"-Büro zu arbeiten, denn z.B. die Post wird fast ausschließlich von Backpackern verwaltet. Ob und wann jemand für die Post gesucht wird, kann man auch schon von daheim aus erfragen.

Ganz wichtig: Verlasse Dich bei der Jobsuche nicht zu sehr auf den Service Deines „Work & Travel"-Partners, sonst kann man schnell verlassen dastehen. Oft betreten Teilnehmer dieser Programme die Partnerbüros in Australien mit zu hohen Erwartungen. Wer denkt, durch das gebuchte Paket mit Flug, Versicherungen und so weiter auch gleich einen garantierten Top-Job inklusive zu haben, irrt. Schnell stellt sich Frustration bei dem ein, der ausschließlich bei den Partnerbüros nach Arbeit fahndet und der Erfolg ausbleibt. Man mache es sich daher klar: Eine langfristige und gut bezahlte Stelle garantieren können die meisten „Work & Travel"-Organisationen auch nicht. Mit einem Mix aus allen aufgelisteten Methoden und viel Eigeninitiative ist die Chance auf eine Anstellung deutlich am höchsten. Selbst ist der Backpacker.

Ohne Worte ...

So rekrutiren Arbeitgeber ihre Arbeitsurlauber

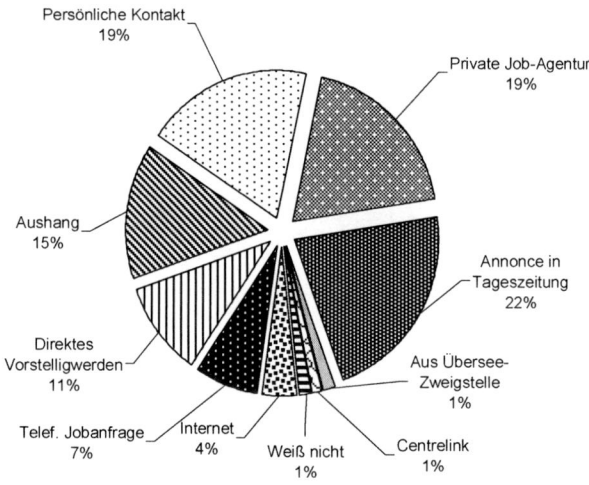

Angaben in Prozent

Vermittlung aus Übersee-Zweigstelle	1,3
Centrelink	1,3
Weiß nicht	1,4
Internet	3,9
Telef. Jobanfrage	7,0
Direktes Vorstelligwerden	10,5
Aushang	14,5
Persönliche Kontakt	18,9
Private Job-Agentur	19,3
Annonce in Tageszeitung	21,9
	100

So finden Arbeitsurlauber einen Arbeitgeber

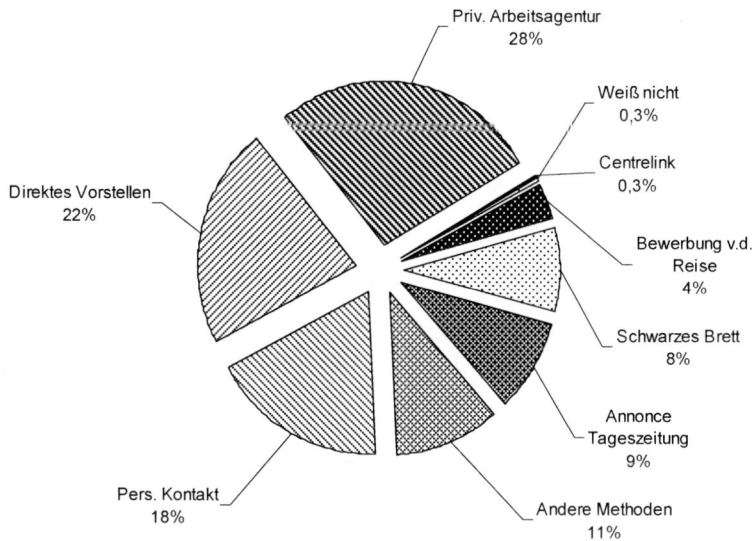

Angaben in Prozent

Centrelink	0,3
Weiß nicht	0,3
Bewerbung vor der Reise	3,5
Notiz am Schwarzen Brett	8,3
Annonce in der Tageszeitung	9,3
andere Methoden	10,7
persönlicher Kontakt	18,2
direktes Vorstellen	21,9
private Arbeitsagentur	27,5
	100

Quelle: Working Holiday Maker Survey 2000, Melbourne Institute of Applied Economic and Social Research, University of Melbourne, September 2002

Lebenslauf & Co

Neben Arbeitserfahrung sind aussagekräftige Referenzen und ein gepflegter Lebenslauf (curriculum vitae – **CV** *auch* Resume) Gold wert. Eine Zusammenstellung dieser Papiere listet auf einen Blick alle vorhergehenden Arbeitsstellen und zeigt, dass man nicht unvorbereitet auf Jobsuche geht. Aber nicht enttäuscht sein, wenn der Arbeitgeber den Lebenslauf nicht genauer anschaut. Es geht meist vielmehr um den symbolischen Wert. Lediglich Job-Agenturen nehmen Bewerbungsunterlagen genauer unter die Lupe.

Trotzdem ist es ratsam, die Unterlagen ordentlich zusammenzustellen. Immerhin stellt der Lebenslauf eine Art Visitenkarte dar. Aus eben jenem Grund sollte er einen knappen, aber detaillierten Überblick über das ganze bisherige Arbeitsleben vermitteln. Je nach anvisierter Tätigkeit sind die wichtigen Arbeitserfahrungen hervorzuheben und etwaig vorhandene Arbeitszeugnisse beizulegen.

Oft wird empfohlen, Schul- und Arbeitszeugnisse von einem professionellen Übersetzer übersetzen zu lassen. Bei hochkarätigen Jobs in Banken oder im Büro ergibt das sicherlich Sinn. Als unnötig hat sich das Übersetzen jedoch bie Gelegenheitsjobs herausgestellt. Wer sich eher mit kleineren Jobs durchschlagen will, kann sich das Geld getrost sparen oder bei Bedarf selbst Hand an das Übersetzen anlegen.

Viel wichtiger ist es, die eigentlichen Bewerbungsunterlagen der australischen Norm entsprechend anzupassen. Deren Aufbau weicht nämlich etwas vom hier üblichen ab. Wie ein Anschreiben und ein CV aufgebaut sind, zeigen die nächsten beiden Seiten „Bewerbungsunterlagen auf Australisch".

Sich sowohl beim Anschreiben als auch beim eigentlichen Lebenslauf auf eine Seite zu beschränken, ist angebracht. Kurz und knackig wirkt übersichtlicher als lang und langweilig.

Praktisch ist es, den Lebenslauf vor der Abreise schon zu Hause zu schreiben und als Word- und Textdatei gespeichert auf einer Diskette, einem USB-Stick oder einer wiederbeschreibbaren CD mitzunehmen. So hat man die Unterlagen in handlicher Form immer dabei und kann sie beliebig umstellen, ändern und ergänzen. In jedem Internetcafé ist es dann möglich, die Bewerbungsunterlagen auszudrucken.

Tipp: Dem Arbeitgeber einfach ein paar lose Blätter in die Hand drücken, hinterlässt keinen guten Eindruck. Lieber die Kopien der Unterlagen in Foliehüllen verpacken und sie in eine Mappe stecken. Das vermittelt einen gewissen Grad von Professionalität und Ordentlichkeit.

Bewerbungsunterlagen auf Australisch

Anschreiben (Cover Letter)
(*Obiges nicht drüberschreiben, sondern mit den persönlichen Daten beginnen.*)

Full Name:
Date of Birth:
Nationality:
Address: *Wohnadresse oder Postfach*
Contact number: *Handy und/oder Festnetznummer*
E-Mail:

Anschrift des Arbeitgebers
Name
Hausnummer Straße
Ort Bundesstaat Postleitzahl

Dear Sir or Madam,

1. Absatz (Einleitung)
Hier sollte stehen, um welche Stelle man sich bewirbt, ggf. auch durch welches Medium man von der freien Position erfahren hat.

2. Absatz (Hauptteil)
Diesem Abschnitt muss der Arbeitgeber entnehmen können, warum man sich für die Stelle geeignet hält, welche Qualifikationen für einen sprechen und ggf., wo man bereits überall gearbeitet hat. Auch die Arbeitserlaubnis in Form des WHVs muss erwähnt werden.
Nicht vergessen zu betonen, dass man hochmotiviert ist und schwer arbeiten kann.

3. Absatz (Schluss)
Im Schlussteil ruhig noch erwähnen, wie sehr einen die Position reizt, dass die Stelle wie geschaffen für einen erscheint und man die Stelle unbedingt haben möchte. Über einen Termin für ein Vorstellungsgespräch würde man sich sehr freuen.

Best regards,

Unterschrift

Resume

Full Name:
Date of Birth:
Nationality:
Address: *Wohnadresse oder Postfach*
Contact number: *Handy oder Festnetznummer*
E-Mail:

Work Experience
Es ist sinnvoll, mit schon gemachten Arbeitserfahrungen zu beginnen. So sieht jeder, der sich den CV anschaut, sofort, wo man überall gearbeitet hat. Los geht's mit dem am kürzesten zurückliegenden Job. Danach chronologisch rückwärts alle anderen auflisten. Z.B. so:

May– July ...   CPE HealthCare, Perth, WA
PCA and guard in hospitals and nursing homes

Nov– Jan ...   SUBWAY, Sydney, NSW
Sandwich artist

Oct– Aug ...   Malteser, Bad Reichenhall, Germany
civilian service for a red cross organisation

Sep– Oct ...   Bayernwerk, Landshut, Germany
Service assistant at a trade fair

Nov– July ....   Baecker Dreissig, Eisenhuettenstadt,
temporary help at a baker's shop   Germany

Education
Auch beim Schulwerdegang zuerst mit dem letzten Schulabschluss anfangen. Man kann sich auf wichtige Eckpunkte beschränken, z.B. so:

Sept ... – May ...   Gymnasium Neuzelle, Germany

Final Secondary-School Examinations with General qualification for university entrance

Skills
Hier sollte auf alle jemals erworbene Fähigkeiten eingegangen werden. Dabei immer bedenken, welche Qualifikationen die Stellen erfordert; u.a. können hier stehen: Sprach- und Computerkenntnisse usw.

Qualifications
Hier der richtige Platz für Scheine, Lizenzen oder Zertifikate wie Rettungsschwimmer, SCUBA-Tauchen, Erste Hilfe oder RSA-Kurs..

Vorstellungsgespräch

(Interview)
Es versteht sich von selbst, ein adrettes Auftreten und Aussehen an den Tag zu
legen, wenn man sich zum ersten Mal beim potentiellen Arbeitgeber vorstellt.
Das bedeutet: Auch bei einer Bewerbung im Fastfood-Restaurant kann ein Hemd
und eine Krawatte für Herren bzw. ein Rock und eine Bluse für Frauen beim
Vorstellungsgespräch nichts schaden. In dieser Beziehung sind die Australier
nämlich recht konservativ eingestellt. Die strenge Kleiderordnung mag in den
ländlichen Gegenden nur begrenzt gelten, wohl aber in den Großstädten.
Ein freundliches Lächeln auf den Lippen zu haben ist vorteilhaft, genauso wie
sicheres und souveränes Auftreten auszustrahlen. Immer daran denken: Sich um
eine Stelle zu bewerben heißt, sich angemessen zu verkaufen.

Was auf jeden Fall erwähnt werden sollte:

- vorherige Arbeitspraxis
- evt. Zertifikate und Fähigkeiten
- hohe Motivatin und dass man keinerlei Arbeit scheut
- dass man über ein Arbeitsvisum verfügt (Working-Holiday)
- dass man eine leichte Auffassungsgabe hat
- auf wie lange man sich binden möchte (zwei bis drei Monate sind die
  Regel)
- dass man flexibel einsetzbar ist und jederzeit arbeiten kann
- dass man gern hier arbeiten möchte, um das Land besser kennenzulernen und einen tieferen Einblick in die Gesellschaft und Lebensweise zu
  bekommen
- dass man gern eine Chance hätte, seine Fähigkeiten unter Beweis stellen
  zu können

Wenn das überzeugend gewirkt hat, wird man eventuell zum Probearbeiten eingeladen. Dann liegt es an jedem, zu zeigen, was in ihm steckt.

Tipp: Wer das Vorstellungsgespräch vorher schon mal durchspielt, wird sich
sicherer fühlen. Beim Ausprobieren merkt man zudem, ob die eine oder andere
wichtige Vokabel fehlt. Jetzt kann sie noch nachgeschlagen werden. Während
des Vorstellungsgespräches ist es zu spät.

Verdienst

Die folgende Auflistung zeigt ausgewählte Tätigkeiten mit den durchschnittlichen Verdienstmöglichkeiten. Sie soll helfen, den eigenen Lohn besser einordnen zu können. Bezahlt der Chef gut oder eher miserabel? Lohnt es sich ein paar Wochen länger zu bleiben, oder zieht man besser weiter? **Übrigens**: Anders als bei uns erfolgt die Auszahlung entweder wöchentlich oder vierzehntägig.

Hier einige tpyische durchschnittliche Löhne:

- *Gastronomie* (hospitality), AUS$ 10-18 / Stunde (~6-12 EUR)
- *Erntearbeit* (harvest work / fruit picking), AUS$ 6-12 / Stunde bei leistungsabhängiger Bezahlung (~4-8 EUR), AUS$ 10-12 bei stündlicher Bezahlung (~7-8 EUR)
- *Gesundheitswesen* (nursing), AUS$ 15-30 / Stunde (~10-20 EUR)
- *Spenden sammeln* (fund-raising)Provisionsbasis
- *Handzettelverteilen* (hand out leaflets), AUS$ 12-18 / Stunde (~8-12 EUR)
- *Handlanger* (helping hand), AUS$ 11-20 / Stunde (~7-13 EUR)
- *Kindersitten* (child care), AUS$ 15-19 / Stunde (~10-13 EUR)
- *Verkauf / Marketing* (sales / marketing), AUS$ 12-45 / Stunde plus Provision (~8-30 EUR)
- *Büroarbeit* (office work), AUS$ 14-21 / Stunde (~10-14 EUR)

Tax File Number (TFN)

Wer nach einer anstrengenden Arbeitswoche den ersten Gehaltsscheck in Händen hält, bekomme keinen Schock! Rund ein Drittel des Bruttobetrages geht an den Fiskus.

Auch Working-Holiday-Arbeiter (Non-Resident) haben Steuern zu berappen. Genaugenommen fließen 29 Prozent des Verdienstes als Einkommenssteuer in den Staatssäckel. Das klingt bitter, ist aber leider so.

Damit ein Arbeitgeber die Steuern abführen kann, wird eine sogenannte Tax File Number (TFN) benötigt, in etwa unserer Lohnsteuerkarte gleichzusetzen.. Eine TFN sollte noch vor der Jobsuche beantragt werden bzw. vor Annahme einer Arbeitsstelle. Denn ohne dieses wichtige Utensil ist mal eben der höchste Steuersatz von 47 Prozent fällig, und wer wäre da noch motiviert zu arbeiten? Die Steuernummer wird vom *Australian Taxation Office* (ATO) ausgestellt und ist auch dort zu beantragen. Die Anmeldung beim ATO ist einfach und kann per

Internet oder persönlich erfolgen. Details im folgenden Abschnitt. Bei der Beantragung erforderlich sind:

- das Working-Holiday-Visum
- die üblichen personenbezogenen Daten
- eine Postanschrift, an die das ATO die TFN schicken kann.

Als Postanschrift sollte eine Adresse angegeben werden, die mindestens einen Monat gültig ist. Ein Backpacker-Hostel, in dem man sich nur ein paar Tage aufhalten will, ist also nicht zu empfehlen. Was sonst noch als Postanschrift benutzt werden kann, steht im Abschnitt „Postfach" auf S. 79.
Weitere Auskünfte beim ATO unter der Telefonnummer 13 28 61.

Beantragung einer TFN

Internet:
Der schnellste und bequemste Weg ist das Internet.

1. Bei ATO **www.ato.gov.au/individuals** im linken Menü den Punkt „Tax File Numer" suchen und im sich öffnenden Menü den Punkt „Apply for you TFN" wählen.

2. Werden weitere Angaben über das Steuersystem gewünscht, so findet man sie unter „About TFNs".

3. Zur Online-Registrierung geht's unter „Online individual tax file number (TFN) registration (Nat 4157)".

4. Ein Klick auf „Apply for a tax file number" lässt das endgültige Anmeldeformular erscheinen.

5. Das Ausfüllen der Formulare beansprucht rund eine halbe Stunde. Am Ende bekommt man eine Quittung. Mit dem Beleg in der Tasche kann man nun beruhigt auf Stellensuche gehen. Das ATO versendet die TFN innerhalb von 28 Tagen an die Postadresse.

Persönlich:
Einen Antrag auf eine TFN kann man auch persönlich stellen, d.h. durch Aufsuchen des nächstgelegenen ATOs (Adressen bei „Bundesstaaten" unter „Zusätzliche Informationen", siehe S. 206).
Hier liegt das Formular „Tax file number application for permant migrants and temporary visitors to Australias (Nat 4157)" aus. Dieses ist ausgefüllt an einem der Schalter abzugeben. Unter Umständen kann es bei der persönlichen Bewerbung aber länger als 28 Tage dauern, bis das ATO die Steuernummer verschickt.

Steuererstattung?

Über das Ob und Wie einer Einkommenssteuererstattung kursieren unter Backpackern viele Meinungen und Erfahrungen. Anzeigen von Steuerberatern, die sich auf die Steuererklärung von Working-Holiday-Reisenden spezialisiert haben, lassen hoffen, dass eine Steuerrückzahlung unter bestimmten Umständen möglich ist. Für Engländer und Iren ist sie das auch, da für diese Nationen andere Regelungen gelten. Für Deutsche sieht die Sache anders aus.

Tatsache ist: Non-Residents – und dazu zählen Working-Holiday-Reisende – genießen keinen Steuerfreibetrag von AUS$ 6.000. Wer also bei jedem Job, der ausgeübt worden ist, nie mehr als 29 Prozent Einkommenssteuer abtreten musste, für den ist eine Steuererstattung nahezu ausgeschlossen. Hoffnung, etwas von der gezahlten Steuer zurückzuerhalten, hat nur, wem irgendwann einmal mehr als 29 Prozent Steuern vom Lohn abgezogen wurden. Dann kann der zu viel bezahlte Betrag eingefordert werden.

Aber Vorsicht! Hat ein Arbeitgeber, aus welchen Gründen auch immer, zu wenig Steuern einbehalten, so kann es sein, dass eine Nachzahlung fällig ist. Also am besten keine Steuererklärung machen? Nicht so einfach, ist man doch verpflichtet, eine Steuerklärung (tax return) beim ATO einzureichen. Diese sollte dem ATO vor der Abreise, spätestens aber bis zum Oktober vorliegen. stets der letzte Abgabetermin für die Steuererklärung. Das Finanzjahr beginnt nämlich am 1. Juli und endet am 30. Juni. Zwecks Steuererklärung besorge man sich ein sogenanntes „Tax Pack", kostenlos entweder im ATO oder in Zeitungsläden. erhältlich Von jedem Arbeitgeber bekommt man zu Ende des Finanzjahres eine Gehaltsabrechung (Group Certificate), die zusammen mit dem ausgefüllten Formular eingereicht wird.

Rebland im Barossa Valley

REISEN

Rumkommen

Der Kontinent sieht auf einer Weltkarte im Vergleich zu den anderen Erdteilen recht klein und harmlos aus, was aber nicht in die Irre führen sollte.

Wem es nicht bewusst ist: Australien ist das sechstgrößte Land der Erde mit einer Fläche von etwa 7,7 Millionen Quadratkilometern. Die ganze EU ist mit rund 4 Millionen Quadratkilometern nur etwa halb so groß.

Down-Under ist der kleinste Kontinent der Welt – gern auch als Insel bezeichnet – hat aber eine Ost-West-Ausdehnung von rund 4200 Kilometer (Sydney – Perth) und erstreckt sich von Nord nach Süd über circa 3200 Kilometer (Darwin – Adelaide).

Was diese gewaltigen, kaum vorstellbaren Zahlen bedeuten? Ganz einfach: Wer den Fünften Kontinent mit seiner landschaftlichen Vielfalt auch nur annähernd kennenlernen möchte, muss jede Menge Kilometer zurücklegen.

Man könnte es natürlich dem deutschen Forscher *Ludwig Leichhardt* gleich tun. Der australische Nationalheld und sein Expeditionstrupp durchquerten von 1844-1846 als erste Europäer zu Fuß den Kontinent. Allerdings brauchten sie dafür eben auch zwei Jahre und kamen „nur" von Brisbane bis an den Golf von Carpentaria (Arnhem-Land / NT).

Geringfügig schneller ist man da mit dem Fahrrad unterwegs. Das hört sich im ersten Moment verrückt an, wird aber von einigen enthusiastischen Sportlern tatsächlich in Angriff genommen. Also nicht wundern, wenn man mitten in der Wüste plötzlich einem Radler begegnet.

Da sich nicht jeder die Füße wund laufen oder sich Oberschenkel wie die eines Radsportprofis antrainieren möchte, offerieren Hunderte von Reiseunternehmen ihre Dienste, um unternehmungslustige Backpacker von Punkt A nach Punkt B zu bringen.

Die Auswahl an Reisemöglichkeiten ist erschlagend groß. Zum einen bieten sich die bekannten Verkehrsmittel wie Bus, Bahn, Flugzeug und Auto an. Zum anderen kann man sich mit Abenteuer-Tourunternehmen durch die Gegend chauffieren lassen, die auf der Fahrt noch die üblichen, teilweise aber auch recht ausgefallenen Sehenswürdigkeiten, Nationalparks und Attraktionen ansteuern.

Ein Backpacker gibt im Durchschnitt bis zu einem Viertel seines gesamten Budgets fürs Reisen aus. Deshalb lassen sich durch genaues Planen durchaus ein paar Dollar sparen, wenn man sich anfangs ein paar Dinge überlegt.

* Wo soll´s unbedingt hingehen?
* Was soll auf jeden Fall besichtigt werden?
* Welche Bundesstaaten sollen bereist werden?
* Wie sieht die ungefähre Reiseroute aus?

Diese Fragen kann nur jeder für sich selbst beantworten und danach das passende Verkehrsmittel wählen. Da Preise, Angebote und auch die Existenzzeit einiger Unternehmen sehr schnelllebig sind, konzentriert sich der folgende Abschnitt darauf, die vorhandenen Reisemöglichkeiten vorzustellen und einige Adressen sowie Telefonnummern bereitzustellen.

Zwecks aktueller Angebote jedoch lohnt ein Blick vor Ort in typische Backpacker-Magazine sowie die Beachtung der überall herumflatternden Handzettel (s. auch Abschnitt „Sich informieren" ab S. 74.

Bus

Laut Umfrage des „*TNT Magazines*" benutzt fast jeder zweite Backpacker den Bus als Fortbewegungsmittel. Dies verdeutlicht seine Popularität unter den Rucksack-Touristen. Bequem, pünktlich und günstig verkehren Busse rund um die Uhr auf den endlosen Autobahnen. Das Streckennetz ist gut ausgebaut und bedient auch entlegene Orte in ländlichen Gegenden. Freilich nicht ganz so oft wie die großen Städte, aber mit etwas Planung lassen sich auch entfernte Ernteregionen erreichen.

Das große Busunternehmen Greyhound Pioneer deckt mit seinem Liniennetz das gesamte Land ab.

Wer sich zu Anfang seiner Reise entscheidet, den größten Weg per Bus zurückzulegen, fährt mit diversen Buspässen billiger. Entweder kauft man einen Explorer-Pass, mit dem man eine festgesetzte Route abfahren und so oft ein- und aussteigen kann, wie man will. Oder man greift zu einem Kilometer-Pass, mit dem eine bestimmte Anzahl von Kilometern abgependelt werden kann. Das Prepaid-System lässt grüßen.

Neben der landesweit größten Busgesellschaft Greyhound Pioneer existieren noch viele kleine Busunternehmen, die teils nur die Ostküste, teils nur die Westküste bedienen.

Erhältlich sind die Busfahrscheine bei den Reisebüros der Unternehmen, an der Hostelrezeption oder per Internet, wo gelegentlich noch ein paar Prozente Rabatt zu ergattern sind.

Busunternehmen

- Greyhound Pioneer, Tel.: 1300 Greyhound, Tel.: 1300-473 946, Fax: 07 – 46 38 21 78, www.greyhound.com.au
- NSW TrainLink, Tel.: 13 22 32, www.nswtrainlink.info, Melbourne – Sydney – Brisbane
- Firefly, Tel.: 1300 – 730 740, www.fireflyexpress.com.au, Sydney – Melbourne – Adelaide
- Integrity Coach Lines, Tel: 1800 – 22 63 39 (in WA), Tel.: 08 – 92 26 13 39, www.integritycoachlines.com.au, Westaustralien (Küstenlinie)
- Premier Motor Service, Tel.: 13 34 10, www.premierms.com.au, Melbourne – Sydney – Brisbane –Cairns

Flugzeug

Australien ist ein Land, das größer, aber auch menschenleerer kaum sein könnte (ungefähr 2,5 Einwohner pro Quadratkilometer). Verhältnismäßig dicht besiedelt sind fast nur die küstennahen Gebiete. Da liegt die Versuchung nahe, schnell mal eben von Großstadt zu Großstadt (city hopping) oder von einer Küste zur anderen Küste zu jetten und das mehr oder weniger unbewohnte Innere zu überspringen. Dabei entgehen einem zwar viele wunderschöne Nationalparks und die unvorstellbare Weite, die Australien gerade ausmachen, aber letztlich hat man nur ein Jahr Zeit und kann nicht alles sehen.

Wer also lieber schnell vorankommen will, kann auf Inlandsflüge zurückgreifen. Auch in Australien operieren sogenannte Billigflieger; Preise vergleichen und rechtzeitiges Buchen lohnt sich also.

Die zwei großen Fluggesellschaften *Quantas* und *Virgin Blue* starten und landen fast überall. Mehrere kleine Fluglinien bedienen nur bestimmte Regionen. Flugtickets können per Internet oder Telefon bei den Gesellschaften bestellt werden; eine Buchung im Hostel oder in Backpackerbüros ist oft möglich.

Australienweit

- Quantas, Tel.: 13 13 13, www.quantas.com.au
- Virgin Blue, Tel.: 13 67 89, www.virginblue.com.au
- Jetstar, Tel.: 131 538, Tel.: 03-83 41 49 01, www.jetstar.com.au
- Tiger Airways, Tel.: 03-93 35 30 33, Fax: 03-93 35 34 55, www.tigerairways.com

Regional (Auswahl)

- Alliance Airlines, Tel.: 07-32 12 12 12, www.allianceairlines.com.au, Brisbane –Townsville – Cairns
- Airnorth, Tel.: 1800-62 74 74, www.airnorth.com.au, NT: Darwin, Alice Springs, Katherine u.a., WA: Broome, Kununurra u.a.
- Regional Express (Rex), Tel.: 13 17 13, www.regionalexpress.com.au, Sydney – Melbourne – Adelaide; diverse Ziele in NSW, VIC, SA

Auto

Die größte Unabhängigkeit in Sachen Reisen beschert ein Pkw. Gemietet oder gekauft – kein anderes Verkehrsmittel gewährleistet eine vergleichbare Flexibilität wie ein eigenes Gefährt. Es ermöglicht anzuhalten, wo und vor allem wann man will, auch an den abgelegensten Orten. Zudem sind die typischen Backpacker-Karren wie der Ford Falcon oder der Holden Commodore – beides Kombis – groß genug, um darin schlafen zu können. Wenn sich also mal kein passender Platz zum Nächtigen finden lässt, ist der Schlafplatz trotzdem sicher. So kann man, über ein Jahr hinweg gesehen, einiges an Übernachtungen einsparen.

Wer genug auf dem Konto hat, sollte sich ruhig mit dem Gedanken vertraut machen, Mieter oder Besitzer eines Autos zu werden und sich damit ein Stück in Sachen Freiheit zu leisten. Legen zwei Reisende zusammen, trägt jeder nur die Hälfe der Kosten.

Beim Autokauf ist folgendes zu bedenken: Neben dem Kaufpreis des Autos sind etwa ein- bis zweitausend Dollar zusätzlich für etwaige Reparaturen, Campingausrüstung (falls noch nicht vorhanden), Benzinkosten und und und einzurechnen. Denn das sollte jedem klar sein: Ein altes Backpacker-Auto, was u.U. schon Generationen von Rucksack-Reisenden zuvor benutzt haben, kann teuer werden. Wenn der Kaufpreis des Autos alles Geld verschlingt, das man besitzt, ist in der restlichen Australienzeit möglicherweise nur noch Arbeiten angesagt, um das Auto finanzieren zu können.

Weil Backpacker-Autos heiß begehrt sind, ist es am Ende einer Reise aber verhältnismäßig problemlos, den fahrbaren Untersatz an nachfolgende Reisende weiterzuverkaufen. Wer Glück hat, bekommt ungefähr den Kaufpreis wieder. Ein paar wenige Sonntagskinder machen sogar Plus.

Alles über die Anmeldung eines Wagens, die Versicherung und welche Dokumente beim Wiederverkauf vorzulegen sind, erklärt ein „Worry-free-Guide-for-used-car-buyers", erhältlich bei den Automobilclubs der Bundesstaaten. Tritt man einem Automobilclub bei (z.B. NRMA in NSW), hilft der Pannendienst in jedem anderen Bundesstaat, auch wenn es sich um verschiedene Vereine handelt. Automobilclub-Mitglieder können sich zudem mit einer ganzen Tüte voll Landkarten ausstatten lassen.

Hier die Automobilclubs nach Bundesstaaten geordnet:

ACT und New South Wales
NRMA – National Roads and Motorists Association,
Tel.: 13 11 22, www.nrma.com.au

Northern Territory
AANT – Automobile Association of the Northern Territory,
Tel.: 08-89 81 8 37, www.aant.com.au

Queensland
RACQ -Royal Automobile Club of Queensland,
Tel.: 13 19 05, www.racq.com.au

South Australia
RAA – Royal Automobile Association of South Australia,
Tel.: 13 11 11, Tel.: 08 – 82 02 46 00, www.raa.com.au

Tasmania
RACT – Royal Automobile Club of Tasmania,
Tel.: 13 11 11 (roadside help), Tel.: 13 27 22 (general enquiries),
www.ract.com.au

Victoria
RACV – Royal Automobile Club of Victoria,
Tel.: 13 11 11 (roadside assistance), Tel.: 13 72 28 (membership & insurance)
www.racv.com.au

Western Australia
RACWA – Royal Automobile Club of Western Australia,
Tel.: 13 11 11 (roadside assistance), Tel.: 13 17 03 (membership),
www.rac.com.au

Mietwagen

Einen Wagen auf Zeit zu mieten, ist bei zahlreichen Unternehmen in allen Orten möglich. Neben den großen Vermietern wie Avis, Budget, Europcar, Thrifty und Hertz haben auch kleinere Firmen attraktive Angebote. Diese sollten jedoch in

den diversen Backpacker-Magazinen nachgeschlagen werden, da hier die gültigen Tarife zu finden sind.
Wichtig beim Mieten: Ein Mindestalter von 21 Jahren wird überall vorausgesetzt. Auch über eine Kreditkarte sollte man verfügen. Ab und zu wird nach dem Internationalen Führerschein gefragt.

- *Avis,* Tel.: 13 63 33, www.avis.com.au
- *Budget,* Tel.: 1300 – 36 28 48, www.budget.com.au
- *Europcar,* Tel.: 1300 – 13 13 90, www.europcar.com.au
- *Thrifty,* Tel.: 1300 – 36 72 27, www.thrifty.com.au
- *Hertz,* Tel.: 13 30 39, www.hertz.com.au

Eine auf Backpacker-Campervans spezialisierte und im ganzen Land präsente Autovermietung ist **Wicked Campers**. Markenzeichen: Bunt und kreativ besprühte Vehikel. In den Büros in Adelaide, Alice Springs, Brisbane, Broome, Cairns, Darwin, Melbourne, Sydney und Perth können reisefertige Campervans inklusive Camping-Equipment und Matratze gemietet werden. Der Pro-Tag-Preis eines Campervans beginnt bei AUS$ 30 (~21 EUR).

Wicked Campers, Tel.: *1800 – 24 68 69, www.wickedcampers.com.au*

Autokauf

An jedem Schwarzen Brett lassen sich Aushänge für Gebrauchtwagen von anderen Backpackern finden. Teils mit Foto und ausführlicher Beschreibung der dazugehörigen Ausrüstung ausgestattet sind diese Flyer ein Weg, um an ein Gefährt zu kommen. Dieser ist allerdings nicht unbedingt der sicherste. Gerade, wenn man von Autos nicht viel Ahnung hat, kann man hier schnell über den Tisch gezogen werden, was die Anmeldung und den TÜV (roadworthiness certificate) angeht.
Vorsicht: Viele Backpacker möchten es einfach haben und das Gefährt samt Schlüssel lediglich gegen Bargeld tauschen ohne einen Kaufvertrag abzuschließen. Das kann mächtig in die Hose gehen, denn in so einem Fall hat man keinen Nachweis über das Eigentum an dem Wagen. Selbst bei Vorliegen eines Kaufvertrages ist das Fahrzeug laut Gesetz umzumelden. Gerade als Verkäufer sollte man sich darum kümmern, dass das Auto auch rechtmäßig in den Namen des neuen Besitzers umgemeldet wird, da man ansonsten als Halter noch immer in der Verantwortung steht und bei einem Unfall belangt wird. In einigen Bundesstaaten (z.B. QLD, TAS) benötigt man zur Ummeldung ein „Roadworthy Certificate", eine Art TÜV, der aber leider nicht zwangsläufig die Straßentauglichkeit des Vehikels bestätigt.

Etwas mehr Sicherheit – wenn auch nicht hundertprozentige – bieten drei andere Wege des Autokaufes.

Backpacker-Automärkte

Ein schon fast legendärer Anlaufpunkt für gebrauchte Backpackerautos sind Automärkte wie der „Sydney Travellers Car Market'" in Sydney. Hier verkaufen nur Backpacker an andere Backpacker.

In der Praxis sieht das so aus: Mit teils resignierten Gesichtern sitzen mehrere Backpacker in der untersten Etage eines miefigen Parkhauses. Draußen scheint die Sonne und wärmt die Gemüter. Nur die blassen Backpacker im Sydney Travellers Car Market lauern verdammt in der Dunkelheit, warten auf einen erlösenden Käufer ihres Autos.

Erst wenn die Fahrstuhlglocke ertönt und sich ein Interessent nähert, erwachen die armen Seelen, wittern einen Retter. Dieser wird schnell zum eigenen Auto gelockt und zum Kauf animiert. Für einen Freundschaftspreis versteht sich. Wird einer der Backpacker sein Auto los, bedeutet das eine Kiste Bier für die übriggebliebenen Verkäufer, die weiterhin in der Dunkelheit dahinvegetieren müssen.

Im Ernst: Der Vorteil dieses Marktes ist, dass alle Verkäufer einen TÜV (roadworthiness certificate) für ihr Auto vorzulegen haben, der auf etwaige Mängel am Fahrzeug hinweist. In einem kleinen Büro sitzt ein Fachmann, den man nach seiner Meinung zu diesem oder jenem Auto befragen kann. So lässt sich feststellen, ob es den angeschriebenen Preis wirklich wert ist.

Die Preise sind meist Verhandlungssache und schwanken zwischen rund AUS$ 1.000 (~660 EUR) für ältere Modelle, über AUS$ 3.000 (~2.000 EUR) für einen Ford Falcon oder einen Holden Commodore, bis hin zu AUS$ 5.000 (~3.300 EUR) für Vans und Allrad-Jeeps. Oftmals ist es aber möglich den Preis um einiges zu drücken. Dann nämlich, wenn der Abflugtermin des Verkäufers kurz bevorsteht und dieser zum Verkauf gezwungen ist: Sydney Travellers Car Market – wo das Handeln noch Spaß macht.

Weiterer Vorteil: Im Preis der meisten Fahrzeuge ist die gesamte Campingausrüstung inklusive.

Auch in Darwin existiert ein solcher Backpacker-Automarkt. Der „Darwin Traveller's Car Market" befindet sich an der Ecke Mitchell Street/Peel Street.

Sydney Travellers Car Market, *Level 2, Ward Avenue, Car Park Kings Cross, Sydney, NSW 2011,*
Tel.: 02 - 93 31 43 61,
info@sydneytravellerscarmarket.com.au,
www.sydneytravellerscarmarket.com.au

Gebrauchtwagenhändler

(Used car dealer)
Zweite Möglichkeit, ein günstiges Vehikel zu erstehen, sind die Gebrauchtwagenhändler, die es in jeder Stadt gibt. In Sydney z.b. findet man die Händler auf der Parramatta Road über wenigstens sechs bis sieben Kilometer verstreut. Man fühlt sich schon sehr an amerikanische Filme erinnert, betritt man den mit flatternden Glitzergirlanden geschmückten Hof eines Autohändler. Vorsicht: Die teils gerissenen Verkäufer wissen, wie man einen Wagen verkauft. Ohne genaue Prüfung und Probefahrt eines Wagens sollte man auch hier nichts unterschreiben. Nachteil: Für Zelt, Matratze, Reservekanister und die restliche Campingausrüstung sind noch mal rund AUS$ 200 (~ 130 EUR) einzurechnen.

Rückkauf-Option

(Buyback Option)
Einige auf Backpacker-Wagen spezialisierte Autohändler bieten eine sogenannte Rückkauf-Option für Pkw. Wenn man das Auto also in einem Stück zum Händler zurückbringt, erhält man garantiert einen bestimmten Prozentsatz des Kaufpreises zurück. Die Prozente richten sich nach der Dauer der Autonutzung. Aufpassen: „Garantiert" ist für die Händler ein dehnbarer Begriff. Irgendetwas finden sie immer, um den Rückkaufpreis zu drücken. Vorteil dieser Spielart: Normalerweise kommen die Backpackerautos mit allen Camping-Utensilien. Zwei Autohändler mit einer Rückkauf-Option sind:

Travellers Auto Barn, Sydney Head Office,
177 William Street, Kings Cross NSW 2011,
Tel.: 1800 – 67 43 74, Fax: 02 – 93 60 19 77
info@travellers-autobarn.com.au, www.travellers-autobarn.com.au

Melbourne Office, *67 Roden Street, West Melbourne VIC 3003*
Tel.: 03 – 93 26 39 88, Fax: 03 – 93 26 98 20,
melbourne@travellers-autobarn.com.au, www.travellers-autobarn.com.au

Brisbane Office, *37 Butterfield Street, Herston QLD 4006*
Tel.: 07-32 52 26 38, Fax: 07-32 52 52 26,
info@travellers-autobarn.com.au, www.travellers-autobarn.com.au

Cairns Office, *123-125 Bunda Street, Cairns QLD 4870*
Tel.: 07 -40 41 37 22, Fax: 07-40 51 26 43
info@travellers-autobarn.com.au, www.travellers-autobarn.com.au

Perth Office, *365 Newcastle Street, Northbridge WA 6003,*
Tel.: 08-92 28 95 00, Fax: 08-92 28 95 99
perth@travellers-autobarn.com.au, www.travellers-autobarn.com.au

Darwin Office, *13 Daly Street, Darwin NT 0800,*
Tel.: 08-89 41 77 00, Fax: 08-89 41 71 99,
darwin@travellers-autobarn.com.au, www.travellers-autobarn.com.au

In einem Ford Falcon durch die Wüste
Erfahrungsbericht von Jörn Schulz

Die Nullarbor Plain –das große Nichts zwischen Ceduna (SA) und Norseman (WA). Ein 1213 Kilometer langer Highway. Unendlich erscheinende Weiten liegen hinter und vor uns. Wo man auch hinschaut, nichts als Wüste um einen herum. Kein Baum, kein Berg, kein Haus, kein See, kein Fluss. Nichts, was unsere Aufmerksamkeit erweckt. So weit das Auge blickt, umgeben uns nur der Asphalt, auf dem wir rollen, die am linken Fahrbahnrand stehenden weiß-schwarzen Leitpfosten sowie die weiß-roten am rechten und die kargen, vielleicht dreißig Zentimeter hohen Sträucher, die den Boden bedecken. Ansonsten viel Freiraum, der einen traumhaften und unbegrenzten Blick bis zum Horizont zulässt.

Die Wolken scheinen hier in der Wüste niedriger zu schweben als Zuhause. Ich frage mich ernsthaft, ob das nur Einbildung ist oder mit der geographischen Lage und dem Breitengrad zu tun hat, auf dem wir reisen. Oder macht sich vielleicht schon das erste Anzeichen einer Halluzination breit, verursacht durch den extremen Autofahrmarathon, den wir bewältigen? Bei der langen Zeit, die Sören und ich nun schon im Auto unterwegs sind, wäre das überhaupt nicht verwunderlich.

Den vierten Tag fahren der Däne und ich nun schon seit Adelaide mit unseren beiden Autos im Konvoi auf dem Eyre-Highway A1. Wir haben – wenn alles glatt geht – noch mindestens zwei weitere Tage vor uns, bevor wir wieder in der Zivilisation sind, unter Menschen kommen. Unser Ziel: Perth an der Westküste Australiens.

Getroffen haben Sören und ich uns in einem Backpacker-Hostel in Adelaide. Wir waren beide auf der Suche nach Mitfahrern für die lange Reise nach Westaustralien, denn es ist allemal unterhaltsamer, jemanden im Auto zu haben, mit dem man quatschen kann. Außerdem wird die Reisekasse nicht ganz so stark belastet, wenn die anfallenden Spritkosten geteilt werden können. Und für Mitfahrer ist es die günstigste Art, eine so lange Strecke zurückzulegen.

Wir klapperten ziemlich viele Hostels ab und hängten Anzeigen aus, die einen „lift to Perth" anboten. Dadurch fand ich bis jetzt immer einen Mitfahrer. Nur diesmal war die Methode nicht wirklich erfolgreich. Offensichtlich wollte zu unserer Reisezeit einfach niemand an die Westküste. So beschlossen wir, die 3200 Kilometer von Adelaide nach Perth über die Südküste Westaustraliens zusammen zu bewältigen.

3200 Kilometer – das ist, in europäischen Verhältnissen gerechnet, länger als die Strecke zwischen London und Moskau. Oder ungefähr fünfmal Berlin-München. Weil auf einer so gewaltigen Distanz und unter den extremen klimatischen Bedingungen einiges schief gehen könnte, entschlossen wir uns zusammen in einer Zweierkolonne zu fahren. Immerhin kann man nie wissen, ob Sörens Volvo und mein Ford Falcon diese Dauerstrapazen auch wirklich durchhalten werden. Mit zwei Autos unterwegs zu sein ist wie eine Versicherung für den Ernstfall. Bei einer Panne steht immer noch ein anderes Vehikel zur Verfügung, um wenigstens zum nächsten Roadhouse zu gelangen und Hilfe zu holen. Sollten beide Fahrzeuge beschließen, gemeinsam den Geist aufzugeben ... Darüber wollten wir uns gar nicht erst den Kopf zerbrechen.

Zugegeben: In Adelaide dachten wir, die Nullarbor-Plain, die baumlose Ebene, sei viel dramatischer, um einiges karger und noch menschenfeindlicher. Da wussten wir aber noch nicht, dass uns auch in der Wüste alle zehn bis fünfzehn Minuten ein Auto oder ein Truck entgegen kommt oder uns überholt. So wie auch jetzt.

Ein von hinten aufrückender Road-Train – ein mit bis zu vier Anhängern bestückter Truck – reißt mich aus meinen Gedanken. Nun ist volle Konzentration auf der nur zweispurigen Straße angesagt. Plötzlichen Gegenverkehr braucht man zwar nicht zu fürchten, aber es ist auch eher die geringe Breite der Straße, die mir Sorgen macht.

Als ich zum ersten Mal von einem dieser massiven Straßenzüge überholt wurde, war mir ziemlich mulmig im Magen. Zunächst hatte sich der Road-Train langsam, aber stetig genähert, bis er mir fast an der Kofferklappe klebte. Dann schwenkte der Truck aus und zog an mir vorbei. Viel Platz war nicht mehr zwischen uns, obwohl ich das Auto am äußersten linken Fahrbahnrand balancierte. Als der überlange LKW vor mir einscherte und ein klein wenig vom Straßenbelag abkam, wehte mir eine riesige Staubwolke vor die Windschutzscheibe. Und durch das offene Fenster auch ins Auto. Gebranntes Kind scheut das Feuer, weswegen ich diesmal die Fensterscheibe rechtzeitig hochgekurbelt habe. Das Überholmanöver läuft problemlos ab und der gigantische Schwerlast-Truck zieht vor uns weg.

Überholt werden Sörens Volvo und mein Falcon von Road-Trains und Autos deshalb, weil wir verhältnismäßig gemütlich fahren. Wir sind nicht in Eile, wollen lieber einen motorschonenden und benzinsparenden Fahrstil durchziehen. Man kann ja nie wissen, ob unsere Backpacker-Autos den langen Weg noch durchhalten werden, wenn wir das Gaspedal bis zum Bodenblech durchdrücken würden. So tuckern wir mit gemächlichen 90-100 km/h auf der Fahrbahn entlang. Und da die Höchstgeschwindigkeit bei 110 km/h liegt, sind wir auf der sicheren Seite, im Falle einer Verkehrskontrolle. Wo um alles in der Welt sollte die Polizei in der Wüste eigentlich ein Geschwindigkeitsmessgerät verstecken, schießt es mir durch den Kopf. Egal!

Obwohl das Fenster wieder offen ist, schwitze ich buchstäblich aus allen Poren. Die Klimaanlage meines Ford Falcons ist leider kaputt, weshalb ich mit den Wüstentemperaturen klar kommen muss. Die Sonne scheint ins Auto und trifft genau auf meinen Oberarm. Nach ein paar Minuten wird es zu heiß und ich versuche ihn im Schatten der Tür zu verstecken. Unglücklicherweise bin ich damit nicht lange erfolgreich, denn die Straße macht nun eine leichte Biegung, die ausreicht, den Schatten verschwinden zu lassen.

Neben meinem Arm, der zu versengen droht, wird nun auch noch mein Fuß vom ständig angespannten Halten des Gaspedals müde. Es reicht. Pause! Ich frage Sören, der vor mir fährt, per Lichthupe, wie es mit einer Rast aussieht. Er warnblinkt mir zurück und ist somit einverstanden.

Nach weiteren fünfzehn Minuten Fahrt kündigt ein Schild endlich eine Haltebucht an. Dort angekommen, recken und strecken wir uns zuallererst ausgiebigst und sind mal wieder überwältigt, wie viele Stunden wir jetzt schon hinterm Steuer sitzen. Da uns der Hunger plagt, machen wir uns Sandwiches mit Erdnussbutter, Käse und Salami.

Auf Obst oder Gemüse müssen wir leider verzichten. Das hatten wir an der Grenze von Südaustralien zu Westaustralien abgeben müssen, da Quarantänebestimmungen verbieten, Früchte, Gemüse, Nüsse und Honig mit über die Grenze zu nehmen. Angeblich soll das vor importierten Krankheiten und Pestausbrüchen schützen. Sogar eine Bananenkiste aus Queensland, in der ich mein Campinggeschirr lagerte, musste ich am Wüstengrenzposten zurücklassen.

Schon in Adelaide hatten mir Backpackern von dieser „Einreisebedingung" nach WA erzählt; so richtig wollte ich dies aber nicht glauben. Vorsichtshalber versuchten der Däne und ich dennoch, vor der Grenze so viel von unseren Vorräten aufzuessen wie möglich. Alles aber schaffte ich nicht, worauf ich wohl oder übel der Grenzbeamtin mit schüttelndem Kopf meine übriggebliebenen Tomaten, Karotten und Zwiebeln aushändigen musste. Und das noch halbvolle Glas Honig, was besonders schmerzte.

Aus diesem Grund entfällt der Nachtisch – Erdnussbuttersandwich mit Honig – und wir werten lieber die seit dem Morgen vorgefallenen Ereignisse entlang der Straße aus.

Da war zuerst das, mitten in der Einöde am Straßenrand stehende Auto gewesen, vor dem sich vier Jungs mit einem Schild postiert hatten. „PETROL ??" war ganz groß darauf zu lesen. Natürlich hielten wir und boten unsere Hilfe an. Die vier Kanadier hatten gedacht, es noch bis zum nächsten Roadhouse zu schaffen. Aber rund 50 Kilometer vorher ging ihnen das Benzin aus. Zum Glück haben

Sören und ich einen Reservekanister dabei, mit dem wir das ausgetrocknete Auto wieder in Gang setzten. Sichtlich erleichtert und sich tausendmal bedankend, machten wir uns gemeinsam zur nächsten Tankstelle auf, wo sie das Auffüllen des Benzinkanisters bezahlten.

Auf der weiteren Fahrt sahen wir „australische" Wildtiere nicht unweit von der Straße entfernt stehen. Zwei Kamele nagten an den Büschen und schauten neugierig auf, als wir an ihnen vorbeifuhren. Ein paar Kilometer weiter passierten wir ein „road kill", ein totes Känguru am Straßenrand. Das fünfte am heutigen Tag. Warum so viele Kadaver am Highway liegen, erklärte uns ein Truckfahrer bei einem unser Tankstops:

Werden die Kängurus vom tosenden Motorgeräusch eines Road-Trains aufgescheucht, springen die teils verwirrten Tiere auf die Straße und stellen sich dem massiven Gefährt in den Weg. Wer dann den Kürzeren zieht, ist leicht vorstellbar. Gnadenlos werden die „jumping steaks" überrollt und von der Straße geschleudert. Die Truckfahrer merken das angeblich nicht einmal. In der Dämmerung und nachts ist es am schlimmsten, dann sind die Tiere besonders aktiv.

Nicht zuletzt deswegen fahren Sören und ich nur tagsüber. Wir wollen keinen Zusammenstoß mit einem der hyperaktiven Springer riskieren. Auf der einen Seite täte uns das australische Wappentier Leid, auf der anderen unsere Autos, die den Aufprall nicht so unbeschadet überstünden wie ein Road-Train. Nur haben wir durch das Tagsüberfahren bis jetzt mehr tote als lebendige Kängurus gesehen. Traurig, aber wahr.

Dafür sind aber bei unserem Lunch massenhaft andere Lebewesen allgegenwärtig. Hunderte dicker Fliegen summen und brummen uns ums Gesicht und Sandwich. Wo die nur alle herkommen, frage ich mich. Hier ist doch nichts. Ständig fuchteln wir mit den Händen um unsere Köpfe, damit die Plagegeister endlich abhauen. Aber es hilft alles nichts, die Fliegen sind hartnäckiger und so flüchten wir in unsere Autos, um weiterzufahren. Ein paar Brummer sind durch die offene Tür ins Auto geschlüpft und schwirren mir nun weiter um den Kopf. Es vergehen ein paar Kilometer, bis ich sie alle durch das geöffnete Fenster hinausgescheucht habe. Wenigstens für kurze Zeit eine Beschäftigung. Dann geht das monotone Fahren weiter. Immer mit 90-100 km/h schnurstracks gerade aus, nur ganz selten eine leicht Biegung. Die Zeit kriecht dahin, wie eine Schildkröte mit drei lahmen Gliedern.

Da ich nun vorausfahre, schaue ich ab und zu in den Innenspiegel, um mich zu vergewissern, dass Sören noch hinter mir ist und sein Auto fährt. Der Däne hat es gut, er besitzt ein voll funktionstüchtiges Autoradio mit Kassettendeck. Zwar beschwert er sich bei jedem Halt über die gleiche Leier – er hat nur vier Kassetten dabei, von denen zwei mit japanischer Popmusik bespielt sind, die er von einem Backpacker in Adelaide bekommen hat -, aber wenigstens dudelt da etwas. Wehmütig schaue ich auf mein Kassettendeck, das Kassetten abspielen könnte ... wenn es nicht kaputt wäre. Und das Radio gibt seit, was weiß ich wie lange, nichts als Rauschen von sich. Gelegentlich zeige ich mich optimistisch und lasse den Sendersuchlauf die gesamten FM- und AM-Frequenzbereiche durchforsten. Natürlich ohne Erfolg. Ein Versuch ist es aber allemal wert.

Ehrlich: Anfangs hatte ich mich selbst als Sänger versucht. Das jedoch ließ ich ganz schnell wieder sein, da mein musikalisches Talent doch recht beschränkt ist. So starre ich nun stur auf die Straße und höre dem brummenden Motor zu. Hin und wieder prüfe ich den Tachometer, die Tankanzeige und die Motortemperatur und schaue, ob noch alles im grünen Bereich arbeitet. Auf diese Weise durchqueren wir Minute um Minute und Stunde um Stunde die Wüste ohne weitere nennenswerte Vorkommnisse.

Von Ost nach West zu fahren, hat den Vorteil, jeden Tag dem Sonnenuntergang entgegen zu steuern und zu zuschauen, wie sich der rote Feuerball langsam dem Horizont nähert und bald dahinter verschwindet.

Auch wenn die Zeit schleppend und zäh vergeht, ist sie mittlerweile schon auf sieben Uhr vorangerückt. Höchste Eisenbahn für uns, einen geeigneten Platz zum Übernachten zu suchen. Weil Sören und ich, wie auch in den letzten Nächten, Bushcampen wollen, müssen wir einfach nur bis zur nächsten Haltebucht fahren, wo man sich für die Nacht niederlassen kann. Nach einem Platz zum Verweilen halten wir schon jetzt Ausschau, da Tageslicht zum Feuerholzsammeln und Kochen günstig ist. Die Batterien unser Taschenlampen sind uns zu schade, außerdem recht teuer.

Den ersten Rastplatz passieren wir, weil dieser nicht weit genug von der Straße gelegen ist und man in der Nacht die vorbeirollenden Road-Trains zu stark hören würde. Nach weiteren vierzig Kilometern erscheint die nächste Haltebucht, die ich für passender halte. Wir biegen vom Eyre-Highway ab und bereiten uns auf die Nacht vor.

Was jetzt kommt, ist in den letzten Tagen zur Routine geworden: Die Autos möglichst weit weg von der Straße parken, einen geeigneten Platz für ein Lagerfeuer suchen und den Gaskocher aufbauen, der unser Abendessen heiß machen wird. Heute ist Sören mit Kochen dran. Auf der Speisekarte steht das Backpacker-Standardmenü: Pasta mit Dosentomatensauce. Wie auch schon am gestrigen Abend und am Abend zuvor und ... Wenn wir wieder in der Zivilisation sind, werden wir uns einen Restaurantbesuch leisten. Das steht fest. Klar ist auch, dass unsere Wahl nicht auf einen Italiener fallen wird. Inzwischen ist es fast dunkel geworden, der Mond schon längst über uns aufgegangen. Obwohl er nur halb zu sehen ist, strahlt er eine unglaubliche Helligkeit ab. Wir kratzen unser letztes Feuerholz aus der Holzkiste zusammen, die wir vorsorglich mitgenommen haben, und entfachen ein Lagerfeuer. Mit einer Tasse Tee lehnen wir uns entspannt in unsere Campingstühle zurück und genießen den Moment.

Der Sternenhimmel ist phänomenal. Wir sind uns sicher, dass man hier auf der südlichen Erdhalbkugel mehr, viel mehr weiße Lichter am Himmel sehen kann als zu Hause. Leider kennen wir uns in der Astronomie der südlichen Hemisphäre nicht sonderlich aus, und so erfinden wir Namen wie „Kleines Känguru" oder „Großer Wombat" für markant leuchtende Konstellationen.

Unsere letzte Amtshandlung des Tages ist es, den Teekessel nochmals mit Wasser zu füllen und zum Kochen zu bringen. Mit dem heißen Nass wollen wir unsere Wärmflaschen füllen, die sich jeder von uns nach ein paar Wochen Bushcamping-Erfahrung zugelegt hat. Denn auch wenn es tagsüber brütend heiß ist, kann es nachts bitter kalt werden.

Die Flammen lodern, das Feuerholz fressend und immer kleiner werdend, sanft dahin. In Gedanken versunken starren wir ins Feuer. Es ist totenstill um uns herum. Kein Vogel zwitschert, kein Grashüpfer zirpt, kein Meeresrauschen ist zu vernehmen. Wir sind eben in „the middle of nowhere". Nur die auch nachts über fahrenden Road-Trains und ganz vereinzelt ein Pkw hört man schon von weitem herankommen.

Ansonsten ist es so still, wie man es selten erlebt. Ein dünner Mantel aus nächtlichem Nebel legt sich über die Landschaft. Wir starren in die Glut des Lagerfeuers, füttern es nicht mehr mit Holz, sondern lassen es ausglimmen. Schließlich begeben wir uns in die Autos zum Schlafen. Morgen müssen wir gut vor der Weiterfahrt ausgeruht sein. Laut Straßenkarte liegt die längste Geradeausstrecke der Nullarbor-Odyssey vor uns. 146 Kilometern nur linealgerade. Keine Biegung, keine Kurve, einfach nur stur geradeaus. Wer da nicht am Steuer einschlummern will, muss richtig ausgeschlafen sein. Meine Vorfreude auf dieses Ereignis hält sich verständlicherweise in Grenzen, aber das Gefühl von Freiheit und der prächtig leuchtende Sternenhimmel lassen mich die kommenden Strapazen vergessen und machen mir eines deutlich: So frei, zugleich aber auch verbunden mit der Erde, habe ich mich vorher selten gefühlt.

Mitfahren

(Lift)
Wer kein eigenes hat, kann trotzdem in einem Auto mitfahren. Vielerorts – natürlich besonders in Backpacker-Ballungszentren wie Großstädten – suchen Rucksack-Touristen mit fahrbarem Untersatz nach Mitfahrern, um die Spritkosten gering zu halten. Wenn wirklich nur das Benzin durch die Anzahl der Insassen geteilt wird, ist die Mitfahrgelegenheit sogar günstiger als der Bus. Auf diese Weise können Fahrer und Mitfahrer richtig Geld sparen und zusammen weiterkommen. Vorher geklärt werden sollte allerdings, wer für etwaig unterwegs anfallende Reparaturen aufkommt.

An den Schwarzen Brettern der Hostels lassen sich immer irgendwelche Mitfahrgelegenheiten (lifts) finden.

Tipp: Damit am Ende der Fahrt nicht die große Rumrechnerei losgehen muss, kann schon vor der Fahrt eine Art gemeinsame Reisekasse angelegt werden. Hier bezahlen alle Mitfahrer gleich viel Geld (z.B. AUS$ 20) ein. Aus der Gemeinschaftskasse wird dann bei jedem Tankstop die Rechnung beglichen. Ist der Pott leer, so legt jeder wieder gleich viel Geld nach. So kann man ohne viel Rechnen sicher sein, die anfallenden Spritkosten gerecht durch die Anzahl der Mitfahrer zu teilen. Gegenseitiges Vertrauen natürlich vorausgesetzt.

Abenteuer-Touren

Einige der schönsten Nationalparks liegen abseits geteerter Highways und sind nur mit einem Allradfahrzeug zu erreichen. Wer keine Möglichkeit hat, bei jemandem mitzufahren oder dessen Gefährt die recht holprigen Outbackwege nicht überstehen würde, kann unter einem Heer von Abenteuer-Touranbietern buchen. Die bieten sowohl ein- als auch mehrtägige Ausflüge zu beliebten und bekannten Nationalparks sowie landschaftlichen Attraktionen an. Entweder bringen diese Tourunternehmen einen dabei auch noch von A nach B oder schließen den Trip am Ausgangspunkt ab.

Da dieser Markt einem ständigen Wandel unterliegt, werden im Folgenden nur vier alte Hasen unter den Abenteuer-Tourunternehmen vorgestellt. Wie man an weitere Angebote kommt, steht im Abschnitt „Sich informieren" ab S. 74.

- *Oz Experience*, Tel.: 1800-55 52 87, www.ozexperience.com
- *Adventure Tours Australia*, Tel.: 1800-06 88 86, www.adventuretours.com.au

Zug

Mit dem Zug zu reisen wie schon Passagiere vor einhundert Jahren, ist und bleibt eine Sache für Genießer, die das Unterwegssein selbst als eigentliches Ziel haben. Zugfahren ist weder schneller noch günstiger als andere Transportmittel. Eher das Gegenteil ist der Fall. Aber sich genauso wie Passagiere vor einhundert Jahren fortzubewegen ist ein Erlebnis, das prägt.

Die drei weltberühmten Züge „Indian Pacific", „The Overland" und „The Ghan" werden von der „Great Southern Railway Company" (**www.trainways.com.au**) betrieben. Tickets können direkt im Internet gebucht werden. Auch Reiseagenturen verkaufen Tickets.

- Indian Pacific (Sydney-Adelaide-Perth)

- The Overland (Melbourne-Adelaide)
- The Ghan (Adelaide-Alice Springs-Darwin)

Das Bahn- und Busunternehmen *NSW TrainLink* steuert über 300 Ziele in New South Wales, dem australischen Hauptstadtterritorium, Queensland und Victoria an. Speziell für internationale Backpacker wird ein „Backtracker Rail Pass" in verschiedenen Varianten angeboten, mit dem man, je nach Gültigkeitsdauer, auf der Strecke Melbourne – Sydney – Brisbane so oft ein- und aussteigen kann, wie man will. Ein einmonatiger Pass z.b. kostet rund AUS$ 275 (~180 EUR). Auch ein East-Coast-Discovery-Pass und ein Austrail-Flexi-Pass werden angeboten.

NSW TrainLink, Tel.: 13 22 32, www.nswtrainlink.info

Entfernungen

Schaut man in drei verschiedenen Entfernungstabellen die Distanz zwischen Sydney und Perth nach, wird man mit großer Wahrscheinlichkeit drei unterschiedliche Werte finden. Mal werden die kürzesten, mal die schönsten Wege zur Berechnung herangezogen.

Die nachgedruckten Strecken stellen nicht immer die kürzesten Wege zwischen zwei Orten dar. Als Berechnungsgrundlage wurden die größten und meistbefahrenen Straßen und Autobahnen benutzt.

Entfernungstabelle (in Km)										
Adelaide										
1533	**Alice Springs**									
2045	3409	**Brisbane**								
3352	2478	1716	**Cairns**							
1379	2912	1251	2967	**Canberra**						
3022	1489	3869	2938	4389	**Darwin**					
1341	2874	2284	4163	1258	4363	**Hobart**				
731	2264	1674	3553	648	3753	610	**Melbourne**			
2706	3615	5075	6126	4085	4180	4044	3434	**Perth**		
1412	2945	965	2681	286	4795	1482	872	4110	**Sydney**	
1573	443			1932						**Uluru**

Backpacken

Ein Jahr lang in Australien leben und reisen, ohne vorher im Lotto gewonnen zu haben – wie finanziert man das? Ganz einfach: Indem der Auslandsaufenthalt nicht als typischer Urlaub angesehen, sondern als eine alternative Art des Reisens begriffen wird – als Backpacken eben. Was das bedeutet, wird hier näher erläutert.

Die Reisekasse ist mal wieder so leer wie der Beutel eines kinderlosen Känguruweibchens. Zum Glück hat man ja das WHV, was einem erlaubt, einen Job bis zu sechs Monate am Stück auszuüben. Dadurch ist man imstande, Geld zu verdienen und zu sparen, um irgendwann weiterreisen und neue Abenteuer erleben zu können. Solange jedenfalls, bis der Kontostand wieder gegen Null tendiert und erneut ein Job her muss.

Der klaren Einteilung der Reise in Arbeits- und Urlaubszeit folgen viele Backpacker. Besonders, wer noch keine Erfahrungen hat, wie man mit Geld haushaltet und dazu noch im Ausland, in einer fremden Währung, ist ein potentieller Kandidat für den starren „Geld verdienen – Geld wieder ausgeben"-Rhythmus. Schon mal überlegt, ob es nicht auch anders geht, wie man mit den zur Verfügung stehenden Mitteln weiterkommt?

Eine Variante, mit dem Geldbetrag der Reisekasse weiterzukommen als andere, ist, Backpacken im klassischen Sinne zu verstehen und zurück zu dessen Wurzeln zu gehen. Das bedeutet, den üblichen Kreislauf „Geld verdienen – Geld wieder ausgeben" zu durchbrechen und so eine andere Sichtweise auf das Reisen selbst zu bekommen.

Ganz theoretisch und abstrahiert heißt das, immer „Urlaub" zu haben, aber auch immer arbeitsbereit zu sein. Ganz praktisch und an einem konkreten Beispiel verdeutlicht, sieht das so aus: Du bist für drei Tage in Katoomba (NSW), ein beliebter Urlaubsort unweit von Sydney, mitten in den Blue Mountains. Ein idealer Ort zum Wandern, Klettern und Mountainbike fahren. Zum Nächtigen hast Du ein Backpacker-Hostel ausgesucht, für das pro Nacht normalerweise AUS$ 20 (~13 EUR) fällig sind. Normalerweise, aber Du hast mit dem Hostel-Besitzer gesprochen und bekommst die Übernachtung gegen Mithilfe beim Zimmerputzen, Bettenmachen und Küchewischen „gratis". So bleiben die AUS$ 60 (~40 EUR), die im Grunde genommen für drei Übernachtungen fällig gewesen wären, der Reisekasse erhalten. Gespartes Geld, das sich nun z.B. für einen Ausflug durch den Nationalpark „Blue Mountains" auf dem Rücken eines Pferdes ausgeben lässt.

Mithelfen und dafür eine Dienstleistung ohne Bezahlung bekommen – so lässt sich die alternative Art des Lebens wohl am besten umschreiben. Tatsächlich kann man auf diese Weise jede Menge Geld sparen und erhält trotzdem das, wofür andere oft viele Dollar berappen müssen.

Diese Art des Gebens und Nehmens funktioniert prächtig in Backpacker-Hostels, bei mehrtägigen Ausflugsfahrten wie z.B. auf Tauchbooten und in Holiday-Resorts. Manchmal deuten Aushänge an Schwarzen Brettern darauf hin, dass Aushilfen unter Bezahlung in Form einer Dienstleistung gesucht werden. Am einfachsten aber ist es, direkt zu fragen, ob für Mitarbeit anstatt Geld ein alternativer Lohn, wie z.B. eine Übernachtung möglich wäre. Eine Bezahlung in „Naturalien" sozusagen.

Der Gedanke dahinter ist, besser mit dem Geld zu haushalten, was man auf dem Konto hat. Denn wer ökonomischer wirtschaftet, hat mehr davon.

Etwas Ernüchterung ist jedoch angebracht, um keine falschen Vorstellungen und Hoffnungen aufkeimen zu lassen: Überall und in unbegrenztem Maße funktioniert diese Art des Backpackens natürlich nicht. Letztlich ist – um beim Übernachtungsbeispiel zu bleiben – deine Zimmermiete die primäre Einnahmequelle des Hostel-Besitzers. Vollständig ohne Geld werden wohl nur die wenigsten auskommen. Das wiederum heißt, so ganz ohne Jobs, mit denen sich ein paar Dollar verdienen lassen, geht es wahrscheinlich nicht.

Mit dem Gedanken des alternativen Reisens im Hinterkopf wird sich schon die eine oder andere Möglichkeit ergeben, Geld zu sparen. Dadurch wiederum lebt man im Großen und Ganzen sparsamer und braucht vielleicht nicht so oft einen Vollzeitjob wie andere.

Ganz nebenbei erfährt man auch, was klassisches Backpacken eigentlich ausmacht: Sparsam leben und auf anderen, weniger ausgetretenen Pfaden zu wandeln.

Arbeitsklamotten

Bei Ernte- oder Baujobs taugen die alltäglichen Klamotten nichts, da sie erstens ziemlich schnell durchgeschwitzt und zweitens recht schnell zerfleddert sind. Sich dann neu einzukleiden, kann teurer werden, als von vornherein ein paar Arbeitsklamotten zu kaufen. Es müssen ja nicht unbedingt neue sein. Das Rote Kreuz (Red Cross) und die Heilsarmee (Salvation Army) unterhalten diverse Zweite-Hand-Sachenläden, in denen sich bestimmt ein paar geeignete Kleidungsstücke für raue Jobs finden lassen.

„Dont't panic if it is organic" – Backpacken auf einem Tauchboot
Erfahrungsbericht von Jörn Schulz

Mit einer leicht grünlichen Färbung im Gesicht hänge ich über der Reling der Taka II, einem alten, zu einem Tauchboot umfunktionierten Fischkutter. Die Taka II befindet sich auf hoher See, weit und breit kein Land in Sicht. Das einzige, was meine Augen in der anbrechenden Dämmerung erspähen können, ist ein ständig auf und ab wippender Horizont. Dass nicht die Trennungslinie zwischen Wasser und Himmel sich bewegt, sondern die bis zu zwei Meter hohen Wellen das Boot so kräftig durchschütteln, ist mir rational bewusst. Nur mein Magen will das nicht so ganz begreifen.

Mir ist im wahrsten Sinne des Wortes speiübel, und ich fühle mich, als würde ich in den nächsten Stunden in die ewigen Fischgründe übergehen. In mir drin dreht sich alles wie bei einer Waschmaschine im Schleudergang. Ein derart heftiges Schwindelgefühl hatte ich bis jetzt nur nach dem ersten, exzessiven Alkoholkonsum verspürt. Und der liegt schon länger zurück. Es geht mir unglaublich miserabel. Der Gestank an Deck, den die großen Dieselmotoren der Taka II verursachen, trägt seinen Teil zu meiner üblen Situation bei.

Neben mir – lässig am Geländer lehnend – steht Alison, die neuseeländische Küchenchefin. Sie grinst mich an. „Am Anfang denkst du, dass du bald sterben musst. Das ist ein schlimmes Gefühl. Aber dann realisierst du, dass du „nur" seekrank bist. Und das ist schlimmer. Wenn es dich beruhigt: Du siehst echt schlecht aus", versucht sie mich aufzumuntern.

Es ist der erste Abend eines viertägigen Boottrips im Großen Barriereriff, der vom Tauchtour-Unternehmen „Taka Dive" organisiert wurde. Von Cairns aus gestartet, werden wir weit auf den offenen Ozean fahren, um zu weniger besuchten Riffen vorzudringen, wo wir in Ruhe atemberaubende Tauchgänge absolvieren können. Wir: Das sind die 27 zahlenden Gäste an Bord, 7 Crewmitglieder und ich, der Küchenhelfer. Als „Hosty" habe ich vor ein paar Tagen auf der Taka II angeheuert. Nun darf ich gegen Mithilfe in der Kombüse die gesamte Tauchtour „kostenlos" mitmachen sowie pro Tag mindestens zweimal die Schönheit des Großen Barriereriffs unter Wasser erleben und im Südpazifik tauchen.

Den Tipp, als Küchenhilfe auf einem Tauchboot mitzufahren und dafür die rund AUS$ 900 (~ 590 EUR) für den Trip zu sparen, hatte ich von zwei israelischen Backpacker bekommen, als wir zusammen von Darwin nach Alice Springs fuhren.

Gleich, als ich in Cairns ankam, sprach ich bei drei Tauchtour-Unternehmen vor und bot meine Hilfe als Hosty an. Den notwendigen Tauchschein hatte ich an der Westküste im wahrscheinlich zweitschönsten, aber längst nicht so überlaufenen Ningaloo Riff gemacht.

Ernüchterung machte sich bei mir breit, als ich erfuhr, dass alle Küchenhilfe-Jobs für die nächsten Wochen schon vergeben seien. Geknickt hinterließ ich trotzdem in allen Büros meine Telefonnummer. Als zwei Tage später mein Handy klingelte und sich am anderen Ende Taka Dive meldete, konnte ich es kaum fassen. Weil die ursprüngliche Hostess wegen Krankheit ausfiel, bekam ich doch noch die Chance, den für mich sonst unerschwinglichen Ausflug mitzumachen.

Im Moment aber ist mir nicht ganz klar, ob ich mich darüber freuen oder es
bereuen soll. Im Augenblick kann ich weder am demnächst anstehenden
Nachttauchgang teilnehmen, noch meiner Pflicht nachkommen, das Abendbrot
in der Küche mit vorzubereiten. In diesen Sekunden geht es mir einfach nur
erbärmlich dreckig. Und das, obwohl ich eigentlich glaubte, einen seetauglichen
Magen zu besitzen.

Aber die mannshohen Wellen schütteln die Taka II so gewaltsam durch, dass der
Schiffsboden unter den Füßen zu einer ständig wankenden Plattform wird, auf
der man ständig balancieren muss. Einziger Trost: Auch ein paar der Gäste und
Jim, der Tauchbegleiter, der seit Monaten nicht auf großer Fahrt dabei war,
hängen genauso wie ich über der Reling und füttern die Fische. So nennt
Brendan, der Tourleiter, unsere Beschäftigung an der Reling.

„Das ist wirklich ein übler Sturm. Bei den hohen Wellen ist es Landratten schon
mal erlaubt, weiß im Gesicht zu werden. Früher, als ich anfing zur See zu fahren,
und ein solch stürmisches Wetter war, habe ich auch so sehr an der Reling
gehangen wie ihr jetzt. Heute macht mir das natürlich nichts mehr aus. Aber was
raus muss, muss raus. Don't panic if is it organic, sage ich da nur“.

Wegen des schlechten Wetters wird der Nachttauchgang abgesagt. Für alle
Hungrigen hat Alison in der Zwischenzeit ein paar selbstgebackene Pizzen in
den Ofen geschoben. Viel wird sie davon an diesem Abend nicht mehr los.

Nachdem alle Passagiere in ihren Zimmern verschwunden sind, schlägt mir
Alison vor, dass auch ich mich vom Schiffsgeländer trennen und in das
Mannschaftsquartier gehen solle. Widerwillig, aber schließlich mit einem Eimer
unter dem Arm, begebe ich mich in meine Kajüte und zwänge mich in die 1,60
Meter kurze Koje. Schlafen kann ich nur wenig.

Früh am nächsten Morgen und zwei Reisetabletten gegen Seekrankheit später
hatten sich das Wasser und mein Magen beruhigt. Ich bin bereit, in der Küche zu
helfen und meinem Job als Hosty nachzukommen.

Alison hat schon mit dem Pfannkuchenbacken angefangen, als ich die Küche
betrete. Sie zeigt mir kurz, wo Geschirr und Besteck zum Decken der Tische zu
finden ist, trägt mir auf, das Frühstücksbüffet herzurichten und bäckt dann weiter
Pfannkuchen. Alles muss ziemlich schnell gehen, da die Gäste bald wach sein
und Hunger haben werden, meint Alison.

Als das Frühstück vorbereitet ist und ich mich dem Abwasch der letzten Nacht
widmen will, kommen auch schon die ersten Tauchurlauber aus ihren Zimmern
herauf in den Speisesaal. Ich solle mich jetzt lieber zuerst um den Toast
kümmern und die Vegemite-Gläser auf den Tischen verteilen, weist mich Alison
an. Das sei für die Gäste, die es heute Morgen eher ruhig angehen lassen wollen
mit dem Frühstück. In der Küche geht es hektisch zu, denn zu zweit alle Mann
an Bord zu verpflegen, ist keine leichte Aufgabe. Aber Alison ist ein Profi, und
so schaffen wir es, alle Hungrigen mit Essen zu versorgen.

Nachdem alle Gäste und die Crew satt sind und sich auf den ersten Tauchgang des Tages begeben, heißt es für die Neuseeländerin und mich, weiter in der Küche ackern. Wir müssen abwaschen und mit der Vorbereitung des Mittagessens beginnen. Gemüse schneiden, Dippsoßen anrühren und eine Quarkspeise zubereiten. Langsam werde ich etwas unruhig, da ich doch auch abtauchen möchte. Im Übrigen will ich meine schmerzenden Füße liebend gern im Wasser abkühlen. Brendan hatte mir geraten, barfuß auf dem Schiff herumzulaufen, da so das Gleichgewicht leichter zu halten sei und man nicht so schnell seekrank werden würde. Das mag vielleicht stimmen, aber ich bin es nicht gewohnt, auf dem grünen, leicht stacheligen Plastikgitter in der Küche zu laufen und so tun meine Füße etwas weh.

Eine Stunde vor dem Mittagessen sind wir mit allem fertig. Jetzt geht's auch für uns ab ins Wasser zum Tauchen. Neoprenanzug anziehen, Taucherbrille aufsetzen und Sauerstoffflasche aufhieven – hinein ins kühle Nass.

Unter Wasser stockt mir fast der Atem, aber ich besinne mich an die erste Regel, die ich beim Tauchkurs vermittelt bekommen habe: Unter Wasser niemals aufhören zu atmen.
Die Schönheit des Riffs mit einer unbeschreiblichen Artenvielfalt an Korallen, zahlreichen bunten Fischen und viel anderem Meeresgetier ist faszinierender, als ich es mir vorgestellt hatte. Der Anblick der bizarr geformten und säulenartigen Korallen, die vom Meeresgrund bis unmittelbar unter die Wasseroberfläche reichen, lässt die Strapazen der letzten Nacht verschwinden und entschädigt für die Mühe an Deck.
Zwischen den Gebilden umherzuschweben, den größten lebenden Organismus der Welt aus nächster Nähe erleben zu können, ist ein erhebender Augenblick, den ich so schnell nicht vergessen werde. Das ist mir bewusst.
In Gedanken bedanke ich mich für dieses Naturwunder, die Tauchtour und die wertvolle Erfahrung. Und ich bin glücklich, auf einem Tauchboot backpacken zu können.

Gewusst wie: Mit zwei Jobs Geld verdienen und durch Demi-Pair jeden Dollar sparen

Erfahrungsbericht von Carolin Thiele

Ende Juli – Sommer in Deutschland und Winter in Melbourne. Welch ein Schock für mich. Ich startete mein lang ersehntes Working-Holiday-Jahr in der Landeshauptstadt Victorias und musste feststellen, dass die Südhälfte Australiens alles andere als warm war. Deshalb entschied ich mich nach einer Woche Frieren spontan, nach Cairns zu fliegen, denn laut Wetterbericht war es dort etwa 15

Grad wärmer (also rund 25 Grad im Schatten) und damit eher wie im heimatlichen, sommerlichen Deutschland. Kurzum buchte ich bei einer Billigfluggesellschaft den günstigsten Flug, und wenige Tage später saß ich im Flieger nach Cairns.

Da mein Reisebudget niemals ausgereicht hätte, um zehn Monate Australienurlaub zu finanzieren, musste ich mich früher oder später auf Jobsuche begeben. Lieber früher als später dachte ich mir, denn ich hatte keinen blassen Schimmer, wie lange es dauern würde, Arbeit zu finden. Schnell musste ich feststellen, dass dies in Cairns nicht gerade einfach war, denn in Australiens Winter fahren viele Backpacker hoch in den Norden und eben unter anderem nach Cairns. Außerdem war mein Englisch zu diesem Zeitpunkt wirklich nicht das Beste, was das Ganze nicht unbedingt einfacher machte. Drei Tage erfolglose Jobsuche später bestätigte sich dieser erste Eindruck immer mehr. Ich traf andere Backpacker, die schon mehr Erfahrungen in Punkto Jobhunting hatten. Viele versuchten ebenfalls, in Cairns einen Arbeitsplatz zu finden, aber es sei ohne Arbeitserfahrung und mit mangelhaften Englischkenntnissen fast unmöglich, zu dieser Jahreszeit an Geld zu kommen, berichteten mir viele Rucksacktouristen. Unabhängig voneinander rieten mit einige, nach Port Douglas, einem kleineren Ferienort im Norden Cairns' zu fahren, wo viele wohlhabende Leute die Sommermonate verbringen. Gesagt, getan! Wenige Tage später befand ich mich im Bus auf direktem Weg nach Port Douglas.

Die Busfahrt war herrlich, an der Küste den Captain-Cook-Highway entlang. Ich genoss die Fahrt; es war wie im Paradies: wunderschöne weiße Strände, Kokospalmen, blauer Himmel, sauberes und klares Wasser. In Port Douglas angekommen, bezog ich erst einmal ein Hostelzimmer. Diesmal war ich nur mit drei anderen Backpackern in einem reinen Mädchenzimmer, was eine schöne Abwechslung zum Acht-Bett-Zimmer in Cairns war. Ja, ich gebe zu, ich hatte mich schon der Mentalität angepasst und ließ es ruhig angehen, bloß keinen Stress und erst mal Port Douglas erkunden. Einige Tage später begann ich meine Jobsuche. Ich schaute ans Schwarze Brett im Hostel, aber dort war nichts Ansprechendes dabei. Also lief ich durch die Stadt, verteilte in den vielen Restaurants und Hotels meinen Lebenslauf und drückte mir die Daumen.

Anfangs war es auch in Port Douglas alles andere als rosig. Niemand rief an, keiner meldete sich. Doch einige Tage später hatte ich Glück. Leicht deprimiert kam ich an einem indischen Restaurant vorbei, wo ich ganz spontan fragte, ob sie eventuell noch eine Kellnerin bräuchten. Ich machte mich bereits auf den Standardsatz gefasst, der da lautet: „Lasse Deinen Lebenslauf hier. Wir rufen Dich an, wenn wir jemanden brauchen". Aber NEIN! Ich durfte am folgenden Abend Probearbeiten! Juhu – ich war vor Freude außer mir.

Das allein wäre schon klasse genug gewesen; aber es kam noch besser. Als ich bestens gelaunt ins Hostel zurückkehrte und mich schon riesig auf Spaghetti mit Tomatensoße freute, erhielt ich einen weiteren Anruf. Ein Hotel, in dem ich meinen Lebenslauf abgegeben hatte, meldete sich. Sie fragten, ob ich an einer

Stelle als Housekeeper interessiert sei. Klar war ich das! Am nächsten Tag
sprach ich leicht aufgeregt bei beiden Arbeitgebern vor und konnte durch
Probearbeiten beide überzeugen. So kam es also, dass ich tagsüber einige
Stunden im Hotel putzen und abends kellnern konnte. Mein Arbeitsalltag sah
ungefähr so aus: Ich hatte an fünf Vormittagen pro Woche Apartments in einem
4 1/2 Sterne Hotel zu reinigen, was sich als eine recht anstrengende Arbeit
herausstellte. Betten machen, Bäder reinigen, Staub wischen und alles unter
Zeitdruck. Rückenschmerzen und Schwitzen im immer heißer und schwüler
werdenden Port Douglas wurden Alltag. Nach einer kurzen Mittagspause ging es
so gut wie jeden Abend ins indische Restaurant. Meine Erfahrungen in der
Gastronomie, die ich daheim bereits gesammelt hatte, konnte ich hier gut
gebrauchen, denn die Kellnerei war hier um einen Schwierigkeitsgrad höher, da
alles auf Englisch ablief. Anfangs gab es zwar einige Verständigungsprobleme,
aber das pegelte sich mit der Zeit ein. Mein Fazit in Sachen Kellnern: Es ist
keine zwingend notwendige Voraussetzung, schon vorher drei Teller tragen zu
können, zu wissen, wie man mit Gästen umgeht, wie eine Restaurant-
Kaffeemaschine zu bedienen ist oder wie man ein Tablett voller Flaschen und
Gläser balanciert. All dies schon zu wissen, kann allerdings sehr vorteilhaft sein.
Das harte Arbeitsleben ging weiter, ein gewisser Alltag kehrte ein, und ich lernte
viele nette Menschen kennen, unter anderem auch Anna, eine andere deutsche
Reisende, die ebenfalls in Port Douglas zum Arbeiten war. Es entwickelte sich
eine Freundschaft und wir schmiedeten den Plan, nach erledigter Arbeit
zusammen zu reisen.
Doch bevor es losgehen konnte, warteten noch viele Wochen Arbeit auf uns, um
genug Geld zum Reisen zu sparen. Jedoch hatten wir auch in dieser Beziehung
viel Glück. Anna hatte während ihrer Jobsuche eine Demi-Pair-Anzeige, also
eine Teilzeit-Au-Pair-Stelle, an einem der Schwarzen Bretter gelesen. Als
Gegenleistung für ein bis zwei Stunden Hausarbeit, bot eine Familie aus Port
Douglas freie Kost und Logis an. Natürlich hatte sie sich damals beworben; nun
rief Bob, der Vater der Familie an und wollte wissen, ob sie noch an der Stelle
interessiert sei. Sie sagte zu, allerdings unter der Bedingung, dass ich mit ihr ins
Haus der Familie einziehen könne. Bob sah das wie viele Australier sehr
gelassen und gab ein „No worries, no problem at all! Carolin can join you!", als
Antwort von sich.
Als wir am Haus ankamen, war ich völlig baff. Die Hütte wa riesig.
Selbstverständlich zogen wir sofort ein. Bob stellte uns seine Familie vor. Da
waren die beiden Kinder, die 12-jährige Amy und der 9 Jahre alte Andrew und
natürlich die Gastmama, Sandra. Als wir alle Arbeiten und Konditionen
ausgehandelt hatten, konnten Anna und ich unser neues Zimmer beziehen,
welches ein eigenes Bad mit Badewanne und integriertem Whirlpool sowie einen
Fernseher hatte. Um die Unterkunft sowie die Verpflegung abzuarbeiten,
mussten wir lediglich ein bisschen Wäsche waschen, diese bügeln und ab und an
mal sonstige Hausarbeiten verrichten. Was will man mehr als Backpacker? So

sparten wir uns das teure Hostel und viel Geld fürs Essen, was nach wie vor die Hauptkostenpunkte eines jeden Durchschnittsbackpackers sind, und wer sich diese sparen kann, hat schnell genug Dollars zusammen, um weiterreisen zu können. Einziger Nachteil an der Stelle war, dass das Haus recht weit von der Ortsmitte entfernt lag. Zu Fuß brauchte ich etwa eine Dreiviertelstunde in die Stadt. Da ich aber das Fahrrad von Amy nutzen konnte, ging's viel schneller und ich blieb fit. Etwas gewöhnungsbedürftig war die Helmpflicht beim Radfahren, aber es gibt Schlimmeres.

Anna und ich zogen diesen nicht immer leichten Alltag etwa zweieinhalb Monate durch, konnten durch den Demi-Pair-Job fast jeden verdienten Dollar sparen, wodurch sich die Urlaubskasse rasch füllte. Nach getaner Arbeit gönnten wir uns als Ausgleich den langersehnten Urlaub: Mit einem geliehenen Backpacker-Campervan ging's die Ostküste hinunter. Und ein dreiwöchiger Abstecher nach Neuseeland war auch noch drin. Definitiv eine angemessene Belohnung für die harte, aber erfahrungsreiche Zeit.

Gutes tun

(Freiwilligendienste / volunteer work)
Gemeinnützige Arbeit, freiwilliges Helfen und unentgeltliches Mitanpacken – das wird ganz groß geschrieben. Egal, ob es sich dabei um den Schutz und Erhalt der Natur, Sozialarbeit oder Aufgaben in einer Gemeinde handelt – Gelegenheit altruistisch zu denken und etwas für den guten Zweck zu tun, bieten sich vielerorts an. Einige Organisationen, die Freiwilligen helfen, etwas Gutes zu tun, werden auf den folgenden Seiten näher beschrieben.

Neben der Genugtuung, etwas Sinnvolles zum Wohl aller getan zu haben, sprechen aber weitere Vorteile dafür, sich ernsthaft mit Freiwilligendiensten auseinanderzusetzen und vielleicht den einen oder anderen Einsatz abzuleisten.

Erstens: Man lernt viele Leute kennen. Die trifft man natürlich auch im Hostel, im Bus und am Strand. Durch den engen Kontakt beim gemeinsamen Arbeiten, sind solche Bekanntschaften aber von anderer Qualität. Zusammen etwas leisten, schweißt enger zusammen. Getreu dem Motto: Geteiltes Leid ist halbes Leid.

Zweitens: Während sich der Erfahrungshorizont beim unbezahlten Helfen wieder um ein Ereignis erweitert, werden nebenbei die unterschiedlichsten Fähig- und Fertigkeiten vermittelt. Bäume pflanzen, Zäune bauen sowie reparieren und die Gäste einer großen, gemeinnützigen Veranstaltung bewirten, können den Lebenslauf nicht nur aufwerten, sondern sich bei der späteren Suche nach einem bezahlten Job als äußerst nützlich erweisen.

Drittens: Durch Freiwilligenarbeit kann die Zeit kostensparend gestreckt werden. Man bekommt zwar kein Geld für die geleistete Arbeit, hat dafür aber auch selten Ausgaben für Verpflegung und Unterkunft. Wenn die Reisekasse mal

wieder komplett ausgedörrt ist, bekommt man z.B. beim WWOOfen gegen einen halben Tag Arbeit immerhin eine Unterkunft und etwas zu essen.
Unabhängig von der Art des Visums kann grundsätzlich jeder Besucher einen Freiwilligendienst ausüben. Working-Holiday-Reisende sind sowieso auf der sicheren Seite, Besitzer anderer Visa müssen bedenken, dass Freiwilligenarbeit nur erlaubt ist, wenn sie „gelegentlich ausgeführt wird, aber nicht der Hauptgrund für den Besuch in Australien ist". So schreibt es jedenfalls die Einwanderungsbehörde vor.

Umweltschutz

(Conservation)
Die Natur könnte zwar gut ohne uns Menschen existieren, aber könnten wir ohne die Natur überleben? Über 500 Nationalparks bietet einen spektakulären Einblick in die landschaftliche Schönheit sowie in die Artenvielfalt des Tierreichs.
Es wird aber auch die Zerbrechlichkeit bestehender Ökosysteme durch den unbedachten Eingriff des Menschen verdeutlicht. Beispiel Agakröte: Die in Lateinamerika heimische Kröte wurde 1935 von Venezuela nach Queensland gebracht, wo sie eigentlich Zuckerrohrschädlinge bekämpfen sollte. Entgegen ihrer angedachten Funktion als Schädlingsbekämpfer entwickelte sich die Agakröte selbst zur Plage. Mit ihrer Giftschicht unter der Haut bedeutet sie das Todesurteil für jedes Tier, das die Kröte als Hauptgericht verspeisen will.
Im Umweltbereich aktiv ist die gemeinnützige Organisation Conservation Volunteers Australia (CVA), die Jahr für Jahr rund 2000 Naturprojekte anbietet. Wer also etwas für Mutter Natur tun und seinen grünen Daumen beweisen möchte, kann sich beteiligen. Beispielsweise haben Freiwillige im vergangenen Jahr 1,6 Millionen Bäume gepflanzt.
Die Projekte sind so vielfältig wie die australische Natur und werden sowohl auf dem Land, als auch in der Stadt veranstaltet. Folgende Aufgaben stehen u.a. an:

- Nationalparks pflegen und sauberzuhalten
- Wanderpfade einzurichten und instandzusetzen
- Unkraut jäten
- gefährdete Tierarten zu beobachten und Untersuchungen anzustellen
- allgemeine Beobachtungen durchzuführen
- Zäune zu bauen
- Bäume zu pflanzen

Egal, auf welches Projekt letztlich die Wahl fällt und welche Aufgaben schließlich zu erledigen sind: Immer werden Menschen zusammenarbeiten, die etwas Gutes tun und ihren Beitrag zum Schutz der Natur leisten wollen. Und oft dürfen sie dabei an Orte vordringen, die nie ein normaler Tourist zuvor erblickt hat.

Die Dauer der Naturprojekte erstreckt sich von einem Tag bis über mehrere Wochen. Wie lange man dabei sein will, kann jeder selbst entscheiden. Für eintägige Einsätze entstehen keine Kosten. Wenn man gemeinsam irgendwo übernachtet und isst, fallen AUS$ 30 (~21 EUR) pro Tag an. Studenten und Arbeitslose können Ermäßigungen erhalten.

Besonderes gärtnerisches Geschick wird nicht vorausgesetzt, ein Sicherheitstraining zur Vermeidung größerer Risiken wird meist im Vorfeld angeboten. Am einfachsten ist die Registrierung und Buchung der verschiedenen Kurse übers Internet. Aber auch der Postweg steht zur Anmeldung zur Verfügung. Wer sich bei CVA anmelden möchte, sollte dies über das CVA-Hauptbüro tun.

Conservation Volunteers Australia,
National Office, PO Box 423, Ballarat Victoria 3353,
Tel.: 1800 – 03 25 01, Tel.: 03 – 53 30 26 00, Fax: 03 – 53 30 29 22
info@conservationvolunteers.com.au, www.conservationvolunteers.com.au

WWOOFen

(**W**illing **W**orkers on **O**rganic **F**arms)
Beim WWOOFen (sprich: wuufen) handelt es sich nicht etwa um den fehlgeschlagenen Versuch einen Dingo nachzuahmen, sondern vielmehr um eine unter Backpackern populäre und beliebte Form in ländlichen Gegenden zu arbeiten und Erfahrungen zu sammeln. Das Prinzip ist einfach: Man hilft vier bis sechs Stunden pro Tag bei allen anstehenden Arbeiten auf einer Farm mit und erhält dafür im Gegenzug Verpflegung und eine Unterkunft. Geld kann man mit WWOOFen nicht verdienen, sich dafür aber kostenlos jede Menge landwirtschaftliche Praxis aneignen.

Die zu erledigenden Aufgaben sind von Farm zu Farm verschieden. Folgende Arbeiten sind aber relativ häufig zu verrichten:

- Bäume / Sträucher pflanzen
- Unkraut jäten
- Holz hacken und sägen
- Zäune bauen
- Vieh füttern
- Obst / Gemüse ernten
- Kompost verfeinern
- Kinder hüten
- Reparaturarbeiten

Um als WWOOFer auf einer der mehr als 1200 ökologischen Farmen mitwirken zu können, muss man der Organisation „WWOOF Australia" beitreten. Dies geschieht mit dem Kauf des WWOOF-Buches. Im Grunde erwirbt man damit die Mitgliedschaft auf ein Jahr. Zwangsläufig ist dann auch das Gastgeberverzeichnis dabei, das über 1600 Gastgeberfamilien mit einer Kurzbeschreibung auflistet. Die Mitgliedschaft gilt für ein ganzes Jahr; das Datum, ab wann die Mitgliedschaft wirksam sein soll, ist anzugeben.

Übersichtlich, nach Bundesstaaten geordnet, lässt sich im Buch eine WWOOF-Stelle heraussuchen und danach Kontakt aufnehmen. Abgeklärt werden am Telefon oder per E-Mail noch, ob eine Stelle frei ist, und wie lange man ungefähr bleiben will. Prinzipiell ist die Dauer des Aufenthalts völlig frei. Ein Minimum von zwei bis drei Tagen wird allerdings empfohlen, da sich die Gastfamilien nicht als Absteige für eine Nacht verstanden wissen möchten. Außerdem produzieren rund ein Viertel der Farmer über den Eigenbedarf hinaus auch für den Weiterverkauf ihrer Produkte, weswegen sie meist vielbeschäftigte Leute sind. Wer eine passende Farm gefunden hat, kann neben Kenntnissen im Umgang mit ökologischen Anbaumethoden noch eine andere, vorteilhafte Seite des WWOO-Fens kennenlernen: in einer echten australischen Familie zu leben, denn die meisten WWOOF-Höfe werden von Familien bewirtschaftet.

Tipp: Im Preis inbegriffen ist eine Basisversicherung, die Unfälle während der Arbeit absichert, aber eine eigene Unfall- und Krankenversicherung ist dennoch ratsam.

WWOOFen an der Westküste
Erfahrungsbericht von Natascha Kadlubowski

Endlich war ich an der Westküste angelangt. Perth, Westaustralien! Ich besaß kein eigenes Auto, wollte aber gerne etwas von diesem Staat erkunden. Ich machte mich auf die Suche nach einer Mitfahrgelegenheit in den Norden, konnte aber keine finden. So beschloss ich, eine Weile in Perth zu warten. Vielleicht wären in ein paar Wochen mehr Leute mit dem Auto unterwegs. Um die Zeit so kostengünstig wie möglich zu überbrücken, wurde ich ein aktives WWOOF-Mitglied.

Meine erste WWOOF-Erfahrung machte ich bei den Feorns, einem jungen Ehepaar mit einer kleinen Tochter. Dort blieb ich eine Woche. Calem und seine Frau Rebecca betrieben das kleine Gartencenter „Gaya" in Midland, einem Vorort von Perth. Nachdem ich am Bahnhof mit dem Lieferwagen abgeholt worden war und mein Zimmer bei den Feorns bezogen hatte, durfte ich gleich mit anpacken. Zu meinen Pflichten gehörte es, Unkraut zu jäten, Kräuter um- und einzutopfen, die Verkaufshalle zu kehren, alles zu bewässern und den selbst zusammengestellten Humus zu verfeinern. Letzteres war nicht immer angenehm. Calem oder sein Mitarbeiter Julius schwangen sich auf den kleinen Traktor, mit dem sie den Humus von einer Hofecke in eine andere umschichteten. Meine

Aufgabe war es dann immer, die neue Ladung mit Gülle und einem speziellen Sandgemisch zu überschütten (ich hatte nur einen Eimer und eine Schaufel als Hilfsmittel). Manchmal musste ich aber auch mit den Händen Kies in eine Humusart „reinkneten".

Nachmittags begleitete ich meinen Boss auf seinen Hausbesuchen und lernte so, dass man trotz unfruchtbarem Steinboden seinen Gemüselieblingsgarten anlegen kann – dank Calems Bodenanalysen und fünf LKW-Ladungen Spezialhumus-Erdgemisches – oder Landschaftspflege im Vorgarten eines Kunden zu betreiben. Am Anfang riss ich alles aus, was seltsam aussah, im Glauben, es sich handle sich dabei um Unkraut. Mein Chef kam, stellte sich neben mich und sah mir zu. Mein „Abfall-Unkraut-Berg" war schon auf eine beträchtliche Höhe angewachsen, als Calem meinte, ich solle jetzt besser mit dem Wiedereinpflanzen beginnen, wenn ich bis zum Abendessen fertig sein wolle. Er ging mit mir meinen Unkrautberg durch und erklärte mir, was davon nicht aus seiner Gärtnerei stammte und somit wirklich Unkraut war.

Meine Arbeitszeiten richteten sich nach meinen Arbeitgebern. Morgens fingen wir um acht Uhr an. Die Lunchpause machten wir, wo immer wir gerade zu tun hatten. Das Abendessen wurde von Rebecca gekocht. Was mich wunderte, war, dass ich nicht wirklich im Haushalt helfen musste. Dafür hatte ich oft noch abends Dienst bei Aren, der sechsjährigen Tochter, zu schieben. Aber eher freiwillig. Ich musste beim Puzzeln helfen und beim Vorlesen hinhalten (sie las, ich hörte zu). Oder wir tobten einfach nur herum.

Ein Grund, warum ich mich bei dieser WWOOF-Familie beworben hatte, war, dass sie sich auch vegetarisch ernährten. Besser noch: Feorns bauten auch alles selbst in ihrem Garten an (selbstverständlich wurde nur mit dem eigenen Superhumus gedüngt). Das Waschwasser wurde in den Garten zur Bewässerung umgeleitet. Im Yogatreff wurde einmal die Woche das seelische Gleichgewicht wieder hergestellt, Meinungsverschiedenheiten ausdiskutiert. Jedes Tier (von den vier Katzen bis zum kleinsten Käfer) wurde geachtet. Aren ertappte mich, als ich mit meinem Schuh bewaffnet auf eine Spinne losgehen wollte. Sie empörte sich lautstark, als sie den Achtbeiner rettete: „Und die ist nicht mal giftig!"

Ich mochte diese Familie, da sie sehr nett war, mich trotz mancher Verständigungsschwierigkeiten nicht „anders" behandelte, mich einfach aufnahm. Die Arbeit war meist mit körperlichen Kraftanstrengungen verbunden (Humus in Säcken verpackt kann ganz schön schwer sein). Da ich mit im Haus wohnte, konnte ich Einblicke in ein australisches Familienleben erhalten.

Durch die Feorns auf den Geschmack gekommen, war ich bereit, eine andere WWOOF-Stelle auszuprobieren. Dort blieb ich drei Tage. Die Künstlerfamilie Taylor (bestehend aus Jude, der Mutter sowie ihren zwei Söhnen und ihrer Tochter) lebte in Swan Valley, in der Nähe von Perth. Trotz dem vorangegangenem Telefonat erschien Jude über meine Ankunft erstaunt zu sein. Sie fand trotzdem sehr schnell Arbeit für mich.

Laut der Anzeige im WWOOF-Buch hatten die Taylors „3 acres of land that have yet to be cultivated". Ich glaube, in den drei Tagen dort habe ich wohl über die Hälfte davon umgegraben und mit Kartoffeln bestückt. Die andere Hälfte bestand aus einem Auberginen-Wald, so hoch, dicht und gefährlich wie der Dschungel selbst. Mit einer Axt und einem Schubkarren bewaffnet holzte ich die Pflanzen auf Normalgröße zurück. Die nächste Arbeit lautete: Löcher graben und Blumen im Regen einpflanzen. Doch als die Gruben schon mit Wasser gefüllt waren, bevor ich überhaupt die Pflanze hineinsetzen konnte, erkannte sogar Jude, dass es keinen Sinn mehr ergab, weiter im Freien zu arbeiten. Sie kam höchstpersönlich durch den Schlamm gewatet, um mich ins Haus zu beordern. Dort durfte ich zum Hausputz übergehen. Auch wenn ich mehrmals geäußert hatte, dass ich Vegetarierin bin, schien Jude dies immer wieder zu vergessen. So gab es Wurstsandwiches zum Lunch und Fleischeintöpfe zu Abend.

Da es sich um ein sehr schönes, modernes Haus handelte, waren alle Schlaf- und Gästezimmer an das Hauptgebäude angebaut, und jedes hatte einen separaten Eingang. So war zwar jeder unabhängig, störte niemanden beim Kommen und Gehen. Aber es gab auch keinen Raum im Haus, der als gemeinsamer Aufenthaltsraum fungierte wie etwa das Wohnzimmer. Ich fand das sehr irritierend, war doch immer einer der Feorns anzutreffen gewesen. Das Gute bei den Taylors waren die Kinder, die ungefähr in meinem Alter waren. Ich kam unter Gleichaltrige, wurde zum Shopping mitgeschleppt und auf einen Videoabend eingeladen.

Die Taylors waren von ihrer Art so ganz anders als die Feorns, weshalb ich mein WWOOFen dort auch nicht verlängerte. Aber eine Erfahrung war es auf jeden Fall.

Sparen

„Wer sparsam lebt, kommt weiter", klingt zwar wie ein Spruch aus Omas Zeiten, trifft aber genau den Nerv der Sache und bringt auf den Punkt, was Backpacken ausmacht: Sparen, wo es nur geht, um möglichst lange reisen und recht viel erleben zu können.

Wer als Backpacker ein ganzes Jahr oder länger im Land verweilen möchte und dabei viele Abenteuer erfahren sowie im Land herumkommen will, benötigt über ganze zwölf Monate gerechnet einen kleinen bis mittelgroßen Batzen Geld (*s. auch* „Working-Holiday-Kosten" ab S. 27).

Nicht jeder startet seine Reise mit den durchschnittlichen Lebenshaltungskosten für ein komplettes Jahr – also einem kleinen Vermögen – auf dem Konto. Die meisten Reisenden haben genug Geld für das Flugticket und ein paar Dollar für die ersten Wochen und sind somit in Down-Under schnell auf einen Job angewiesen. Um mit den vorhandenen Mitteln effektiver umgehen zu können, bieten sich einige Möglichkeiten an, Geld zu sparen.

Der Abschnitt „Sparen" fasst zusammen, wie und wo sich Ersparnisse machen lassen, wodurch sich die eigenen Ressourcen etwas strecken lassen.

Eines sollte sich jeder vor Augen führen, der möglichst lange den Fünften Kontinent bereisen will: Auch wenn es oft nur ein oder zwei Dollar sind, die man weniger ausgeben muss, so kann sich, über einen Zeitraum von zwölf Monaten gesehen, ein nettes Sümmchen an Erspartem anhäufen, was einem nachher zum Weiterreisen zur Verfügung steht.

Selbstverständlich sollte man sich bewusst machen, dass nicht überall Ersparnis drin ist, wo Rabatt drauf steht. Wenn ein Abenteuer-Tourenanbieter AUS$ 30 Ermäßigung für eine Reise anbietet, kann es immer noch andere Unternehmen geben, die für die gleichen Leistungen weniger verlangen. Preise und Leistungen zu vergleichen bringt oft mehr, als überhastet „Schnäppchen" zu buchen.

Hier ein paar praxisbewährte Tipps, wie und wo sich wirklich Geld sparen lässt:

Essen

Ungefähr ein Sechstel seines Geldes gibt der Durchschnittsbackpacker für Essen aus. Ein Budgetbereich also, der es wert ist, genauer unter die Lupe genommen zu werden. Aber bitte nicht falsch verstehen: Dies soll kein Aufruf zum Hungern sein. Wer durch Fasten Geld sparen will, um sich den langersehnten Segeltrip auf den Whitsundays leisten zu können, wird mit dieser Methode auf Dauer gesehen nicht sehr gesund vorankommen.

Sparen kann man beim Essen auf andere Weise und trotzdem etwas Warmes in den Magen bekommen. Wichtig ist vor allem, dass man sich nicht zu fein ist und die eine oder andere Hemmschwelle abbaut.

Free Food

Einem geschenkten Gaul schaut man nicht ins Maul. Also sollte man sich aus dem Free-Food-Fach des Hostel-Kühlschrankes nehmen, was gebraucht wird. Die meisten Jugendherbergen haben in der Küche ein Regal – oder eben einen reservierten Platz im Kühlschrank – für Essen, was von abgereisten Backpackern zurückgelassen wurde. Die wollten die offene Milch oder die angefangene Margarine nicht mitnehmen und stellten die Lebensmittel somit der Allgemeinheit zur Verfügung. Besonders Gewürze und Öl braucht man sich praktisch kaum allein zu kaufen.

Wer zuerst kommt, mahlt zwar zuerst; gemeinschaftlicher aber ist es, auch an die anderen Backpacker zu denken und das Fach mit kostenlosem Essen nicht komplett zu plündern.

Food Courts

Fast jedes Einkaufszentrum hat einen Food-Court, eine Ansammlung von Schnellimbissen und Restaurants, meist auf der untersten Etage des Konsumtempels. Kurz vor Ladenschluss lassen sich hier gelegentlich die übriggebliebenen Menüs für den halben Preis erwerben. Ab und zu wird sogar Essen verschenkt. Ersteht man einen Pastateller für zwei anstatt zu einem Preis von vier Dollar, ist das meist sogar billiger, als selbst zu kochen. Jedoch wird man nicht in jedem Food-Court fündig.

Supermarkt

Wessen Hostel mitten in der Innenstadt gelegen ist, wird zahlreiche 24-Stunden-Läden (convienence stores) um sich herum finden, in denen sich jederzeit etwas Essbares kaufen lässt. Allerdings sind diese Läden auch so teuer, als würde man in Deutschland an der Tankstelle einkaufen, was sie für den Nahrungsmittel-Großeinkauf disqualifiziert. Billiger ist es, in Supermärkte wie Coles, Woolworths oder Aldi – ja, gibt es auch in Australien – zu gehen und dort den wöchentlichen Einkauf zu erledigen. Darüber hinaus haben alle Großmärkte eine eigene Billigmarke, die immer um ein paar Cents günstiger ist als andere Markenprodukte. Woolworths nennt die Hausmarke „Homebrand", bei Coles heißt sie schlicht und einfach „Coles / Savings" und Franklins Billigprodukte kommen ohne Verzierungen und Kinkerlitzchen daher, „No Frills" eben.

Two-Minute-Noodles

Das heimliche Kultnahrungsmittel unter Rucksack-Reisenden sind die Zwei-Minuten-Nudeln, die in verschiedenen Geschmackssorten in allen Supermärkten erhältlich sind. Hühnchen, Rind oder vegetarisch – für Abwechslung ist an wenigstens vier bis fünf Tagen gesorgt. Da die kleinen, aber sättigenden Nudelpakete nur rund AUS Cent 30-50 kosten (~20-33 EUR Cent), sind sie eine äußerst billige Variante, etwas Warmes in den Magen zu bekommen.

Pasta und Reis

Überhaupt stellen Pasta und Reis des Backpackers Grundnahrungsmittel Nr. 1 dar, weil sie billig sind, ordentlich sättigen und sich obendrein auch noch abwechslungsreich zubereiten lassen. Außerdem sind Nudeln und Reis praktisch, da sie überall gelagert und so auch im Rucksack von Ort zu Ort mitgenommen werden können. Eine Dose Tomatensoße kostet nicht die Welt und zusammen ergibt dies das Backpackerstandardessen.

Gutscheine

Nicht nur, weil ein Bar- oder Pubbesitzer besonders gut zu Backpackern sein will, sondern auch, da er weiß, wie ausgelassen Rucksack-Reisende feiern und wie viel Geld sie dabei ausgeben können, lässt der Kneipenbesitzer Essens- oder Getränkegutscheine verteilen, um möglichst viele Menschen in seine Lokalität zu locken. Diese Werbestrategie kann man gut finden oder nicht; auf jeden Fall lässt sich dadurch in einigen Städten das Geld für ein Abendessen einsparen. Ob man hinterher dort bleibt und feiert oder nicht, bleibt jedem selbst überlassen.

Wohnen

Hostels

Wer sich wenigstens eine Woche an einem Ort und in einem Hostel aufhalten möchte, bindet sich zwar mit der Vorausbezahlung auf sechs Nächte, erhält aber dafür oft die siebente gratis obendrauf. Also vorher überlegen, was in den nächsten Tagen geplant ist, denn eine kostenlose Nacht pro Woche sind 52 Nächte pro Jahr. Bei einem Preis von AUS$ 20 macht das AUS$ 1.000. Sollte man sich die wirklich entgehen lassen?

Wohngemeinschaft

Will man in einer Stadt richtig viel Zeit verbringen, lebt es sich in einer Wohngemeinschaft mit hoher Sicherheit am billigsten. Außerdem: Wer zieht die eigenen vier Wände, die natürlich billiger werden, wenn man sie sich mit einer weiteren Person teilt, nicht einem Achtbettzimmer mit vielen schnarchenden Zimmerkollegen vor?

Mitwohnschnorrer

Am günstigsten ist es natürlich, für die Unterkunft gar nichts berappen zu müssen. Das ermöglicht das weltweite Mitwohnnetzwerk von *GlobalFreeloaders, www.globalfreeloaders.com*. Plant man sein nächstes Reiseziel rechtzeitig im Voraus, so lässt sich aus einer Datenbank mit über 3000 registrierten Australiern sicherlich ein Platz zum Nächtigen finden. Aber daran denken: Wieder zu Hause, sollte man in der Lage sein, einen Schlafplatz anbieten zu können, da ein solches Netzwerk auf Dauer nur funktionieren kann, wenn genauso viele Gäste wie auch Gastgeber daran teilnehmen.

Alternativ zu „Globalfreeloaders" bieten auch der *Hospitality Club*, *www.hospitalityclub.org*, und *Couch Surfing*, *www.couchsurfing.com*, kostenloses Mitwohnen an.

Bush-Camping

Liegt die Stadt ertstmal hinter einem, so erschließen sich einem gleich ganz neue Möglichkeiten der Übernachtung. Besitzer eines Campervans oder eines Kombis mit Schaumstoffmatratze im hinteren Teil des Wagens können ihr Auto irgendwo in der Mitte des Nirgendwo parken – das stört häufig keinen – und somit Nacht um Nacht Geld für eine Unterkunft sparen.

Backpacker mit Zelt stellen dies z.B. in Nationalparks einfach auf den dafür vorgesehenen Zeltplätzen auf. Das kostet zwar oft einen kleinen Obolus, jedoch nicht die Welt und kommt überdies der Natur zugute.

Beim Bush-Camping sollte aber dringendst darauf geachtet werden, dass ein Ort wenigstens so verlassen wird, wie er vorgefunden wurde.

Reisen

Landkarten

Automobilclub-Mitglieder müssen sich nicht eigens einen Straßenatlas kaufen, denn wie auch bei uns erhält man jede Menge Straßen- und Landkarten mit dem Mitgliedsausweis kostenlos. Einige Automobilclubs haben ganze Australientüten und versorgen einen mit detaillierten Karten aus allen Bundesstaaten.

Touristenbüros

Kleinere Stadtpläne sowie Karten der näheren Umgebung lassen sich bei allen Touristenbüros ergattern, die in den kleinsten Gemeinden zu finden sind. Zwar mit reichlich Werbung versehen, dafür aber kostenlos, kann man sich immerhin einen guten Überblick über den Ort verschaffen, wo man sich gerade aufhält. Adressen der Touristenbüros in größeren Städten im Teil „Bundesstaaten", siehe Details unter „Zusätzliche Informationen", S. 206.

Mitfahrgelegenheiten

Autobesitzer können jede Menge Geld sparen, wenn sie sich Mitfahrer für eine längere Reise von z.B. einer Großstadt in die nächste suchen. Durch kostenteilende Mitfahrer wird einerseits der Geldbeutel geschont, andererseits hat man auf längeren Strecken Unterhaltung an Bord.

Auch für Mitfahrer ist eine Mitfahrgelegenheit einer der günstigsten Wege, um von A nach B zu gelangen. Selbst die ohnehin schon günstigen Buslinien können diese Art der Fortbewegung preislich nicht unterbieten.

Perth

Wer in der Innenstadt von Perth mobil sein und schnell von einem Ort zum anderen gelangen will, lasse sein Kleingeld für öffentliche Transportmittel stecken. Die an der Westküste gelegene Millionenstadt unterhält mit dem Blue-, Red- und Yellow-CAT (Central Area Transit) drei Pendelbuslinien, welche die größten Teile der Innenstadt in kurzen Zeitabständen anfahren. Besonders backpacker-freundlich: Auch durch Northbridge, einem Bar-, Club- und Hostel-Viertel verkehrt eine Linie. In Melbourne chauffiert die City-Circle-Straßenbahn und ein Touristenbus-Shuttle fußlahme Backpacker durch die Stadt und zu den diversen Sehenswürdigkeiten.

Kommunikation

Kostenlose Telefonummern

Nummern, die mit 1800 beginnen, sind äußerst backpackerfreundlich, da kostenlos. Besteht also die Wahl zwischen zwei Telefonnummern, sollte man zuerst die 1800 wählen und versuchen jemanden an die Strippe zu bekommen.

Mal kostenlos und mal zum Ortstarif lässt sich mit 1300-Nummern telefonieren.

Ob die Sondernummern auch vom Handy funktionieren, muss ausprobiert werden, da dies von Nummer zu Nummer unterschiedlich ist.

Freiminuten

Bei der Buchung einer Abenteuer-Tour oder beim Kauf eines Flugtickets bzw. eines Buspasses werden des Öfteren Rabatte gewährt und Freiminuten im Internet als kleiner Bonus obendrauf gepackt. Auch wenn es oft nur 20 Minuten sind, reichen die – wenn man schnell ist – doch aus, um sporadisch den täglichen Kommunikationsverkehr fließen zu lassen. Wieder zwei oder drei Dollar gespart am Tag.

Bibliotheken

Bibliotheken sind nicht nur Orte zum Studieren von Büchern, sondern auch ausgezeichnete Plätze, um im Internet herumzubrowsen. Wer sich also über das aktuelle Geschehen in der Heimat oder der Welt informieren möchte, kann in Bibliotheken meist kostenlos recherchieren. Längere Reiseberichte verfassen und die eigene Internetseite warten sollte man jedoch im Internetcafé, da die Büchereicomputer nur zur Recherche gedacht sind und E-Mailen oft untersagt ist. Die Adressen der großen Landesbibliotheken in jedem Bundesstaat befinden sich im Adressteil, siehe „Zusätzliche Informatioen", S. 206.

Postkarten

Auch wenn E-Mail und Internet oft günstiger und mit Sicherheit immer schneller sind als Briefe und Postkarten, eine schöne Geste für die Daheimgebliebenen sind sie allemal.

Schreibt man aber regelmäßig Postkartengrüße, kommt über ein Jahr hinweg gesehen einiges an Kosten zusammen (*Es soll tatsächlich Leute geben, die über einhundert Karten an Freunde, Bekannte und Verwandte schicken*). Wenigstens das Geld für die Ansichtskarten kann man sich sparen, beschreibt man kostenlose Postkarten, die in Cafés und Clubs zu finden sind. Die bilden dann zwar nicht die typischen Australienmotive Oper, Brücke und Känguru ab, dafür aber andere witzige Werbemotive aus Down-Under.

Bücher

An alle Leseratten: Soll es kein bestimmtes oder aktuelles Buch sein, bietet der in vielen Hostels angebotene Buchaustausch eine gute Möglichkeit, gelesene Bücher nicht weiter herumschleppen zu müssen, sondern sie gegen gebrauchte auszuwechseln. Ob spannende Abenteuerromane, lesenswerte Klassiker oder nervkitzelnde Krimis – das Buchaustausch-Regal kann alles bieten, sofern jemand anderes eines dieser Bücher dort hinterlässt.
Dass dieses backpackerfreundliche System nur funktioniert, wenn jeder, der ein Buch nimmt, dafür auch eines geben muss, sollte jedem klar sein.

Rabatte beim Buchen

Internationaler Studentenausweis

Übernachtungen um durchschnittlich 10-20 Prozent billiger und Reisetickets sowie Eintrittskarten um bis zu 50 Prozent vergünstigt – welcher sparsame Backpacker will sich diese Rabatte entgehen lassen? Der in über 100 Ländern anerkannte Internationale Studentenausweis (ISIC) lässt das Sparschwein vor Freude quiecken und die Reisekasse nicht so schnell abebben.
Auch Nicht-Studenten können sparen: Mit der International Youth Travel Card (IYTC) von derselben Organisation bekommen Jugendliche unter 26 Jahren

einen Rabattausweis in die Hand, der ähnliche Vergünstigungen anbietet, allerdings an weniger Stellen akzeptiert wird. Näheres unter der ISIC-Internetseite (**www.isic.org**). Wie und wo die Ausweise beantragt werden können, steht in „Nötige Dokumente" auf S. 64.

Mitgliedschaften

Auch wenn man erst Geld ausgeben muss, um welches zu sparen, sollte man sich die Rabatte nicht entgehen lassen, die mit den verschiedenen Mitgliedskarten der Hostel-Ketten VIP, YHA und „Nomads World" möglich sind.
Egal, ob man einen Tagesausflug, eine Safari-Tour oder einen Tauchlehrgang bucht – die Mitgliedsausweise handeln einem meist einige Dollar Rabatt ein. Je mehr Umsatz, desto mehr Prozente versteht sich.

Unvorhergesehenes

Es ist möglich, dass während eines Jahres in Down-Under unvorhergesehene Ereignisse eintreten, die einen in Schwierigkeiten versetzten und ins Schleudern bringen können. Um es gleich vorweg zu nehmen: Den meisten Reisenden bleiben, bis auf ein paar Anfälle von Heimweh und der einen oder anderen Erkältung, ernsthafte Schwierigkeiten erspart.

Man sollte zwar nur bedingt davon ausgehen, dass einem etwas zustößt; sich aber dennoch darauf einzustellen, was im Notfall zu tun ist, kann nicht schaden. So lassen sich etwaige Probleme rascher lösen und im Fall der Fälle kann überlegter reagiert werden.

Ein Argument der „Work & Travel"-Organisationen ist die Betreuung durch Partnerorganisationen vor Ort sowie eine Rufnummer für Notfälle jeglicher Art. Das vermittelt ein gewisses Gefühl von Sicherheit und Vertrauen, denn man weiß ja nie, was einem auf der anderen Seite der Welt so alles widerfahren kann. Klarmachen sollte man sich aber, dass in Notfällen außerhalb der Reichweite der Partner oft nur telefonische Unterstützung möglich ist.

Für all diejenigen, die nicht erst ein Telefonat führen wollen, um zu erfahren, welche Nummer bei Verlust z.B. der Kreditkarte zu wählen ist, um diese zu sperren und einen Ersatz zu beantragen, ist das folgende Kapitel gedacht.

Nachzulesen ist hier, was im Krankheitsfall zu tun ist, wie man bei Pass- und Geldverlust verfahren sollte und wo man konsularische Hilfe findet. Außerdem wird auf die Regeln im Umgang mit Wildtieren hingewiesen und erklärt, wie man mit Heimweh fertig wird.
In welcher brenzligen Situation man sich auch befindet: Das Wichtigste ist Ruhe zu bewahren und keine Panik zu schieben. „Don't panic!" oder, wie die Australier zu sagen pflegen „No worries!", ist zwar leichter gesagt als getan, aber nur

so kann man einen kühlen Kopf bewahren und Probleme schneller lösen. Schließlich stellt auch das Meistern von Herausforderungen einen Teil des Lernprozesses dar, um sicherer auf den eigenen Füßen zu stehen.

Krankheit

Bei einem Arztbesuch wird man kurz nach dem Grund des Erscheinens gefragt und gleich danach: Wie möchten Sie zahlen?

Eine Konsultation kann teuer werden, weswegen eine private Auslandsreise-Krankenversicherung dringend angeraten ist. In der Regel sind die Kosten für einen normalen Arztbesuch vorzustrecken, aber sie wird nach der Reise und nach Einsenden der Quittungen von der Versicherung erstattet, sofern die Kosten im Leistungsumfang der Police enthalten sind.

Eine günstige **Versicherung für Langzeitreisende** bekommt man hier: interconnections, Schillerstr. 44, D – 79102 Freiburg, info@interconnections.de, Stichwort WH-Australien. Bitte die Postadresse senden.

Bei längeren Krankenhausaufenthalten und Operationen begleichen die Versicherungen die anfallenden Kosten meist direkt. Eine Benachrichtigung per Fax sowie die notwendigen Unterlagen wie Diagnoseberichte usw. reichen hier meist aus.

Wichtig: Größere, von daheim mitgebrachte Medikamentenmengen sind bei der Ankunft zu deklarieren.

Reisepass-Verlust

Kommt der Reisepass abhanden, muss das nicht das Ende der Reise bedeuten. Die deutsche Botschaft in Canberra sowie die beiden Generalkonsulate in Sydney und Melbourne sind berechtigt, eine Art Ersatz-Reisepass (Reiseausweise zur Rückkehr nach Deutschland) für die Heimreise auszustellen. Allerdings ist dieser nur einen Monat gültig.

Möchte man länger als einen Monat im Land weiterreisen, kann man sich einen vorläufigen Pass ausstellen lassen, was aber je nach Absprache mit der heimischen Behörde mehrere Tage dauern kann.

Grundsätzlich gilt: Eine Kopie des Reisepasses und des Personalausweises lassen den Verlust nur halb so schlimm werden. Kann man den Auslandsvertretungen eine Fotokopie der abhanden gekommenen Dokumente vorlegen, geht die Bearbeitung schneller vonstatten. Sicherheitshalber sollten deswegen also Fotokopien der Ausweisdokumente mitgeführt werden, die selbstverständlich an einem von den Originalen getrennten Ort zu lagern sind.

Verlust von Kreditkarte & Reiseschecks

Ein herber Verlust ist es, wenn die Brieftasche geklaut wird oder anderweitig abhanden kommt. Alle darin enthaltenen Karten sowie Ausweise sind erst einmal futsch, Bargeld für immer weg.

Glück für alle, die nur wenig Bares in der Geldbörse gelagert und vorzugsweise auf eine Kreditkarte oder Reiseschecks gesetzt haben. Der große Vorteil dieser Zahlungsmittel ist die jederzeit mögliche Sperrung und der schnelle Ersatz. Zum Sperren einer Kreditkarte sollte die jeweils zutreffende Notrufnummer gewählt werden, die unten aufgeführt sind.

Der Verlust der Bankkarte ist unverzüglich bei der nächste Zweigstelle zu melden, wo auch eine Ersatzkarte beantragt werden kann. Ist noch Geld auf dem Konto vorhanden, lässt sich dieses auch ohne Bankkarte per Auszahlungsbeleg abheben.

Steht aber auf diesem Konto kein Geld mehr zur Verfügung, ist mitunter eine schnelle Auslandsüberweisung nötig. Die „Western Union" z.B. stellt mit ihrem weltweiten Überweisungssystem einen unkomplizierten und schnellen Weg bereit, im Ausland an Bargeld zu kommen. Aus Deutschland muss an einer Geschäftsstelle der ReiseBank AG oder CashExpress GmbH (an vielen großen Bahnhöfen, Flughäfen, Grenzübergängen und Fahrhäfen zu finden) eine Bareinzahlung getätigt werden, die dann innerhalb von ca. 15 Minuten von überall auf der Welt abrufbar ist. Auch auf Postbanken ist dieser Service verfügbar, zuweilen dauert es allerdings länger, bis das Geld in Australien verfügbar ist.

In Down-Under kann das Geld an „TRAVELEX"-Schaltern gegen eine Identifikation durch Ausweispapiere abgeholt werden.

Wo sich die nächste ReiseBank AG befindet, erfährt man aus Deutschland unter der Telefonnummer 018 05-22 58 22 und im Internet unter *www.reisebank.de*.

Kreditkarten-Notrufnummern

- American Express, Tel.: 00 11 49-69-97 97 10 00
- Citicorp (Diners Club), Tel.: 00 11 49-69-26 03 58
- Euro-Scheck, Tel.: 00 11 49-1805-02 10 21
- Mastercard / Eurocard, Tel.: 00 11 49-69-79 33 19 10
- Visa, Tel.: 00 11 49-800-814 91 00

Reisescheck-Notrufnummern

- American Express, Tel.: 1800-25 19 02
- Mastercard, Tel.: 1800-12 01 13
- Thomas Cook, Tel.: 1800-12 74 95
- Visa, Tel.: 1800-12 74 77

Verkehrsunfall

Über die Straße hüpfende Kängurus, bis zu fünfzig Meter lange Road-Trains und vor allem Linksverkehr – wer da nicht ständig auf der Hut ist, kann schnell in einen Unfall verwickelt werden. Egal, ob Schuld oder nicht – sich in einer anderen Sprache mit dem Unfallgegner auseinanderzusetzen, kann schwierig werden. Deswegen ist es, je nach Härte des Unfalls, ratsam, die Polizei zu benachrichtigen (**Notrufnummer 000**) und somit eine objektive Instanz zum Beurteilen des Unfalls zur Seite zu haben. Auch Namen und Adressen von eventuell beteiligten Zeugen sollten festgehalten werden.

Auf jeden Fall sind Namen und Anschriften zwischen den Unfallparteien auszutauschen, damit ein späterer Kontakt möglich wird.

Versicherungstechnisch gilt: Wer mit einem eigenen Auto unterwegs ist, muss eine Haftpflichtversicherung haben, die mit der Registrierung des Autos erworben wird. In der Grundausstattung deckt diese jedoch nur Personenschäden ab, nicht aber Beulen am gegnerischen Auto; vom eigenen ganz zu schweigen. Rammt man einen Mercedes und möchte den Schaden am gegnerischen Fahrzeug nicht komplett selbst berappen, wird eine ergänzende Haftpflichtversicherung (Third Party Property) benötigt.

Arbeitsunfall

Trotz diverser Sicherheitsvorkehrungen kann es zu Arbeitsunfällen kommen. Was ist zu tun, wer bezahlt? In der Regel sind Gelegenheitsjobber beim Arbeitgeber versichert, wenn sie vorher ordnungsgemäß angemeldet wurden. Im Falle eines Falles übernimmt also die Versicherung des Arbeitgebers die eventuell notwendigen Behandlungskosten beim Arzt oder im Krankenhaus. Immer erwähnt werden sollte, dass es sich um einen Arbeitsunfall handelt; auch die Adresse des Arbeitsgebers ist immer anzugeben. Für hoffentlich nicht auftretende Unstimmig- und Strittigkeiten mit dem Arbeitgeber sind Zeugenaussagen hilfreich – am besten schriftlich mit deren Signatur. Zusätzlich sollte so schnell wie möglich ein Antrag auf „Workers Compensation" gestellt werden, ein Lohnausgleich für die Zeit der Arbeitsunfähigkeit. Maßgeblich für dessen Berechnung ist der letzte Gehaltsscheck.

Heimweh

Anfangs ist alles Neue und Fremde interessant, spannend und erkundenswert. Überall entdeckt man unbekannte Orte und lernt ständig andere Leute kennen, muss sich aber auch auf immer neue Umstände einstellen.

Nach der ersten aufregenden Erkundungsphase kann das alles ganz schön anstrengend werden, die ersten Zeichen eines klassischen Heimwehs machen sich breit. Verspürt man Lustlosigkeit und das starke Verlangen wieder nach Hause fahren zu wollen, hat es einen voll erwischt.

Das Gefühl, nur zu Hause gut aufgehoben zu sein, kann mitunter so stark werden, dass die Schönheit des Landes, in dem man sich gerade befindet, übersehen und nur die Heimat als einziger Ort zum Wohlfühlen gehalten wird. Aber was tun, wenn trübe Wolken im Gemüt aufziehen?

Heimweh einfach abzustellen, fällt schwer. Sich aber folgendes rational bewusst zu machen, kann vielleicht helfen, mit belastendem Heimweh besser fertig zu werden:

Es ist völlig normal, sich auf einer längeren Reise nach einer vertrauten Umgebung sowie nach vertrauten Werten zu sehnen. Immerzu Neues zu entdecken ist eben eine echte Herausforderung und kann einem zu schaffen machen. Sigmund Freud formulierte es einst so: „Die Quelle dieser Unlust ist der Anspruch, den das Neue an das Seelenleben stellt."

Fast jeden überkommt einmal ein Heimwehgefühl, auch wenn es nicht alle zugeben. Familienfotos und Bilder von Freunden dabei zu haben, die Onlineseiten der Lokalzeitung zu lesen oder über das Internet Radio aus der Heimat zu hören, können helfen, jedoch das Gefühl zurück in die vertraute Umgebung zu wollen auch verstärken.

Gespräche mit anderen Backpackern zu führen und zu erfahren, wie sie mit Heimweh umgehen, ist erfolgsversprechender. Überhaupt stellt Ablenkung von den zermürbenden Gedanken eine gute Strategie dar, Heimweh zu verdrängen.

Trotz alledem: Ein Patentrezept gegen Heimweh ist nicht bekannt. Mit dem Gefühl muss jeder selbst zurechtkommen, was aber vielleicht gar nicht so schlecht ist, denn auch wenn es hart klingt: Schon Freud hatte erkannt, dass wir nur durch persönliches Leiden reifen können.

Sollte das alles nichts nutzen, so hilft nur noch der klassische und in jeder Situation anwendbare Mutti-Spruch: Das wird schon, das vergeht wieder. Bis zur Hochzeit ist alles wieder gut.

Wildtiere

Auch wer kein Faible für Biologie hat, wird schnell verstehen: Viele in Down-Under heimische Tiere gehören nicht in den Streichelzoo. Einige Vertreter des einheimischen Tierreichs können für den Menschen sogar lebensbedrohlich werden.

Gemeint sind damit nicht nur die vor der Küste patrouillierenden Haie und die immer hungrigen Salzwasserkrokodile im Norden des Landes, sondern auch die unzähligen, kleinen Giftspinnen wie die Redback und die gefährlichen, angriffslustigen Schlangen wie die Tigerschlange, die fast überall im Land zu finden sind.

Praktisch sieht es anders aus. Da Spinnen, Schlangen und Co. meist mehr Angst vor Menschen haben, als diese vor ihnen, bekommen nur wenige Reisende auch wirklich ein paar gefährliche Tiere zu Gesicht.

Sollte man trotzdem auf eines der giftigen Tiere treffen und möglicherweise gestochen oder gebissen werden, ist sofort ärztliche Hilfe zu arrangieren. In allen Krankenhäusern liegen Gegengifte bereit, die bei Biss- oder Stichverletzungen helfen.

Hai- oder Krokodilattacken lassen sich einfach vermeiden, beachtet man Warn- und Hinweisschilder, die an potentiell gefährlichen Gewässern angebracht sind. Das bedeutet: Auch wenn der Tag noch so heiß ist und das kühle Wasser im Kakadu-Nationalpark noch so lockt – wer eine Abkühlung im frischen Nass sucht, spielt u.U. mit seinem Leben.

Gewaltverbrechen

Gleichgültig, ob man daheim oder in Australien reist – grundsätzlich sind beide Länder sehr sicher und von abenteuerlustigen Backpackern bedenkenlos zu bereisen. Allerdings kann es nie komplett ausgeschlossen werden, in einem der beiden Länder Opfer eines Gewaltverbrechens zu werden.

Sollte dieser Fall eintreten, erhält man von den deutschen Auslandsvertretungen sofort jede mögliche Hilfe und Unterstützung. Die Konsulate können ärztlichen sowie rechtlichen Beistand organisieren und helfen, die Tat bei den zuständigen Polizeibehörden zu melden. Ganz allein ist man im äußersten Notfall eben doch nicht. Die australienweite Notrufnummer der Polizei, Ambulanz und Feuerwehr ist die 000.

Auslandsvertretungen

www.auswaertiges-amt.de
Hier lässt es sich nach Städten über das Suchfeld suchen. Eine Liste aller Vertretungen erhält man z.B. über "Brisbane", dann den Link Australien, Deutsche Vertretungen. Die Eingabe von "Australien", auch in Verbindung mit "kosulatische Vertretungen" o.ö. zu Anfang ergibt dagegen viel zu viele Treffer mit allen möglichen unnötigen Nachrichten.

Schweizer Vertretungen, *www.eda.admin.ch*, > Vertretungen
Österreichische Vertretungen:
www.bmeia.gv.at, > Außenministerium, Bürgerservice.

In jedem Bundesstaat ist eine Vertretung der BRD zu finden. Im Kapitel „Bundesstaaten", s. Details unter „Zusätzliche Informationen", S. 206, werden nur noch Hinweise gegeben, ggf. auch eine eigene Webseite. Wer keine Kontaktpersonen wie Verwandte oder Bekannte im Land hat, kann die deutschen Auslandsvertretungen als Anlaufpunkt für diverse Notfälle nutzen. Jedoch können die Konsuln nicht in allen Fällen helfen. Hier eine Auflistung, was die Vertretungen tun können und was nicht:

Auslandsvertretungen dürfen:

bei Passverlust einen Reiseausweis zur Rückkehr nach Hause ausstellen (*ermächtigt sind hierzur die Botschaft in Canberra sowie die Generalkonsulate in Sydney und Melbourne; Honorarkonsule haben nur eine beschränkte Befugnis*).

- bei Geldverlust den Kontakt mit Familie oder Verwandten zu Hause vermitteln
- bei dringend benötigten Überweisungen assistieren
- in Einzelfällen Überbrückungsgeld zur Verfügung stellen
- in Einzelfällen die Rückkehr nach Deutschland gewähren
- als Vermittler bei Problemen mit australischen Behörden fungieren
- bei dringendem Bedarf Adressen von Anwälten, Ärzten oder Dolmetschern vermitteln
- im Falle einer Festnahme eine anwaltliche Vertretung sicherstellen

Sie dürfen nicht:

- Führerscheinersatzpapiere oder Personalausweise ausstellen
- offene Hotelschulden, Bußgelder und Krankenhauskosten bezahlen
- bei Geldverlust den weiteren Urlaub finanzieren
- anwaltliche Tätigkeiten übernehmen
- als Filiale von Reisebüros, Krankenkassen oder Banken tätig werden
- die Kosten einer Such- und Rettungsaktion übernehmen

ANHANG

Bundesstaaten

Australien ist, ähnlich wie die Bundesrepublik Deutschland, ein föderatives Land. Sechs Bundesstaaten und zwei Territorien ergeben zusammen das "Commonwealth of Australia", das sich am 1. Januar 1901 zu seiner jetzigen Form zusammenschloss.

Die Vereinigung brachte ein gemeinsames Steuersystem, einheitliche Briefmarken und eine gemeinschaftliche, australische Identität – Dinge, die vor dem Zusammenschluss nicht oder kaum vorhanden waren.

Trotz der vielen Gemeinsamkeiten hat sich jeder Bundesstaat ein eigenes Erscheinungsbild bewahren können. Ob in Queensland, Westaustralien oder Tasmanien – überall kann man ganz eigentümliche Charakteristika der einzelnen Bundesstaaten und der beiden Territorien entdecken. Daraus wiederum ergeben sich auch viele Beschäftigungsmöglichkeiten.

Dieses Kapitel ist nun im Internet zu sehen http://www.down-under.org/content/jobhoppingbuch-serviceteil (Rund um Down-Under, > Jobbuch, > Buch - Serviceteil) und stellt die sechs Bundesstaaten sowie die zwei Territorien vor. Zu finden sind in jedem Abschnitt allgemeine Informationen sowie eine Landkarte, die helfen sollen einen ersten Überblick zu bekommen. Ein Erntekalender zu Beginn eines jeden Bundesstaates soll bei der initiativen Reiseplanung unterstützen.

Herzstück dieses Kapitels sind die über 200 Adressen, zur Erleichterung der Suche nach einem Arbeitsplatz sowie wichtige Rucksacktouristenorte, wie z.B. diverse Backpackerbüros. Mit Hilfe der Touristenbüroadressen lassen sich günstige Plätze zum Übernachten sowie die lokalen Sehenswürdigkeiten in Erfahrung bringen.

Australien im Internet

Australia.com, www.australia.com

Die mit vielen Bildern angereicherten Seiten der Australischen Tourismuskommission (ATC) bieten einen farbenprächtigen Einblick in die landschaftliche und in die touristische Seite des Landes.

Nationalparks in Australien: www.environment.gov.au/parks

Überregionale Zeitung

The Australian, www.theaustralian.com.au

Basisdaten

Telefonvorwahl nach Australien: 00 61
Fläche: 7.659.861 km²
Einwohner: 22.596.500
Einwohner/km²: 2,9
Hauptstadt: Canberra

Working-Holiday-ABC

Andere Länder, andere Sitten, heißt es. Nicht zu vergessen: andere Sprachen. Auch wenn man längere Zeit Englisch in der Schule gelernt hat, kann es eine Weile dauern, bis sich ein Sprachgefühl für den charmanten, australischen Akzent entwickelt. Das geht in der Stadt ganz gewiss schneller als auf dem Land, da hier vielerorts Kauderwelsch angesagt ist.

In Stadt oder Land – das australische Englisch ist voller Abkürzungen, Begriffen und Redewendungen, die den meisten deutschsprachigen Reisenden wahrscheinlich eher wie spanische Dörfer vorkommen dürften, weil die Alltagssprache ein klein wenig von dem in der Schule gelehrten Oxford English abweicht.

Im kleinen Working-Holiday-ABC ist eine bunte Auswahl australientypischer Wörter verzeichnet, die backpackenden Arbeitsurlaubern früher oder später über den Weg laufen werden. Ganz sicher können die folgenden Seiten kein Wörterbuch ersetzen, aber helfen; markante Begriffe nachzulesen, die mit Arbeiten, Reisen und Backpacken im weitesten Sinne zu tun haben.

ACT / *abbr* - Australian Capital Territory	- austral. Hauptstadtstaat um Canberra
ASAP / *abbr* - as soon as possible	- baldmöglichst, so schnell wie möglich
ATM / *abbr* - Auto Teller Machine	- Geldautomat
aussie / *abbr* - Australian	- Australier / Australierin
backpack / *s*	- Rucksack
barbie / *abbr* - Barbeque	- Grillabend
barBQ / *abbr* - Barbeque	- Grillabend
bargain / *s*	- Schnäppchen, Sonderangebot
bargain / *v*	- handeln, feilschen
BBQ / *abbr* - Barbeque	- Grillabend
best bet / *n*	- beste Möglichkeit / Option
BSB / *abbr* - bank, state, branch numer	- Bankleitzahl
bucks / *n*	- Dollars, Piepen, Mäuse
bush camping / *n*	- Übernachten in der freien Natur
bush tucker / *n*	- Nahrung aus dem Busch z.B. Känguru
bush walking / *n*	- Wandern
blister plaster / *s*	- Blasenpflaster
BYO / *abbr* - bring your own	- weist in Restaurants darauf hin, dass diese keine Ausschankgenehmigung besitzen. Will man nicht auf Wein zum Essen verzichten, muss man seinen eigenen mitbringen. Fürs Öffnen der Flasche wird vom Kellner jedoch eine Gebühr erhoben.
CBD / *abbr* - Central Business District	- Innenstadt, Stadtkern
city hopping / *s*	- unter Backpackern beliebte Art des Reisens
cockroach / *s*	- Kakerlake, Küchenschabe
convenience store / *s*	- 24-Stunden am Tag offenes Geschäft mit hauptsächlich Lebensmitteln
cuppa - cup of ... / *n*	- eine Tasse Tee oder Kaffee
CV / *abbr* - curri-	- Lebenslauf

culum vitae	
discount / s	- Preisnachlass, Rabatt
to discount / v	- Preisnachlass / Rabatt geben
DOB / *abbr* - date of birth	- Geburtsdatum
dorm / *abbr* - dormitory / s	- Mehrbettzimmer, Schlafsaal
ear plugs / n	- Ohrstöpsel
EFTPOS / *abbr* - Electronic Funds Transfer at Point of Sale	- elektron. Lastschriftverfahren, das bargeldloses Bezahlen ermöglicht
exhausted / *adj*	- erschöpft, ausgepowert, todmüde
food court / n	- Ansammlung von Schnellimbissen oder Restaurants in Einkaufszentren, in denen sich kurz vor Ladenschluss oft verbilligtes Essen erstehen lässt
footy - Australian Rules Football / n	- Mischung aus Rugby und Fußball
freebie / n	- etwas Kostenloses, Werbegeschenk
freeloader / n	- Schmarotzer, Trittbrettfahrer
fruit picking / n	- Obstpflücken, Erntearbeit allgemein
G'day / *abbr*	- Wie geht's?
grand / n	- AUS$ 1000
Group Certificate / n	- Jahresgehaltsabrechnung eines jeden Arbeitgebers; wird benötigt, um die Steuererklärung am Ende des Finanzjahres (30. Juni) ausfüllen zu können
half year clearance / s	- Schlussverkauf
harvest work / n	- Erntearbeit
hostel / n	- Jugendherberge
hosty / n	- Küchenhilfe
Howya goin?	- Wie geht's dir?
Jackaroo / n	- Farmassistent, Cowboy
jet lag / s	- Störung des Schlaf-Wach-Rhythmus verursacht d. Überfliegen mehrerer Zeitzonen
Jillaroo / n	- Farmassistentin, Cowgirl
job hopping / n	- wiederholter Arbeitsplatzwechsel
jumping steak / n	- Känguru
kitchen hand /n	- Küchenhilfe
kiwi / n	- eine Person aus Neuseeland
ks / *abbr* - kilome-	- Kilometer (*pl*)

ters	
laid back / *adj*	- entspannt, relaxt
lift / *n*	- Mitfahrgelegenheit
mate / *n*	- Kumpel, Gefährte
moblie (phone) / *n*	- Handy, Mobiltelefon
mozzie - mosquito / *n*	- Moskito, Stechmücke
mozzie coil / *n*	- Weihrauchspirale gegen Mücken
No worries!	- Kein Problem! Mach' dir keine Sorgen!; Ist schon okay!; Das wird schon!
NSW / *abbr* - New South Wales	- Neu-Süd-Wales
NT / *abbr* - Northern Territory	- Nord-Territorium
orchard / *n*	- Obstplantage
Oz / *abbr* - Australia	- Australien (Spitzname)
pay slip / *n*	- Lohnabrechnung
PCA / *abbr* - patient care assistant	- helfende Hand der Krankenschwestern
picking bag / *n*	- Pflückbeutel, den man z.b. bei der Apfelernte vorm Bauch trägt
pom, pommy / *n*	- Bezeichnung für eine Person aus Großbritannien; der Ursprung ist ungeklärt, vermutet stammt das von „Prisoner Of His Majesty", was den Gefangenen, die hierher verfrachtet wurden, auf ihre Kleidung gemalt wurde.
QLD / *abbr* - Queensland	- Queensland
quit sth. / *v*	- etwas aufgeben, etwas aufhören, kündigen z.B. einen Job
RCG / *abbr* - Responsible Conduct of Gambling	- Pflichtkurs für Casinopersonal und Gastronomen, die Spielautomaten in ihrem Geschäft haben
rego / *abbr* - car registragtion	- Autoanmeldung
Resume / n	- Lebenslauf
rip off / *n*	- Abzocke
road kill / *n*	- von Fahrzeugen überfahrene Tiere, die am Straßenrand liegen
road train / *n*	- Straßenzug, Schwerlastkraftwagen mit bis zu vier Anhängern

RSA / *abbr* - **Responsible Service of Alcohol**	- oblig. Lehrgang für Kellner, Barpersonal, Alkoholverkäufer
SA / *abbr* - **South Australia**	- Süd-Australien
scones / *n*	- englisches Teegebäck aus Hefeteig
shared accommodation / *n*	- Wohngemeinschaft
shout / *n*	- eine Rund im Pub spendieren
TAS / *abbr* - **Tasmania**	- Tasmanien
tax pack / *n*	- Formularsammlung für die Steuererklärung zu Ende des Finanzjahres (30. Juni)
TFN / *abbr* - **tax file number**	- Steuernummer, ohne die kein legales Arbeiten möglich ist
VIC / *abbr* - **Victoria**	- Victoria
WA / *abbr* - **Western Austarlia**	- West-Australien
wicked / *adj*	- wirklich großartig, supertoll
WWOOF / *abbr* - **Willing Workers on Organic Farms**	- weltweiter Freiwilligendienst

Legende

abbr – abbreviation ~ Abkürzung
adj – Adjektiv
n – Nomen
pl – Pluarl
v – Verb

Bücher und Webseiten _____

Um die Vorfreude auf den Trip Down-Under sowie das eigene Wissen über den Fünften Kontinent schon während der Vorbereitungszeit zu steigern, empfiehlt sich im Vorfeld zu lesen, was einem in die Finger kommt.

Hunderte von Buchtiteln, die sich mit Australien beschäftigen und mindestens genauso viele Internetseiten, die den roten Erdteil zum Thema haben, machen es nicht gerade leicht, einen Anfang zu finden.

Daher im Folgenden eine Auswahl an Titeln sowie nützlichen Webseiten. Vor dem Flug dran denken: Ohne längeren Zwischenhalt hockt man rund 20 Stunden im Flugzeug. Etwas Lektüre kann die Reisezeit wenigstens versüßen.

Bücher

Sachtitel

Lonely Planet, „Australia", ISBN 1-74059-447-9, 1066 Seiten
Unter Backpackern oft als die „Bibel" bezeichnet, bietet dieser englischsprachige – seit einiger Zeit auch auf Deutsch erhältliche – Reiseführer neben einem äußerst umfangreichen Adressteil bezüglich Unterkünften, touristischen Attraktionen, Restaurants, Clubs und vielen anderen Bereichen auch eine Fülle von Hintergrundinformationen zu Land und Leuten. Die unterhaltsamen Kommentare („Judging by Australia's remarkable profusion of dangerous creatures, Mother Nature must have been really pissed off when she concocted the local wildlife.") machen den Lonely-Planet auf langen Fahrten durchs Outback zu einer kurzweiligen Lektüre. Neben der Australien-Gesamtausgabe werden diverse Stadt- und Bundesstaatenführer sowie Wanderkarten angeboten **www.lonelyplanet.com.**

National Geographic Traveler,
„Australien", ISBN 3-934385-28-1, 402 Seiten
Vom renommmierten „National Geographic"-Verlag Neben Reisebeschreibungen auch interessante Beiträge zu Geschichte, Kultur und Gegenwart Australiens. Farbige Karten ermöglichen eine erste Reiseplanung. Das Buch strotzt nur so vor erstklassigen Fotos. Ein wahrer Augenschmaus.

Mike Zeedel & Conrad Stein, „Australian Slang",
Reise Know-How Verlag, ISBN 3-89416-041-1, 114 Seiten
Dass „G'day!" soviel wie „Guten Tag" heißt und „No worries, mate!" nicht einfach nur ein Spruch ist, sondern die australische Lebensweise auf den Punkt bringt, lernt man schnell. Wer aber weitere typische Begriffe wie „euro" (ein Bergkänguru), „schooner" (425 ml Bier in NSW) oder „pokies" (Spielautomaten) lernen will, kann jene in „Australian Slang" nachschlagen. Eine separat erhältliche Audiokassette macht die richtige Aussprache hörbar.

Mark Peel, „Kleine Geschichte Australiens",
Deutscher Taschenbuch Verlag, ISBN 3-423-30755-2, 131 Seiten ,

Neuere Geschichte aus der Sicht eines australischen Historikers ist in diesem Buch nachzulesen. Überschaubar, komprimiert und unterhaltsam beginnt Mark Peel mit der Kolonialisierungsgeschichte durch die Europäer und geht schließlich auf die heutigen, aktuellen Entwicklungen und Probleme ein.

**Ludwig Leichhardt, „Die erste Durchquerung Australiens",
Edition Erdmann, ISBN 3-522-60230-7, 257 Seiten**

Im Jahre 1844 machte sich der preußische Forscher Ludwig Leichhardt mit seinem Expeditionstrupp auf den Weg, den Fünften Kontinent erstmals zu durchqueren. Er ahnte nicht, dass der über fünf Monate angelegte Ausflug ganze fünfzehn dauern und mit unmenschlichen Strapazen verbunden sein würde. Was genau er auf seiner Reise erlebte, schildert das sein Tagebuch. Nicht an jeder Stelle spannend, aber eine interessante Leseerfahrung und ein hautnaher Einblick ins Outback.

**Julian Hübner, "Work & Travel" in Australien: Welche Motivation bewegt junge Deutsche zu einem "Work & Travel" Aufenthalt in Australien?,
Grin Verlag, ISBN 3-640-82212-9, 132 Seiten**

Auch aus akademischer Sicht wird Working Holiday zunehmend beleuchtet. Ein Beispiel ist Julian Hübners Examensarbeit im Fachbereich im Fachbereich Geowissenschaften / Fremdenverkehrsgeographie am Institut für Geographie der Universität Koblenz-Landau. Auf der Basis von über 150 Befragungen zeigt Hübner vielfältige Beweggründe eines Working-Holiday-Aufenthalts junger Deutscher auf. Dabei schafft er es, akademischen Anspruch mit einem lesenwerten Plauderton zu verbinden. Empfehlenswert!

Schmöker

**Bill Bryson, „Frühstück mit Kängurus",
Goldmann Verlag, ISBN 3-442-45379-8, 416 Seiten**

Das geistreich-witzige Stück Reiseliteratur stellt das Land aus der Perspektive des amerikanischen Autors Bryson vor. Liest man es vor der Reise, regt es zum Schmunzeln an und bereitet auf das Land der Superlative vor; jedoch nach dem eigenen Australienaufenthalt studiert, wird man Brysons punktgenaue Pointen erst richtig zu schätzen wissen und mit herzhaftem Lachen belohnen.

**Doris Pilkington, „Long Walk Home",
Rowohlt Taschenbuch Verlag, ISBN 3-499-23504-8, 162 Seiten**

Wahre Geschichte dreier junger Aborigine-Mädchen, die durch die Segregationspolitik der weißen Eroberer zu Beginn der 1930er Jahre von ihren Familien entführt werden, um sie in speziellen Lagern auf das Leben als Dienstmädchen vorzubereiten. Packend beschreibt Pilkington, Tochter einer der Mädchen, den langen Flucht- und Leidensweg der Drei über 1000 Meilen durch die Wüste nach Hause.

Internet

www.down-under.org

Australien-Internetseite des Verlages „Interconnections". Zu finden sind neben ergänzenden Adressen, Informationen und Links zu „Jobhopping Down Under" auch wöchentlich frische Neuigkeiten aus Down-Under. Im Forum kann jeder seine brennenden Fragen loswerden und Ratschläge anderer Australienreisenden einholen.

www.australien-info.de

Umfangreiche Informationen, neben vielen Links besteht auf den Seiten die Möglichkeit Reisepartner zu finden, Tourtipps einzuholen und viele private Internetseiten zu durchstöbern.

Reisebine, www.reisebine.de

Viele Tipps über Australien, Neuseeland und andere Reiseziele. Durch zahlreiche Reiseerfahrungen der Betreiberin finden Individualreisende jede Menge hilfreiche Hinweise. Das Forum ist eine Fundgrube für Backpacker.

Sinoz, www.sinoz.de

Informationen über Reisen, Working-Holiday, Praktikum und Studium. Private Reiseberichte und kleine Fotos machen die Seite lebendig. Zahlreiche Links verweisen auf backpackerrelevante Seiten.

Zusätzliche Informationen – Bundesstaaten

Teil „Bundesstaaten"
Weitere Informationen zum Buch, insbesondere zu den Bundesstaaten, finden sich auf der Seite Down-under.org, > unter

http://down-under.org, > Rund um Down Under, > Jobbuch, Buch-Serviceteil
Direkter Link:
http://down-under.org/content/jobhoppingbuch-serviceteil
Oder ganz einfach über das Suchfeld mit Eingabe v. „Jobhoppingbuch"

Danksagungen

Auch wenn mein Name als einziger auf dem Buchumschlag angegeben ist: „Job-hopping Down Under" wäre ohne die Unterstützung meiner Familie, die Rückenstärkung vieler Freunde und die Mithilfe zahlreicher Bekannter letztlich nicht das, was es ist. An dieser Stelle möchte ich die Gelegenheit nutzen, all jenen zu danken, die mit ihren hilfreichen Hinweisen, offenen Kommentaren sowie konstruktiven Ratschlägen dafür gesorgt haben, dass ich das Buch schließlich fertigstellen konnte.

An allererster Stelle steht **Silke Kienecker**, ohne deren Idee das Buch nicht existieren würde. In einem intensiven Gedankenaustausch entstand ein erstes Exposé, ihre Kontakte zum interconnections-Verlag brachten das Buchprojekt ins Rollen.

Dank auch **Georg Beckmann** vom Verlag, der mich in die Gepflogenheiten des Verlagsgeschäftes eingeführt und mir mit zahlreichen Hinweisen die weite und faszinierende Welt von „Word" nahegebracht hat.

Großen Dank bin ich den Erfahrungsberichte-Schreibern **Andrea David, Michaela Meinicke, Julia Hornickel, Julia Schramm, Jenny Kehrbusch, Johannes Neumann, Carolin Thiele, Camilla Hoffmann, Philipp Vollbom, Julian Hübner, Natascha Kadlubowski und Sandra Nolte** schuldig, die durch ihre persönlichen und anschaulich geschilderten Australienerlebnisse den Informationsteil des Buches um einiges lebendiger und runder gemacht haben.

Große Unterstützung erfuhr ich auch durch **Günter Schlothauer** von der Presse- und Öffentlichkeitsarbeit der Australischen Botschaft in Berlin. Viele Anregungen lieferte **Sabine Hopf** von Reisebine **Natasha Foster** aus Sydney half mir mit Organisatorischem, **Corina Karwoth, Lena Zimmer, Gisela Bondes** sowie meine Schwestern **Yvonne** und **Simone** lasen Korrektur oder berieten mich bei anderen Fragen zum Manuskript. Der Exel-Kurs von **Grit Heyer** ermöglichte mir, das Buch mit einigen wichtigen Diagrammen zu bereichern.

Danksagen möchte ich zudem **all meinen Freunden und Bekannten**, die mich während der Schreiberei unterstützten, meinen überwiegenden Rückzug aus dem sozialen Leben akzeptierten und Verständnis für das Verschieben oder Absagen so mancher Verabredungen zeigten.

Widmen möchte ich dieses Buch meinen Eltern, Brigitte Pietschmann-Schulz und Günter Schulz. Sie haben mir während des Australienjahres den Rücken gestärkt und über den gesamten Buchentstehungsprozess hinweg mehr als nur einmal hilfreich zur Seite gestanden. Dies weiß ich in höchstem Maße zu schätzen und möchte ihnen hiermit meine größte Würdigung und Anerkennung aussprechen.

Ein herzlichstes Dankeschön an alle Beteiligten dieses Buches!

Über den Autor

Jörn Schulz hat mit einem Working-Holiday-Visum volle zwölf Monate das Land bereist. Er umrundete den Fünften Kontinent komplett, übte zehn verschiedene Jobs aus, sammelte zahlreiche Erfahrungen und wurde auf diese Art ein genauer Beobachter der australischen Kultur.

Obwohl er seinen Aufenthalt über eine „Work & Travel"-Organisation gebucht hatte, entdeckte er in Down-Under sehr bald, dass Selbstorganisation auch ans Ziel führt und wie einfach ein Working-Holiday-Jahr in Eigenregie zu bewerkstelligen ist.

Nach seiner Rückkehr entstand zusammen mit der Redaktion einer Zeitschrift des Gruner+Jahr-Verlags die Idee zu diesem Buch. Die umfangreiche Berichterstattung und Sammlung von Hintergrundinformationen während seiner Reise bildete dabei die Grundlage dieses Buches.

Unlängst zog es ihn erneut für anderthalb Jahre nach Australien, um dort an einem Austauschprogramm zwischen der Humboldt Universität und der University of Melbourne teilzunehmen. In dieser Zeit vertiefte er seine Kenntnisse über Australien in akademischen Lehrveranstaltungen und bereiste erneut das Land.

Zurzeit promoviert Jörn Schulz an der Humboldt Universität zu Berlin im Studienfach Europäische Ethnologie.

Index

Manuskripte gesucht

Sachbuch, Reise, Biographien, Belletristik
Alles, was bewegt
interconnections-verlag.de